FICHA CATALOGRÁFICA

(Preparada na Editora)

Caruso, Lea Berenice, 1939-

C31v   *A Virgem de Vesta* / Lea Berenice Caruso, Araras, SP, IDE, 1ª edição, 2011.

384 p.

ISBN 978-85-7341-555-1

1. Romance 2. Espiritismo I. Título.

CDD -869.935

-133.9

Índices para catálogo sistemático

1. Romance: Século 21: Literatura brasileira 869.935
2. Espiritismo 133.9

A Virgem de Vesta

Romance Espírita

A Virgem de Vesta
978-85-7341-555-1
1ª edição - agosto/2011
10.000 exemplares

© 2011, Instituto de Difusão Espírita

internet:
http://www.ideeditora.com.br
e-mail: comentarios@ideeditora.com.br

Capa:
César França de Oliveira

Todos os direitos estão reservados.
Nenhuma parte desta obra pode ser reproduzida ou
transmitida por qualquer forma e/ou quaisquer meios
(eletrônico ou mecânico, incluindo fotocópia e gravação) ou
arquivada em qualquer sistema ou banco de dados
sem permissão, por escrito, da Editora.

INSTITUTO DE DIFUSÃO ESPÍRITA
Av. Otto Barreto, 1067 - Cx. Postal 110
CEP 13602-970 - Araras/SP - Brasil
Fone (19) 3543-2400
CNPJ 44.220.101/0001-43
Inscrição Estadual 182.010.405.118

www.ideeditora.com.br

IDE EDITORA É APENAS UM NOME FANTASIA UTILIZADO
PELO INSTITUTO DE DIFUSÃO ESPÍRITA, ENTIDADE
SEM FINS LUCRATIVOS, QUE PROMOVE EXTENSO
PROGRAMA DE ASSISTÊNCIA SOCIAL, O QUAL DETÉM OS
DIREITOS AUTORAIS DESTA OBRA.

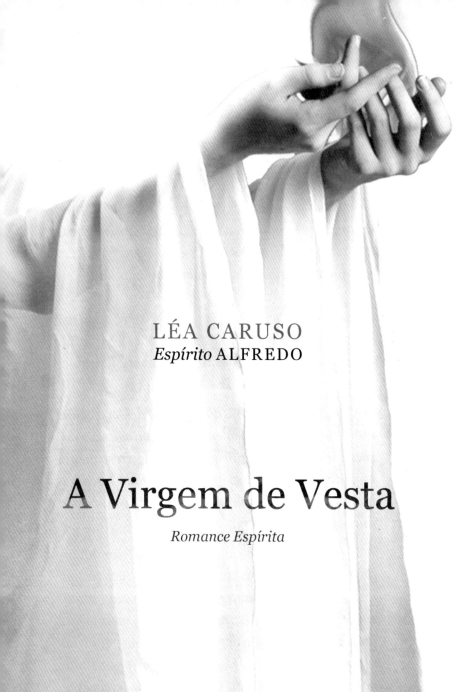

LÉA CARUSO
Espírito ALFREDO

A Virgem de Vesta

Romance Espírita

Amigo leitor

ABORDAMOS ESTA HISTÓRIA *para alertarmos os corações humanos sobre a Lei de Causa e Efeito que tanto nos fez sofrer no passado. Desta forma, insistimos em vosso conhecimento, para não cairdes no erro das ilusões em vossa vida na Terra, por causa do orgulho e do egoísmo, mas para servirdes desse exemplo, quando deixamos de colher as bênçãos de uma vida melhor pelas boas sementes que deixamos de semear.*

Aqui se enlaçam duas vidas de seres afins que vêm, consequentemente, em muitas encarnações, procurando seguir sua meta de crescimento espiritual, o que se faz presente em todo o ser humano, mesmo que a maioria não se dê conta disso durante a vida terrena.

Reencarnamos com esse objetivo, caminhando sempre com os pés doloridos e machucados pelos erros cometidos anteriormente e na vida atual, em busca de nossa luz; e o Espiritismo, mesmo que inúmeras pessoas não desejem conhecê-lo por ideias errôneas que fazem desse "consolador prometido" por Jesus há vastas eras, é a bênção que recebemos do Mestre amado, para que possamos seguir sua trilha, pela qual, mais dia, menos dia, conseguiremos alcançar a paz.

E com o conhecimento sobre essas leis da espiritualidade, poderemos alçar voo veloz para a felicidade almejada, e nunca nos passará pela mente, por exemplo, a ideia do suicídio, como meio de nos livrarmos do caminho material, complicado e muitas vezes doloroso, e, sim, a de elaborarmos nossa resignação com fé, com luta, otimismo e valor, para seguirmos adiante, onde receberemos todas as glórias do sucesso obtido.

Ninguém paga aquilo que não deve, dizemos nós, mas muitas vezes a dor não é nosso carma, mas fator de nossos atos invigilantes desse momento atual, para que aprendamos a fazer ao nosso próximo aquilo que desejamos a nós mesmos; contudo, com as leis de nosso Salvador em prática, nos habituaremos a não tomarmos atitudes inversas à lei de amor, o mais importante elo que nos liga à felicidade.

Nossa intenção em ferir pode acarretar-nos grandes infortúnios durante algumas reencarnações, por isso, com o intuito de alcançarmos a felicidade, tão almejada por todos nós, basta que ergamos nossa fronte com valor e otimismo para darmos um basta!: de sofrermos! de passarmos fome!, de chorarmos e sentirmos dor! Sentimentos e emoções que desaparecerão como as brumas da manhã no alvorecer de um novo dia de Sol, com as leis da espiritualidade assumidas em nossos corações e isso conseguiremos com a vigilância severa de nossos atos e o controle de nossas más inclinações.

Somos nós os responsáveis pela transformação de nosso planeta, hoje envolto em situação de penumbra. Cada um de nós é infinitamente bom para mudar o rumo da miséria e do sofrimento, começando pelo nosso exemplo.

E o respeito ao ser humano, sua maneira de ser, sua maneira de agir, sabendo que cada indivíduo caminha em um grau de elevação para a escalada à perfeição divina, o que chamamos de "amor ao próximo", é a meta e o único caminho para que isso se concretize; quando tivermos o pensamento ligado ao bem-estar de nosso irmão de caminhada, não lhe atiraremos pedras, mas lhe ofereceremos a mão amiga.

Alfredo
Autor Espiritual

Sumário

I - Em Dias Obscuros 10

II - Maria Augusta 64

III - Em Paris 82

IV - Em Casa de Alexandra 104

V - A Jovem Mãe 142

VI - O Marquês Duval e Alexandra 164

VII - Frei José 222

VIII - Marquês Duval 234

IX - Alguns Séculos Antes, na
Grécia (Império Romano) 266

X - Os Protetores de Katrina e Eliseu 286

XI - O Destino dos Amantes e os
Ensinamentos de Mercur 356

Capítulo I

Em Dias Obscuros...

"Os Fariseus, tendo sabido que ele tinha feito calar a boca aos Saduceus, reuniram-se; e um deles, que era doutor da lei, veio lhe fazer esta pergunta para o tentar: Mestre, qual é o maior mandamento da lei? Jesus lhe respondeu: Amareis o Senhor vosso Deus de todo o vosso coração, de toda a vossa alma e de todo o vosso espírito; é o maior e o primeiro mandamento. E eis o segundo, que é semelhante àquele: Amareis vosso próximo como a vós mesmos. Toda a lei e os profetas estão contidos nesses dois mandamentos."

O Evangelho Segundo o Espiritismo,
Allan Kardec, Cap. XI, item 1, IDE Editora.

A CIDADE DE PARIS ALARGAVA-SE diariamente com a proposta dos arquitetos do rei de França e de sua mãe, a temida Catarina de Médice. O palácio real, o Louvre, também mudaria em breve para o das Tulherias, que estava sendo acabado, muito mais grandioso e elaborado.

Os jardins do palácio atual tornavam-se cada vez mais belos, com lagos, esculturas colocadas em toda a sua extensão e tochas iluminando-os à noite, permitindo aos anciões, cortesãos e parte da nobreza, deliciarem-se com passeios noturnos sentindo o perfume das flores exóticas, antes de se recolherem ao sono de verão. No entanto, essa era também a oportunidade para que se espreitassem cenas apaixonadas, de casais em locais menos iluminados.

É aqui que nossa história inicia.

François Justin Lacour, emissário da corte de França, estava exausto naquela noite. Muitos problemas surgiram durante a semana, porque fora acusado de fazer intrigas sobre nobres polacos que visitavam aquele reino, contra seu país, a França, sendo o rei notificado sobre o assunto.

Interessado que sempre fora em conversas de alcova, o homem, já de certa idade, havia ouvido na taberna, onde fora resgatar seu dia laborioso, assuntos relacionados com a religião proibida, o protestantismo. Alcoolizado e não medindo, por sua embriaguez, seu linguajar maldoso, falava sobre a atuação da rainha com aqueles que ela considerava hereges e suas pretensões de terríveis vinganças com alguns dos nobres polacos, já engajadores dessa seita, ali enraizada. François havia aberto a boca para relatar os ditos "segredos" da política francesa. Com este desbravar de ignorância, pois nossa maledicência surge sempre por nossos pensamentos concretizados e desmedidos, sua situação perante aquele reinado representou-se extremamente difícil de ser sustentada. Tendo idade madura, o homem não desejaria ser deposto do cargo, muito menos ser banido da França. Sua esposa estava adoentada e seus filhos ainda necessitavam dele.

Caminhando cabisbaixo e só, entre as plantas raras daquele jardim e as belas fontes repletas de arte, François ouviu algo; no princípio, achou que casais de amantes escondiam-se entre as folhagens, mas aproximando-se, o que ouviu lhe interessou. Seguiu leve como alma penada ali permanecendo em extremo silêncio para prestar atenção às vozes masculinas que sussurravam. Os murmúrios eram baixos demais, mas François ouviu dizerem:

— Drusius, seria imperioso que retirássemos do palácio a filha do conde Rudolf. Pensamos que o rei ou Catarina a mantém prisioneira. Não sabemos por que está detida e o que está acontecendo com ela, mas o conde imagina o que seja. Ele está preocupado por não ter mais notícias da jovem, e não se conformaria com a ideia de perder sua primogênita, além do mais, o homem que ela ama é o principal atendente deste pedido e está disposto a nos favorecer monetariamente. Forçaremos a barreira dos serviçais que a resguardam e dos guardas que velam sua porta.

— Mas como faremos isso, Nicolau? Não será perigoso? Será difícil chegarmos até onde ela deve se encontrar. Diversos guardas devem vigiá-la.

— Constantine nos auxiliará. Ela é conhecedora do caso da jovem eslava e sabe que ela se encontra em uma das alas do palácio. Conhece nossa língua e ficará feliz em poder colaborar.

— Estaria mesmo, a jovem, prisioneira?

— Não sabemos. Sabemos, só, que ela não deveria ter vindo. Uma jovem de sua estirpe, em um condado valorizado como o nosso... vir só...

– E Constantine, como chegará até ela?

– É aí que preciso de ti. Sei que tens entrado no palácio levando provisões. Como trazes as verduras, certamente conseguirás que mandem chamar por Constantine, dizendo que tens um recado de sua família.

– E para quando está planejado o rapto? A jovem eslava não sabe de nada e Costantine também...

– Bem... Nós temos que fazê-lo o quanto antes. Eu venho por intermédio do conde Rudolf e devo apressar-me, pois ele se encontra agora em Paris. Veio propositadamente para levar sua filha Alexandra...

François, ouvindo aquelas palavras na escuridão da noite, imaginou que poderia ganhar novamente a confiança de seu rei avisando-o sobre o que ouvira. Seria uma ótima oportunidade de seguir servindo-o e continuar em seu posto, se lhe prestasse esse serviço. O homem imaginava o que o rei deveria pretender com a jovem visitante. Se ele a retinha como refém, como todos sabiam, pois a conversa se espalhava de uma maneira admirável, era porque exatamente a queria, como era natural na época e, como soberano de um país, sentia-se com todo o direito de possuí-la.

Ou então... estaria ela metida com o protestantismo? Aí o caso se agravaria.

Lentamente, François, sem saber o que poderia ocorrer com seu pensamento egoísta, moveu os pés para sair dos arbustos que o escondiam, mas ao caminhar, as folhas secas o denunciaram. Então os homens de Rudolf gritaram:

— Um espião! Atrás dele, Drusius, atrás dele!

Na corrida, para salvar sua pele, François correu mais rápido e soube esconder-se entre as árvores na noite escura.

— Ah, Drusius, nosso plano irá por água abaixo. A pessoa que aqui estava ouviu o que falamos.

— Será que ouviu? Ou quem sabe ele passava por acaso e ficou temeroso de nós?

— Não sei, mas meu sexto sentido diz que ele agora sabe de tudo.

No dormitório destinado a Alexandra, decorado com toda a beleza que sempre existira na França, e iluminado por inúmeros candelabros de prata sob imensos lustres de cristal, a jovem, nervosamente, lembrava-se de sua terra natal e o homem predestinado a ela. Recordava-se de sua família e dava-se a arrependimentos pelos erros cometidos com eles, pensando:

Papai, como estará? E Duval, meu querido amigo? O que pensa de mim, agora, Norberto Daugvans, o homem escolhido por meus pais para casar-se comigo?

Tenho saudades de Maria Augusta, de frei José, dos gêmeos Anatole e Paulina e até de nossa serva Francisca, tão carinhosa. Também de Mercedes, minha dama de companhia. Saberão eles que aqui me encontro? Oh, por que fui atender a este convite? Devo ter colocado meu pai em risco.

E ela chorava atirada em seu leito, quando adentrou no quarto o rei. Então levantou-se, enxugou as lágrimas e, elevando a cabeça, perguntou:

— O que quereis de mim, majestade? Serei vossa prisioneira?

— Não, condessa. Não sois prisioneira. Mas sabereis corresponder-me como o mereço? Ou existe alguém mais afortunado que eu e que vos promete amor? Talvez... Duval? Se for ele, mandarei...

— Não! — falou, interrompendo-o, Alexandra, antes que o rei pudesse acusar a Duval, porque ela, gostando do marquês, não fingiria na admiração que lhe tinha, no entanto, sabia que não era pela sua pessoa o motivo de sua situação atual no Louvre. E, suspirando fundo, resolveu mudar o rumo da conversa:

– Soltai-me. Preciso voltar para casa.

– Ora, ora, por que esta pressa? Dar-me-eis, ou não, vosso coração, mesmo por uma noite? Então vos deixarei partir.

– Majestade, eu preciso voltar! – falou Alexandra, perdendo a naturalidade e já desconfortável com a situação – Eu estou, sim, metida em uma armadilha que vossa majestade assume!

O rei, então, abrindo o jogo sujo que estava fazendo, relatou a ela:

– Pensais que mandei buscar-vos para quê? Vós, sim, aceitastes o convite com segundas intenções; talvez... para espionar-nos. Não sereis uma huguenote?[1]

– Como? Uma huguenote? Não. Aliás, eu também não gosto dos protestantes, apesar...

– Apesar de quê? Falai!

– Apesar de... – estava por dizer "querer bem a alguns deles", mas imaginou-se encarcerada e morta se falasse estas palavras; então, dissimulando, tentou salvar sua pele, remendando da melhor maneira que pôde seu linguajar: – apesar de não ter o poder para sacrificá-los.

---

1. Huguenote. Nome usado para os primeiros protestantes.

Depois de falar, respirou fundo, porque viu que se saiu muito bem, e continuou:

— Podereis soltar-me agora?

— Não. A não ser... A não ser que anoteis para mim o nome dos nobres protestantes que daqui saíram e se estabeleceram em vosso condado. Como sabeis, a França já tomou sua iniciativa em limpar esses hereges do país. Vosso pai deveria fazer o mesmo, mas penso que ele não terá a coragem devida. Preciso capturar esses impostores da religião, mas não tenho acesso ao reino de vosso pai, mas... se me retribuirdes com estes nomes, eu darei um jeito de libertar-vos.

Alexandra levantou a cabeça e fingiu rir, mas internamente estava com os nervos à flor da pele. Sabia o que tinha acontecido em Paris e na França toda, na noite de São Bartolomeu, quando muitos indivíduos haviam sido sacrificados por acreditarem na religião protestante, que era contra as indulgências, mas vivia o Cristianismo com amor a Deus e ao próximo. Por causa disso, a Europa toda estava contendo um grito colérico, sendo pessoas conhecidíssimas e até amadas, sacrificadas em nome da religião que não queriam abjurar.

Pensando nisso, Alexandra, silenciosa, nada fizera, nem falara por algum tempo... Estava havia dias no Louvre, presa agora sabendo o porquê, mas ainda achava que havia mais alguma coisa por detrás de tudo. Achava que o alvo seria seu pai amado.

* * *

No jardim, entre a folhagem, François, ofegante, aguardara por lentos minutos com o coração aos pulos.

Nicolau e Drusius o procuravam, mas a noite sem luar não permitiria que continuassem. Então, eles caminharam até os degraus, à frente do primeiro lago, analisando qual a determinação que deveriam seguir dali para a frente. Por certo, a pessoa que os ouvira iria contar tudo ao rei, mas como eles não chegaram a completar o plano, estudado articulosamente pelo conde Rudolf, talvez ainda lhes fosse permitido que pudessem continuá-lo, com algumas modificações.

Na manhã seguinte, François, ardiloso homem, apesar de temeroso, aproximou-se do gabinete do seu soberano, comunicando que tinha grandes notícias referentes à donzela eslava.

O rei, que já estava preparando para ele o castigo pelo seu ato de traição, ia negar-lhe a audiência, mas como o assunto tinha a ver com a jovem detida por sua mãe, permitiu que o servidor adentrasse ao recinto pomposo e decorado com muitos elementos em ouro.

– Majestade – falou François Lacour, fazendo-lhe reverência. – Tenho um assunto importantíssimo para tratar com vossa majestade. Trata-se da...

– Já me informaram de quem se trata, homem. Vamos, falai. Retirai de vossa boca estas palavras, que não devem ser tão importantes assim para mim. Viestes buscar, isso sim, minha absolvição por vosso ato constrangedor. Deveria eu expulsar-vos da França. Aliás, faremos isso.

– Não, vossa majestade. Não vim para salvar minha pele, mas sim porque vos sou fidelíssimo, vereis. Aconteceu o seguinte: ontem à noite enquanto caminhava pelos jardins, às escuras, ouvi cochichos. Aproximei-me lentamente para não fazer barulho e ouvi um tal Nicolau falar com o verdureiro que geralmente vem trazer-vos legumes aqui no palácio, não lembro o nome. Estava planejando o rapto da donzela eslava.

– Como? Nicolau? Não conheço homem nenhum com esse nome.

– Mas deveis conhecer o pai da jovem, o conde Rudolf, da Eslováquia, não?

– Sim, sim... – respondeu o rei, colocando o

indicador na face como sempre fazia quando estava pensativo e preocupado. – Estais seguro disso? Qual o plano dos malditos?

– O plano é que eles chamariam uma tal Constantine, deve ser alguma camareira do palácio, para ajudá-los a retirar a jovem daqui.

– Justin – comentou o rei –, os emissários poloneses fugiram com receio de também serem pegos quando vos ouviram naquela noite em que bebíeis na taberna. Eu precisava deles, havia mandado um espião à Polônia, exatamente para tê-los nas mãos. Mas... se tiverdes razão, pensarei em vos deixar aqui, caso contrario, vos banirei de Paris. Já nos causastes transtornos demais. Mas... diga-me, não quisestes, por ventura, criar uma mentira para cativar vosso soberano e permanecerdes em vosso posto de outrora?

– Nunca, vossa majestade, o que faço é por prender-me demais a este reino que idolatro, como idolatro e serei sempre fiel a vós, majestade.

– Está bem, está bem... Agora podeis retirar-vos.

– Sim, majestade. Mas... mas e o meu posto? O terei de volta?

– Até eu não saber se mentis, podereis permanecer aqui em Paris, mas não no palácio. Mais tarde procurar-vos-ei e sabereis... Sabereis em breve.

Mandando entrar seu ministro, em cuja pessoa colocava fé, o rei de França confiou-lhe a notícia para que, em segredo, fosse levada à sua mãe. Pediu para a guarda da condessa Alexandra ser redobrada, até que lhe fosse decidido seu destino. Este o aconselhou a não se preocupar e tratou de tomar as devidas providências.

⁂ ⁎ ⁎

Em sua casa, ali em Paris, o conde Rudolf recebera a notícia da descoberta do plano de fuga por alguém escondido entre os arbustos. De Constantine soubera que a guarda de sua filha desdobrara-se. Em vez de quatro, oito guardas tomavam conta da entrada de seu aposento, revezando-se. O conde caminhava de um lado para outro sem se deixar observar pelos seus servidores, os quais não tiveram o cuidado suficiente para darem prosseguimento ao plano.

Constantine fora procurada por todo o palácio, assim como Nicolau e, imaginando ser castigada pelo soberano, depois de relatar a Drusius o que soubera, procurou afastar-se, viajando para visitar uma prima distante nas proximidades de Rouem.

O conde Rudolf caminhava de um lado para outro imaginando o que fazer para retirar a sua filha do cativeiro. Sabia que ela deveria estar sofrendo muito, mas agora que o rei estava ciente da fuga planejada, com certeza, a dificuldade iria ser muito maior.

Madame Ignez, sua esposa, ficara na Eslováquia a cuidar dos filhos. Ao seu lado, Norberto, pretendente de Alexandra, em cujo semblante notava-se o orgulho e a perseverança, pensava: *"Tem que haver uma saída. Alexandra tem que voltar para casar-se comigo"*.Conforme seus pais desejavam, deveria casar-se com Alexandra, mas amava sua irmã, uma futura freira Dominicana. Sabia-se sacrílego em pensar nela. Amara a jovem desde os primeiros dias em que a conhecera, mas ela agora era, para ele, como o fruto proibido de sua Bíblia.

Meses antes...

O conde Rudolf vivia com sua esposa em um castelo medieval na Eslováquia do século XVI. Ele era o nobre mais importante da região. Unido pelos laços do amor com a Sra. Ignez, era um homem poderoso pelo seu ardor às suas terras. Comandava todo condado e seus vilarejos, protegendo seus compatriotas de possíveis explorações de soldados estrangeiros.

Sua esposa convivera com uma família de barões, era fina e educada dentro dos parâmetros da época. Já ele, aderindo ao estilo de vida de seus pais, usava de energia na defesa das leis de seu condado, mas tentava ser o mais humano possível e o mais correto com os naturais daquele local. Acompanhava-o, sempre, frei José, que, fidelíssimo, o instruía quanto à parte humanitária, de acordo com as leis cristãs. Como sabemos, essa época era um tempo de escuridão, quando as pessoas matavam por quaisquer problemas que surgissem. Também era o tempo de a Igreja procurar os "injustos e amaldiçoados", também chamados por Bruxos; aqueles que, sensíveis, viam ou falavam com espíritos e eram adeptos às coisas do além. A Igreja também fazia perseguição aos protestantes, religião fundada pela rebeldia de Martim Lutero, sacerdote da Alemanha, que fora contra as "vendas de perdão", isto é, todo aquele que cometesse uma falta, teria que doar uma certa quantia para a Igreja a fim receber a absolvição dos pecados, fornecida pelo papa, através da confissão.

Lutero fora também contra a corrupção de setores do clero, anotando isso como 'uma ameaça à credibilidade em relação à fé cristã', surgindo daí "a Reforma". Este fato causara grande revolta na maior parte da população e imensos grupos aderiram à sua causa. Cada vez mais, homens deixavam de ser católicos para tornarem-se protestantes, e este ardor se firmava em toda a Europa.

Rudolf era consciente de tudo isso, mas aceitava que cada um tivesse sua crença religiosa, o que provocou em Catarina de Médice, regente da França, uma grande revolta e desejos de comprometê-lo e induzi-lo a mudar suas ideias, conforme sua crença, caçando os huguenotes, "difamadores" da Igreja de Roma e, para isso, preparava novo plano.

O povo temia a Igreja, seus bispos e seus cardeais; era preciso ser razoavelmente bom e não ter nenhuma desavença com quem quer que fosse, pois temia-se a mão da inquisição. Para ser protestante, tinha-se que renunciar à tranquilidade.

Rudolf, criando seus filhos dentro de um lar amoroso, e muito bem aconselhado por frei José, levantara a bandeira da paz em seu reino, pensando em escolher para sua filha Alexandra, o pretendente que melhor lhe caberia: Norberto Daugvans, pessoa de um pouco mais idade que ela, defensor das leis da cidade como o conde, e futuro continuador da sua obra.

O pai de Alexandra certificara-se, de que, em sua ausência, este seria o homem ideal para continuar o trabalho que ele próprio, Rudolf, realizava naquele local.

O castelo de Rudolf H. era frio e austero, como todos os castelos medievais. Resguardado por uma ponte, pois era em frente a um lago, ele fora construído ainda no século XII, para que fosse resguardado como uma fortaleza. Sendo assim, não havia belos jardins em seu derredor, somente as árvores de um matagal e muitos locais gramados na parte de trás do edifício.

Em seu interior, uma grande escadaria na entrada levava ao segundo piso. Neste hall, a decoração era somente de dois elmos – proteção de metal usado nas guerras e combates – um em cada lado da escadaria e um grande lustre central em ferro com diversas velas, que era baixado diariamente para a manutenção das mesmas.

Alexandra vivia triste, sempre a olhar pela janela. A ela nada agradava, a não ser seu pequeno jardim, que fora feito no balcão de sua sacada com algumas roseiras, mas que somente lhe davam alegria na primavera, quando renasciam depois do inverno doloroso e gélido, ofertando à família algumas flores perfumadas. Notando a tristeza de sua querida filha, Rudolf e Ignez discutiam:

– Querido companheiro, que Deus me deu por felicidade – dizia a Sra. Ignez, muito religiosa e, no momento, um tanto preocupada –, temos que pensar em nossa filha Alexandra. Sinto que sua tristeza a envolve de tal maneira, que a deixa por vários dias presa em seu quarto. Talvez seja algo de seu corpo que não deva estar bem, mas meu coração me diz que é sua alma que sofre. Devemos pensar em algo que a fará feliz, Rudolf, quem sabe pensarmos em arrumar para ela um esposo? Seus dezessete anos florescem em beleza e ela já tem seu corpo formado como uma mulher de vinte anos. Além do mais, Alexandra precisa ir a festas, a bailes, não pode ter essa vida de reclusão como nós temos, querido; pensai nisso.

– Mas ela tem tudo aqui... O que a deixaria mais feliz do que estar com uma família que a ama como nós? Damos-lhe o carinho e a atenção e ainda há seus irmãos menores para ela não se entediar – falou Rudolf, cientificando-a de que não queria perder a filha tão cedo.

– Rudolf, vós bem sabeis que nossa filha ama somente cavalgar, e quando o tempo está ruim é que ela fica lastimando-se à toa. Andrés, nosso cavalariço, a tem sempre acompanhado, a fim de dar-lhe os cuidados necessários; vistes que é só o que a faz feliz. Tenho receio de que ela o esteja amando. Vejo isso pela sua fisionomia cada vez que ela volta dos passeios.

– Bem... – falou Rudolf, coçando o bigode e a barba, como sempre costumava fazer –, talvez tenhais razão, minha mulher, já deve estar em tempo de tratarmos de apresentar-lhe o noivo. Convidemos o marquês Norberto Daugvans, para um belo baile em nosso palácio, e toda a burguesia da Moravia. Vereis que a nossa linda Alexandra assumirá esse namoro com todo o esplendor de seus dias. Ouvi falar que ele anda interessado por uma de nossas filhas. Por certo é Alexandra. Ele ficará feliz com o convite.

Sem mesmo avisar Alexandra, os preparativos para o baile começaram a ser estudados e o palácio todo se movimentava para isso.

Em uma tarde, em seu trenó, pois nevava, Alexandra corria pelos campos, nas proximidades do castelo, seguida por seu amigo Andrés, o cavalariço. Ele era o único que a animava; entre risos, os jovens faziam corridas, para ver quem chegava primeiro às proximidades do lago. Em um momento, o trenó de Alexandra rolou e ela caiu sobre a neve; levantou-se, limpou o rosto e atirou-se na frente do cavalariço, fazendo-o levá-la nos braços. Andrés ria-se muito e depois falou:

– Senhorita Alexandra, não fica bem eu, um serviçal, ter este tipo de intimidade convosco. Por favor, vou colocar-vos ao solo e levar-vos para casa. Vinde no meu trenó e deixai o vosso. Mais tarde eu o levarei para o castelo.

Alexandra fez um beicinho, chateada, e seguiu até o trenó de Andrés caminhando.

– Andrés, dizei-me algo. Soube que sois protestante. Isto é verdade? Sabeis que estão havendo perseguições a protestantes, não sabeis disso?

– Sim, eu soube – respondeu Andrés, apanhando os relhos e atiçando com eles os cães para correrem.

– E não tendes medo de serdes pego pelos perseguidores? – inquiriu ela, quase gritando.

– Não – disse ele na mesma forma. – Vosso pai não persegue ninguém, sabeis disso. E, por favor, se tendes um pouco de bom senso, não espalheis esta notícia para quem quer que seja.

– De forma nenhuma, sabeis que vos quero muito bem...

A família de Alexandra era unida pelo amor e a alegria de uma união de pais que se amavam. Alexandra estava sendo criada com instrução suficiente para pertencer a uma elegante família, que poderia ser a melhor da Europa, visto que estudava literatura, filosofia, astrologia, e, na realidade, escondia interessar-se por ciências ocultas, como seu pai. Gostava também de arte em geral, mas a música era sua preferida. Tocava alaúde e harpa, ensinados a ela por sua dama de companhia Mercedes de Alencar, espanhola com sangue português, que fora morar com os pais na Eslováquia. Também aprendia canto.

A irmã, segunda na escala de cima para baixo, chamada Maria Augusta, desde bebê fora prometida ao convento das Dominicanas para servir a Deus em homenagem à família, e agora, com dezesseis anos, frequentava o convento, só voltando ao lar uma vez por semana.

Seguidamente via Norberto, na igreja de lá. Seu jovem coração alegrava-se quando sentia o mesmo olhar amoroso acompanhá-la em todos os momentos da missa, mas não sabia quem ele era nem seu nome. Com o decorrer dos anos, sentiu que o amava e, certo dia, na saída da missa, fugindo de sóror Madeleine, encontrou-se a sós com ele na sacristia, olhando-o nos olhos e explanando todos os impulsos de seu coração apaixonado. Norberto sentia-se igualmente envolvido. Abraçou-a dizendo que também a amava, mesmo sabendo perigosa aquela manifestação de sua alma, porém devolveu-a logo à realidade:

— Jovem, eu nem sei quem sois, mas esse sentimento deve ser apagado de nosso coração.

— Sou Maria Augusta e nunca quis ser freira. São meus pais que o desejam. Também não sei vosso nome.

— Chamo-me Norberto Daugvans. Isso que aconteceu hoje aqui deve ficar terminantemente esquecido por nós. Não poderei deixar de amar-vos, mas jamais poderei ver-vos novamente.

— Por que, se nos amamos?

— Porque tendes um compromisso com alguém com quem não poderei lutar: Jesus. Eu... nada sou. Deixai-me. Esquecei-me.

E saiu, dando-lhe as costas. Maria Augusta ficou a chorar, mas logo tomou seu rumo, à procura de sóror Madeleine, que preocupada estava com seu desaparecimento.

Os outros irmãos de Alexandra, além de Maria Augusta, chamavam-se Anatole, impertinente e orgulhoso, e Pauline, menina delicada e mimada pelo seu pai, pois era a sua alegria, como dizia ele. Viviam estes a brigar, arrancando-se os cabelos diariamente, talvez por ciúmes um do outro, em relação ao pai. Alexandra passava a maior parte do tempo reclamando à sua mãe para lhes dar melhor educação, pois como era de uso entre as pessoas de mais posse, os pais deixavam para as amas de leite, o cuidado de seus filhos. Mas mesmo nesta balbúrdia de conflitos, o amor era a essência de toda vida daquela família.

Porém, como comentamos anteriormente, a primogênita era adolescente e conflitava-se com os hormônios que afloravam em seu organismo. Não se podia dizer que havia maldade nela, mesmo porque, frei José, vigário da região, era frequentador assíduo da casa e Alexandra o amava como a um pai, de todo o coração. Somente ela não confessara a ninguém, nem mesmo a ele, a sua admiração pelo cavalariço Andrés, que era todo seu encanto de juventude, quando se representa que os corações se destroem por amor.

Andrés tinha lá seus vinte e três anos, e para Alexandra ele já era quase um velho, mas ela o admirava. Sentia-se à vontade ao seu lado e, apesar de sua instrução ser pouca, pois ele não tinha meios de seguir o estudo, ela admirava seu porte elegante, sua maneira de andar, seu sorriso aparentando os dentes alvos e seu coração honesto, puro e alegre, pois era uma pessoa que não sentia rancores e não possuía inveja dentro de si; achava normal cada indivíduo estar com o que tinha e assim ele conquistava o coração da jovem possuidora de inúmeras ilusões.

Rudolf, seu pai, apaixonado pelas artes, estudava ciências ocultas e Alexandra, com suas travessuras, proibida que fora, sem que ele percebesse adentrava pela pesada porta, nos porões do castelo, onde tênues luminárias, sempre acesas, clareavam as poções e as ervas utilizadas pelo pai, nos dias em que ele tinha mais tempo para si. Entre livros de ocultismo, Alexandra lia sobre astrólogos e filósofos da época e anterior a ela: Sócrates, Platão, Demóstenes. Mirava os grafados egípcios com traduções feitas a punho por seu pai, cuja letra não entendia e, sem darem conta de sua ausência, ela passava horas dentro daquele ambiente, verificando que remédio dever-se-ia usar para cada doença, e até o que poderia causar a morte de alguém.

As paredes daquela sala eram frias e úmidas e somente a lareira aquecia um pouco o grande espaço. E ela dava um jeito de lá chegar, fingindo que ia cavalgar e se despistando de todos, para espiar seu pai, quando ele deixava a pesada porta entreaberta, vendo-o ler e mexer nas ervas e materiais existentes de fórmulas desconhecidas.

Como era capacitada a nada lhe faltar, Alexandra

era dissimulada. Não se podia confiar muito nela, pois costumava esconder o que sentia. E o fato de se mostrar sempre deprimida, era exatamente para que os pais lhe fizessem as vontades. E ela sempre conseguia tudo o que queria, com sutileza e perspicácia.

Porém não sabia sobre Norberto Daugvans e nem dos planos dos pais. Ela jamais gostaria de ter um esposo que não fosse Andrés, e quando soubera que haveria no palácio um baile no qual deveria ser-lhe apresentado seu futuro noivo, a dama encheu-se de ódio voraz. Não conseguira convencer os pais de que não era isso que almejava, e ficou planejando, em sua mente criativa, como se livrar do problema.

Acreditando amá-lo, ela pensou em atirar-se aos braços do seu querido amigo Andrés e fugir com ele. Depois voltaria e pediria a seus pais para que a permitissem viver ao seu lado. Mas o que comer? Onde morar? Com certeza eles não iriam aceitar no palácio um homem sem bens e sem berço.

Pensara... Pensara... e vira que este seu plano não daria certo. Teria que abandonar Andrés e aceitar a proposta dos pais; afinal, ela teria que ser de alguém com muitas e muitas posses. Então, resolveu ouvi-los, assistir ao baile, dançar com Norberto e depois inventar algo para abandoná-lo de vez, talvez com alguma fórmula secreta do pai.

* * *

Chegara a noite do baile. Toda a comunidade estava reunida, com nobres também de outras localidades. Alexandra, vestida de branco, com tecido leve e adornado de fitas cruzando do busto à cintura e usando um véu sobre um adereço em forma de cone na cabeça, à forma antiga, entrou sorrindo, acompanhada por seus pais. Seus cabelos loiros e lisos caíam-lhe sobre os ombros; seus olhos verdes, tão claros, em contraste com suas sobrancelhas e longos cílios escuros e seus lábios volumosos e rosados, mostravam uma beleza eslava. Era diferente de sua irmã Maria Augusta, a quem Alexandra invejava, pois era tida como a mais culta dos filhos de seus pais e possuidora de uma beleza delicada, com seus cabelos escuros e olhos azuis. A prometida à Igreja também iria ao baile somente para assistir, pois era a apresentação de seu futuro cunhado. Havia saído, por alguns dias, do convento das Dominicanas onde faria os votos brevemente, mas tinha todos os predicados para ser uma boa esposa, com sensibilidade, ternura e delicadeza, anteriormente procurada pelos jovens da nobreza que lhe queriam fazer a corte com intenções casamenteiras. Alexandra impunha grande diferença em relação à irmã em sua maneira de ser: impetuosa, dissimulada, talvez um pouco rebelde e com uma mente repleta de interesses no que se referia às suas vontades. Ela desconfiava dos homens, pois os achava dominadores e não gostaria de ser refreada por ninguém.

A música começou a tocar. Todos os participantes do baile à fantasia aguardavam o conde chegar com a família, pois Rudolf era, depois do cardeal, o dirigente do local. Anatole e Pauline tentavam espiar das janelas, mas estas eram muito altas e nada conseguiam ver. Já estavam todos dispostos em seus lugares, quando Rudolf, na frente com Ignez e as filhas logo após, tomaram seus assentos nas cadeiras especiais. Um toque de corneta se ouviu e foi anunciada a família Daugvans. Alexandra desviava o rosto para não ver o prometido noivo, pois teimava em não aceitá-lo, tivesse a aparência que pudesse ter. Aproximando-se da família, Norberto dirigiu o olhar para as jovens e viu que somente uma o olhava fixamente. Era Maria Augusta, que reconheceu aquele jovem esbelto e orgulhoso, estranhando sua presença no baile. Os olhares foram trocados como chamas ardentes e o coraçãozinho de Maria Augusta, que somente dezesseis anos tinha, bateu descompassado: "Oh, este homem que prendeu meu coração! Será ele o noivo? Norberto... Como poderei viver com ele perto de mim? Terei mesmo que aceitar minha sorte e ficar para sempre prisioneira no convento. Ajudai-me, Senhor."

Norberto pensava exatamente a mesma coisa: "É a mulher que eu desejo, a mulher que eu amo..., mas sei que não será ela a minha prometida."

Rudolf levantou-se e pediu para Alexandra erguer-se. Ela queria sumir dali, mas nada poderia mudar a vontade de seus pais, que deveria ser respeitada. No entanto, ela notara a estranha maneira de sua irmã agir, quando viu seu futuro noivo. Um grande rubor apresentou-se-lhe nas faces brancas e quase transparentes, e Maria Augusta deu um grito, saindo a correr para dentro do palácio, o que causou a exclamação de todos os presentes, inclusive de seus pais. Mas Alexandra, perspicaz como era, compreendeu tudo e pensou que aí estaria seu trunfo para agir de modo a libertar-se do prometido. *"Amam-se – pensou ela – e isso vem a meu favor"*. Contudo, ao fixar seus olhos em Norberto, sorriu. Não, não o daria à sua irmã, que sempre chamava mais atenção do que ela aos jovens da corte. Ela ficaria com o noivo escolhido por seus pais.

Rudolf colocou as mãos dos noivos, uma sobre a outra, dizendo:

– Senhores, nós, em nome de Deus, queremos que estes jovens aqui presentes, desde este momento sejam homenageados, pois daqui para a frente estarão comprometidos em aliança.

Ouviu-se um burburinho em todo o ambiente; o bispo estava ausente e, em seu lugar, frei José elevou a mão direita abençoando os jovens; no entanto, havia ali dois corações partidos, – o de Norberto e o de Maria Augusta, que correra a se trancar no quarto, derrubando lágrimas copiosas e doloridas. Alexandra, no entanto, sorriu para ele e isto alertou-o de que não poderia ser tão ruim trocar aquela mulher dócil por esta tão atraente. Como era tão bela, quem sabe não seria feliz com ela? A outra, aquela que ele amava havia meses, já estava comprometida com o Cristo e, com Ele, jamais poderia lutar.

Durante o baile, a agora comprometida, feliz por estar em uma festa dedicada a ela, iniciou a dança com Norberto, que a olhava, tentando adivinhar seus pensamentos e seu íntimo. Contudo Alexandra procurava não olhar em seus olhos, pois temia encontrar o que ele escondia: sua admiração pela irmã. Na dança da época havia troca de pares até chegar-se novamente ao escolhido; entre todos os presentes, um estranho, sentindo imensa atração pela jovem eslava, cada vez que apanhava sua mão para circular com ela, olhava-a fixamente, deixando-a constrangida, e seguia-a com os olhos por todo o baile. Este fato gravou em Alexandra seu interesse por ela, talvez uma paixão à primeira vista, e fez com que ela também correspondesse àquele olhar amoroso, baixando os olhos e sorrindo.

O marquês Duval, jovem francês, tentava desvendar-lhe o interior e Alexandra sentia-se completamente embriagada cada vez que se aproximava dele, classificando-o, em seus pensamentos, como "um homem arrogante, mas divinamente tentador". Como podia olhar tanto para ela sabendo-a noiva naquela noite?

Mas o encanto logo terminou, porque a dança acabara e a jovem teve que se retirar antes de o baile terminar, a pedido de seus pais, pelo horário. Despediu-se do noivo e de sua família, olhou, sorrindo, para o jovem que não conhecia e, aproximando-se de Inácio, um serviçal de seu pai, diríamos "seu braço direito", perguntou:

— Inácio, vedes aquele jovem elegante de cabelos escuros que está a olhar para cá?

— Sim, senhorita.

— Sabeis quem é ele? Parece-me que o conheço.

— Sim, sei. É o marquês Duval, nobre francês.

— Ah... O que mais sabeis sobre ele?

– Sei que ele foi convidado por vosso pai e vem em nome de Catarina de Médice, do palácio de Louvre, para este noivado.

– E sabeis qual a sua ocupação no palácio de Catarina?

– Não, não sei vos dizer, o que sei são os comentários das mulheres daqui que o seguiram. Pelo que vejo, todas estão caídas por ele. O que será que viram nele? Um espécime fora do comum?

– Ora, Inácio, pelo que vejo, vossos olhos se feriram em notar a admiração de todas daqui. Sim, certamente ele é um belo exemplar de homem. – E virou-se, finalizando: – Ajudai-me a conhecê-lo melhor.

Dizendo isso, sorriu e retirou-se, apurando os passos.

Inácio sentiu que a menina estava desrespeitando seu noivo desde aquele momento, mas como já a conhecia muito bem e a vira nascer, resolveu ajudar a realizar seu sonho que, certamente – pensava ele –, não iria dar em nada. Então, encaminhou-se até Duval:

– Marquês, nós nos sentimos dignos de vossa presença aqui neste castelo. Certamente ficareis aqui esta noite e mais algum tempo antes de partirdes, não?

– Sim, o conde Rudolf ofereceu-me uma estadia por alguns dias para que eu descanse um pouco antes de partir.

– E viestes acompanhado por alguma dama?

– Sim, pela marquesa Vinãres, que ficará em casa de amigos.

– E o que ela significa para vós? Oh, desculpai-me, isso não precisais responder, afinal...

Sabendo que isto fora ideia da menina que noivara, Duval sorriu, sentindo algo nascer dentro dele, uma alegria que não poderia conter e respondeu:

– Ora, sem preocupações, por favor. Esta senhora somente veio para acompanhar-me. Apenas isso. Não estou comprometido com ela. Podeis dizer... – achou melhor bloquear as palavras que completariam sua frase e somente sorriu.

Inácio fez um ruído como se estivesse engasgado e tossiu, pensando: *"Esta menina me coloca em cada situação..."*

– Agora devo retirar-me para os aposentos concedidos à minha pessoa. Quem poderá mostrar-me o caminho?

– Aquele rapaz que se encontra a vos aguardar. Está olhando para vós, vedes? Chama-se Godofredo.

– Sim, obrigado. Então, desejo-vos uma boa noite, Inácio.

– Que tenhais um bom descanso, senhor.

Inácio sorriu um sorriso sem graça, envergonhado pelas perguntas que fizera ao marquês, mas sabia que sua pequena Alexandra ficaria feliz com a notícia.

Os dias seguintes foram de alegria imensa para Alexandra por acordar e saber que o marquês Duval estava no castelo e permaneceria alguns dias lá. Fez questão de passar por diversas vezes na frente dele, que conversava com seu pai. Então, interrompeu a conversa:

– Papai, com vossa licença, eu farei um passeio pelo jardim. Mamãe, podereis vir comigo?

– Se me permitirdes, Senhor Rudolf, eu mesmo acompanharei a vossa filha – falou Duval, que estava desejando também uma oportunidade com Alexandra, levantando-se imediatamente e deixando Rudolf sem meios de prendê-lo por mais tempo.

Alexandra sorriu e deu a mão para que Duval a pegasse e seguisse com ela pelos caminhos pedregosos do jardim.

Assim, os dois, em uma semana, puderam se

conhecer melhor amando-se mutuamente. No jardim, beijavam-se e faziam juras de amor. O coração da jovem parecia que rebentava de tanta felicidade; esquecera Andrés rapidinho e nem se lembrava que tinha assumido um compromisso com Norberto, que chegava para vê-la, mas ela tinha como acompanhante Duval em tudo: nos jogos, nos passeios, em todos os locais por onde iam. O marquês não desejava partir. Misto de dor e angústia lhe assomava cada vez que lembrava deixar naquele condado a jovem com seu respectivo noivo. Alexandra era ainda uma criança volúvel. Não sabia o que iria acontecer em sua vida e, em vez de sonhar com seu noivo, retinha na lembrança diariamente o semblante do francês que fazia seu coração bater descompassado, por amar e ser realmente amada. Em sua infantilidade, não media o compromisso assumido, que dele, sabia ser difícil fugir. Sua razão de não ter sido contra o noivado fora o despeito e a inveja que sentia da irmã, sempre a mais dotada de beleza e atrativos. Seria uma maneira de dizer a ela, "ele será meu, pois não pode ser vosso". Sua família, como a amava muito, na realidade, não conseguia ver-lhe a verdadeira personalidade.

Maria Augusta estava como enlutada. Norberto não mais a veria, pois logo ela voltaria ao convento. Nos dias que vieram, Alexandra passou então a não ver mais Andrés. Duval partira e com ele, seu coração de adolescente. Para procurar esquecê-lo, pedia à sua dama de companhia para deixá-la sozinha com o noivo, o que ela a atendia, sem seus pais saberem. E nestes momentos, ela tentava conhecê-lo melhor e amá-lo, mas não conseguia. O marquês Duval seria sempre o seu verdadeiro amor, aquela pessoa estimada, que todos os indivíduos sentem quando há afinidade de almas.

Norberto não sabia se o que Alexandra sentia por ele era amor ou desprezo, porque diversas vezes, quando ao seu lado, ela saía a chorar para esconder-se em seu quarto. Muitas vezes o pobre rapaz sentiu a vontade de romper com a jovem e casar com a mulher que amava, Maria Augusta, forçando-a a romper com o compromisso que tinha a Deus.

※ ※ ※

Por diversas reencarnações nos reencontramos com nossas almas afins. Também reencarnamos para reparar os erros cometidos no passado, mas chegando à Terra, muitas vezes falhamos. No plano espiritual, traçamos nosso futuro e as metas a atingir na volta ao berço. Trazemos marcados em nossa consciência todos os compromissos a cumprir os quais nos farão melhorar espiritualmente, porque este é o objetivo da reencarnação. Contudo, temos sempre nosso livre-arbítrio e, por vezes, seguimos nossos impulsos sem atender à nossa consciência, nos embrenhando em cipoais de amargura, que nos arrastam a caminhos sombrios. Agimos segundo nossa vontade, indiferentes se pisamos ou não em nosso semelhante. É quando perdemos a oportunidade de dar um passo à frente, na sublime escalada. Todavia, se agirmos de acordo com nossa consciência, amando nosso próximo e agindo conforme as leis morais de Jesus, teremos abertas as portas aos caminhos da luz e seremos nós próprios os favorecidos.

※ ※ ※

Alexandra brincava com os corações alheios. E continuou a brincar até a data próxima ao seu casamento com Norberto.

Andrés, triste e preocupado, pois vira a transformação da jovem, já ao conhecer o seu prometido, aproximou-se dela no jardim, quando ela admirava as rosas que brotavam.

— Senhorita Alexandra, gostaria de vos desejar meus votos de inúmeras felicidades.

— Oh, meu querido amigo, não sabeis o quanto estou triste por ter que me casar com quem não amo. Vejo tristeza também em vossos olhos, pelo menos sabereis que fostes o único amor de minha vida, apesar de que, não poderia casar-me convosco – falou isso dissimulando, mas o ferira imensamente com aquelas palavras, e continuou: – Não possuís nada e meu pai não vos aceitaria como meu marido, até, tenho certeza, me abandonaria. E como iríamos viver? Andrés, quero que fiqueis com esta lembrança, a lembrança de meu amor por vós – e aproximou-se dele, dando-lhe um beijo na face.

O cavalariço entristeceu-se, pois não teria armas para lutar por ela. Tentou, porém, beijá-la para ver se suas palavras teriam sido mesmo sinceras, e ela o esbofeteou.

– Jamais tentais fazer isto novamente! – falou Alexandra. – Meus lábios não serão jamais para... cocheiros como vós.

O rapaz baixou a cabeça e separou-se dela com lágrimas nos olhos. Mas afinal, quem era realmente aquela mulher que lhe expressava um sentimento, mas dentro de si exalava rancor, orgulho e desprezo? Não a conhecia. A mulher que ele amava não existia, teria sido somente uma ilusão que ele próprio criara em sua mente caprichosa.

Alexandra saiu sentindo pena do rapaz que fora sempre tão amigo, mas elevou a cabeça e foi receber

Norberto que chegava. Deu-lhe o braço e, olhando para Andrés, encaminhou-se ao jardim de rosas, sorrindo e acariciando o noivo.

Maria Augusta era tímida e retraída, mas dentro de si carregava um vulcão em plena ebulição. Amava Norberto desde o dia em que o vira na igreja pela primeira vez, mas não tivera a oportunidade de expor seu pensamento a ninguém, afinal, seus pais achavam que ela nascera para ser uma freira Dominicana. Ela, quando vira o casal de noivos, saíra correndo para ir chorar em seu dormitório, mas não tivera coragem de se explicar à sua irmã. Então, dentro dela surgiu uma força sobrenatural, diferente de tudo. Lutaria pelo amor e alguma coisa ela teria que fazer em seu benefício.

Nos dias que chegaram, já com a proximidade da primavera, a jovem noviça planejou algo terrível para conseguir o homem que ela acreditava ser sua felicidade e que a levaria nos braços definitivamente. Mas como atraí-lo para concretizar o planejado? Ele desviava-se dela, quando a via. Jamais poderia abraçá-lo e contar a ele o que sentia. Pensou então no cavalariço que antes saía a passear com Alexandra. Notava o carinho que ela lhe tinha, pois sempre vinha radiante e sorridente daqueles passeios. Este era o plano: o visitaria na escuridão da noite usando os cabelos soltos como Alexandra e o enganaria fazendo-o crer que era a irmã. Quando seu ventre crescesse, ela relataria o fato, dizendo que Norberto fizera aquilo com ela, mas pediria encarecidamente aos pais, para não magoarem Alexandra relatando este fato a ela, mas que a permitissem casar-se com o cavalariço, homem que amava. É lógico que o noivado seria terminado e ela seria, finalmente, de seu amor e cairia em seus braços, enquanto que Alexandra também seria feliz com Andrés.

Quando chegou a noite, encaminhou-se para o dormitório de Andrés e, sem permitir que o jovem acendesse alguma vela, aconchegou-se em seu leito beijando-o na face. Andrés, que amava ternamente Alexandra, sentiu-se rejubilado, mas mantendo sua característica de moral elevada, empurrou-a gentilmente do leito, dizendo:

— Alexandra, não está correto passardes por cima de vossos pais. Sabeis que eles não permitirão vos reunirdes a um simples cavalariço como eu. E vós também me dissestes isso hoje à tarde. Por que a mudança?

A jovem, ainda mantendo-se em silêncio, insistiu em ficar em seu leito.

— Alexandra, não façais isso, isso pode custar-me a vida.

Mas ele a amava, e a jovem não lhe dava ouvidos. Ela não se importava se tinha que pisar em alguns, a própria irmã deveria ficar feliz com isso, porque, pensava ela, não amava o noivo.

Na madrugada, ainda escura, Andrés, refeito e arrependido do fato, vendo a jovem sair correndo porta a fora, sentou-se em seu leito pedindo a Deus que o ajudasse a livrar-se da culpa que já continha em seu coração. O que fazer? Não poderia contar ao conde Rudolf o que acontecera. Teria que ser prudente, mas jamais deixaria a sua amada Alexandra atirada sob a lei da desgraça, porque, certamente, se ela casasse com o Sr. Norberto, seria devolvida à família e cairia em eterna desolação.

Oh, por que ela tomara esta iniciativa? Por que o amara naquela noite? E não dissera nada que a fizesse parar no momento daquela loucura.

Mercedes ouviu um barulho quando a menina Augusta entrou a passos rápidos. Arrumou seu cabelo caído na testa para dentro da touca branca, desceu da cama mais alta que suas pernas poderiam alcançar, puxou a camisola para baixo, apanhou a vela e saiu porta a fora para ver o que havia. Abriu a porta do dormitório de Alexandra e viu-a dormindo, depois abriu a outra porta de Maria Augusta e também a viu enrolada entre os lençóis; só não percebera, devido à pouca luminosidade, o manto da jovem deixado no chão.

Verificou o dormitório dos gêmeos, que dormiam com sua babá, e notou que tudo estava em ordem. Então, voltou e aconchegou-se novamente em seu leito.

No dia seguinte, Maria Augusta levantou sorridente, como se nada tivesse acontecido. Chegou a brincar com os gêmeos Anatole e Pauline, correndo por toda a imensa circulação do castelo que levava aos dormitórios. Em seu rosto, os olhos brilhavam e nela havia um estranho sorriso, o sorriso de futura vitória pelo ato cometido. Todos estranharam sua felicidade e perguntavam-se entre si, o que fizera a jovem mudar sua maneira de ser. O que acontecera para ela mudar de atitude, antes tão triste e acabrunhada? Estava simpática, alegre e deixara suas leituras religiosas de lado. Daria certo seu plano? Ela tinha certeza que sim e novo horizonte lhe pousou no coração. Verificou o quão poderia ser feliz quando estivesse amando o pretendente que o coração lhe dera. Sim, porque fora ela que conhecera Norberto antes de Alexandra e era a ela que ele sempre dirigia o olhar, e fora ela quem ele amara desde o princípio. Maria Augusta achava que os céus o haviam designado para seu esposo e não para Alexandra, que se indignava a rir-se dele e gozar com a sua infelicidade.

Não avaliara que colocar uma vida ao mundo deveria ser com a bênção de Deus, e como se magoaria, vendo futuramente a infelicidade que seu ato traria ao cavalariço, que tão fiel fora para a família por toda a sua vida e também pela decisão que obrigaria seu pai a tomar em relação ao fato.

Jamais, pela sua mente passara, se este seu plano poderia ir por água abaixo. Antes deste episódio ter acontecido, ela pensara em procurar a pessoa que mais confiasse entre seus familiares e falar-lhe sobre suas angústias, sua tristeza, sua falta de vocação para entrar na vida monástica. Dizer a esta pessoa que não crescera para ser encarcerada viva em um convento. Mas achava que nem frei José a compreenderia e a empurraria ao convento novamente. Queria abrir seu coração e dizer que respeitava muito seus pais a ponto de nem lhes dirigir sua vontade a eles. Somente encontrara em sua babá esta confiança, mas o que uma babá poderia fazer perante seu desespero?

✳ ✳ ✳

O nosso direito finaliza ao começarmos a pisar nos sentimentos alheios.

Ignez conhecera Rudolf, um dia, na cidade. Ela

o amara desde o primeiro dia em que ele a encontrou, colocou-a em sua carruagem, raptando-a e levando-a para o castelo que pertencera aos seus antepassados e agora era dele. Rudolf, na juventude, jamais se importara com política. Seu dom era montaria, mulheres e diversões, como todos os jovens, além da arte e do ocultismo. Desde aqueles tempos remotos, os espíritos, como hoje, faziam parte de nossos relacionamentos diários. Eles estavam por todos os locais e Rudolf os via frequentemente Como naquela época, apesar de os médiuns sempre existirem, muitas pessoas queriam ter conhecimentos mais profundos sobre o ocultismo, buscavam-se magos e mulheres dotadas de vidência, para cientificar-se dos fatos ocorridos.

Nos primeiros tempos, Rudolf assustava-se de ver os espíritos, mas depois tratou de acostumar-se com eles. No entanto, o que o fez procurar mesmo a ciência do ocultismo foi a representação dos sofredores a ele, que viviam clamando por justiça. Apareciam-lhe em todos os locais, até que, não aguentando este sofrimento, Rudolf decidiu perscrutar no local, a pessoa indicada para lhe esclarecer sobre esta ocorrência. Teve que procurar ali alguém que fosse uma fonte de verdadeiro silêncio e fidelidade, porque a religião proibia todos os episódios contrários às normas da Igreja.

Havia um homem que observava seguidamente o conde pelos arredores do castelo, pois Rudolf apiedara-se dele, já que não podia falar e era cocho e corcunda; o fato é que o homem ouvia muito bem e Rudolf pensou em procurá-lo sabendo que ele lhe desejaria ser grato pelo bem que dele sempre recebia.

A época era de apreensão naquele momento em toda a Europa, pelas lutas e medo do domínio de conquistadores. A exemplo da Roma antiga, inúmeros senhores queriam apossar-se daquelas terras e de outras da região, como mais tarde Napoleão o fez. E Rudolf temia ser acusado de bruxo e ser levado à fogueira por esses dominadores de reinos. Mesmo assim, encontrou-se com o anão. Frantz, era seu nome, e lhe trouxera um dia o endereço da bruxa a ser procurada, feliz e sorridente por poder cooperar com o conde. Mas o medo de ser perseguido pela inquisição ainda existia e Rudolf deveria se resguardar do fato.

Edwiges era uma bruxa e não se podia dizer que era uma mulher feia e velha como sempre imaginamos; não, ela era bem apessoada, como seus cabelos em cascatas sedosas e em desalinho, o que dava a ela um aspecto até sedutor, mas Rudolf lhe tinha respeito e jamais gostaria de cair em suas mãos. Procurou a mulher com todo o sentimento de humanidade e certa humildade, o que o diferenciava dos demais nobres, e com ela teve inúmeras aulas de magia e ocultismo. Afastara por algum tempo os espíritos de sua visão, mas eles o perturbavam de outras formas, de modo que ele não percebesse.

**

Sabemos nós, espíritos amados por Deus, que ninguém neste mundo fica alheio às provações pelas quais deva passar. Trazemos conosco as dívidas das encarnações anteriores e precisamos cursar o caminho da melhora íntima. O fardo que carregamos torna-se mais leve se, seguindo o conselho do amado Mestre, a piedade penetrar em nossos corações. Só através do bem praticado ao nosso semelhante obteremos a absolvição dessas dívidas. Disse-nos Jesus: "A caridade cobre uma multidão de pecados" e a caridade é o amor incondicional.

**

Naquela tarde, Rudolf recompensou bem Edwiges e, conforme seus conselhos, criou em seu castelo, na parte inferior, com um porta muito bem fechada, o local para suas ervas medicinais e seus livros de sábios e pensadores da época, que poderiam ser mal avaliados se a Igreja se cientificasse do fato. E desse segredo, somente Ignez, sua adorada companheira, e Alexandra, sua primogênita, sabiam. Lá ele passava as horas que lhe sobravam a estudar. Aprendeu, também, alquimia e astrologia.

Depois do deslise de Maria Augusta, instruída por espíritos vingativos e, ainda sigilosa aos familiares, Alexandra aprendeu a conhecer melhor o nobre Norberto, que era culto, inteligente e sentimental. Começou a admirá-lo como homem e, quando ele não aparecia para visitá-la, ela sentia-se totalmente sozinha. Nascia aí uma amizade mais intensa.

Em conversações que tinham, geralmente eles falavam sobre política do país e, com seu sangue ardoroso, ela dizia que podia morrer pelo reino que seu pai comandava. Norberto admirava o ardor da jovem, mas acabava rindo de sua maneira de falar, pois parecia um rapaz comentando sobre brigas, ódios e dramas que se passavam com as pessoas da redondeza. Rudolf, sempre disposto a atendê-la em sua curiosidade, contava a ela tudo o que acontecia nas redondezas e no castelo, comentando com a esposa que Alexandra deveria ter nascido homem.

Dois meses se passaram e o ventre de Maria Augusta começou a crescer. Ela via a obrigatoriedade de atrair Norberto para um encontro, quando em visita ao castelo para ver Alexandra, a fim de que este pudesse cair em sua armadilha e facilitar as coisas para ela. Estava disposta a contar a sua verdade para os pais no dia seguinte, mas um fato a fez aguardar por mais um tempo:

Norberto estava visitando o castelo. Alexandra via-se preocupada com as costureiras e os novos vestidos e Maria Augusta sentiu a oportunidade à sua frente de conquistar o noivo da irmã. Muito nervosa, naquele princípio de tarde, pediu para que ele a ajudasse a encontrar Anatole que havia se escondido de Pauline na brincadeira do jardim e não havia voltado. No entanto, ela sabia que seu irmão estava tendo aulas de flauta e teimoso, não querendo estudar, ficava sentado na cadeira com os braços cruzados até o tempo perder-se, enervando o professor que, não desejando perder seu emprego, nada comentava com os pais.

Norberto, coração batendo apressado, aceitou o pedido da donzela a quem amava profundamente e que tantos olhares trocava com ele quando o via. Maria Augusta era diferente de Alexandra; mais feminina e delicada, atraía-o de forma significante, mas ele, ao sabê-la noiva de Deus, como na época se dizia, passara a respeitá-la como a uma santa; evitava-a e desviava-lhe os olhos a fim de que não fosse percebido por ninguém o que sentia intimamente por ela. Como continuar com aquele amor que realmente lhe era totalmente proibido? Contudo, naquele momento em que recebeu tão inocente pedido, não pôde negar-se. Aceitou o convite com alegria interior e, com a ausência da noiva, seguiu Maria Augusta até um local no jardim que dava para o bosque.

Cabisbaixa e insegura, Maria Augusta tinha tudo planejado. Teria que lutar pelo amor de sua vida, custasse o que custasse. Sabia que deveria ter grande coragem para fazer o que tinha em mente.

– Vinde, por favor – disse, ruborizada. – Mercedes e Francisca estão muito ocupadas hoje, e como somente vós estais aqui, sereis meu convidado para procurar aquele menino travesso.

Foram a muitos locais e logicamente não o encontraram, até que, entrando numa caverna próxima à mata, ela fez que tropeçou e caiu, fingindo-se desmaiar. Norberto pegou-a nos braços. Vendo tão próxima de si a jovem adorada, com o peito arfando de êxtase, sozinhos naquele local tão distante do castelo, passou a beijar os lábios inertes e acariciar-lhe o rosto, dizendo:

– Oh, meu amor. O que foi acontecer convosco? O que sentis, minha bela? Oh, eu não poderei mais guardar este amor contido dentro de mim! O que fazer, meu Deus, com esta atração tão grande que sinto por esta jovem casta, que é a escolhida para pertencer somente a Ti? Farei um pecado mortal amando-a como a estou amando agora, assim tão pálida e tão bela?

Fazendo-se de inocente e abrindo os olhos, ela olhou para ele, derramando uma lágrima.

— Norberto, então correspondeis ao meu amor?

Depois de se amarem, os enamorados continuaram abraçados durante muito tempo. Conversaram, declararam-se, fizeram apelos um ao outro, choraram e, mais tarde, quando já estava anoitecendo, ele caiu em si, verificando que fora um crápula. Como tinha sido tão insensível com uma jovem comprometida a ser freira dominicana? Teria que ser forte e renunciar àquele amor proibido.

Não poderia deixar Alexandra, mas o que fazer agora? Se Rudolf e a Senhora Ignez soubessem, iriam matá-lo e matar a ela também. Então, falou:

— Meu amor, escutai-me. Não podemos continuar com este pecado. Por favor, perdoai minha fraqueza, jamais vos quis fazer algum mal. Eu vos amo, vos amo, mas... Oh, o que será de nós?

– Libertemo-nos destes laços que nos prendem tanto. Fujamos, Norberto, fujamos!

– Não podemos fazer isso, tendes uma rival que poderíeis vencer, mas eu...eu não poderia roubar-vos de Deus. Entendeis agora, minha querida? Devemos renunciar ao nosso amor – e virando-se, pegando-a em seus braços e olhando-a fixamente nos olhos, finalizou: – Seria importante partirdes imediatamente do castelo para o convento. Eu não vos verei mais nas missas porque mudarei de igreja. E agora, levantemonos e vamos orar para que este pecado infame seja lavado de nossas mentes.

– Não! Por favor, não me abandoneis! Eu vos amo!

Norberto ajoelhou-se frente a ela, cabisbaixo, beijando-lhe a mão.

– Senhorita, por favor, imploro-vos que me perdoeis. Sou um crápula e nem sei se mereço vosso perdão. Eu me arrependo e me culpo severamente por desrespeitar-vos, mas sei que vós quereis seguir o destino que vos aguarda. Não direi nada do que aconteceu a ninguém e, quanto a vós, tenho certeza de que sabereis guardar este segredo a quatro chaves. Aconselho-vos a tomardes rumo à vossa obra, amanhã mesmo. Jamais voltarei meus olhos a vossa pessoa e sei que vós, por mais que me tenhais concedido um consolo de também me amar, estareis, da mesma forma, de acordo comigo.

– Não, não. Por favor, escutai-me. Não vades embora me deixando neste estado, eu vos amo, meu senhor. Amo-vos.

Começou a derramar pesadas lágrimas de sofrimento, agarrando-se a ele por seus gibões, ajoelhada no chão de areia.

"*Como fazer agora?*" – pensava.

Ela tinha planejado tudo para exatamente ser sua esposa e ele virava-lhe as costas. Mas Norberto não deu ouvidos ao seu desespero, achando que aquela atitude era a melhor a ser tomada. Saiu passando a mão no cabelo em desalinho e foi em frente, seguindo o caminho do castelo.

Ao entrar no palácio, Norberto soubera que Rudolf queria falar-lhe em seu gabinete.

Nesse meio tempo, Alexandra recebeu um convite da corte de França, pois percebera pelo sinete. Ficou ansiosa por abri-lo e chamou seu pai para ler com ela o que estava escrito, pedindo ao entregador aguardar pela resposta. Dizia o bilhete:

"Senhorita Alexandra.

Catarina de Médice convida-vos para apresentar-vos à corte de França, para o baile que será em homenagem à sua majestade, no dia que antecede ao dedicado à igreja. A cortesã do reino, marquesa Marie de La Siena, acompanhar-vos-á e se fará presente três dias antes, para que vosso pai a conheça, e para não virdes desacompanhada.

Marquês Duval".

O coração de Alexandra parecia que ia sair pela boca. Mas não comentou com seu pai que amara este marquês ainda no baile, porém sabia que deveria ser ele quem estava tramando alguma coisa para vê-la. Esquecendo-se do mundo todo, Alexandra imaginou as roupas que usaria, o cabelo que faria e o que aconteceria quando estivesse em Paris. Porém, o pai verificou o convite e ficou pensativo:

– A rainha mandar um convite somente para vós, minha menina?

– Ora, papai, deverá ser alguma festa especial para donzelas de toda a Europa. E, como vedes, também virá a marquesa de La Siena para me apanhar.

– Sim... Mas algo está muito estranho aqui.

– Ora, meu pai, não vedes o sinete real?

– Bem, é verdade, mas mesmo assim aconselhar-me-ei com frei José antes de irdes.

– Não, papai, o mensageiro do convite está à espera. Precisamos dar a resposta agora.

– Oh, é verdade. Mas...

– Mas o quê? Pensai, papai, e resolvei vós. Se o selo é da França, se não aceitardes o convite, poderemos ter certeza de que a rainha achará ser uma desfeita vossa!

– Está bem. Vou responder do meu próprio punho.

Alexandra começou a pular de alegria. Ela veria novamente Duval.

A filha mais velha de Rudolf pensou que este seria o convite ideal para ela conhecer a França e ver o que acontecia em Paris e se seria verdade a perseguição aos protestantes. Talvez, quem sabe, ela estimularia seu pai a repetir o processo no seu reino, pois realmente, os protestantes estavam tomando conta do mundo. Depois pensou em seu querido Andrés. Isso não seria possível.

Na realidade, Catarina fizera Duval assinar o convite, pois o mandara ao baile de Alexandra e esta seria uma boa maneira para conseguir o desejado. Fazer a cabeça da filha para chegar a seu pai.

Rudolf, preocupado, pensara em acompanhá-la em outra carruagem, com alguns homens de confiança, e ficariam instalados em sua casa em Paris.

Capítulo II

Maria Augusta

"(...) A moral dos Espíritos superiores se resume, como a do Cristo, nesta máxima evangélica: "Agir para com os outros como quereríamos que os outros agissem para conosco"; quer dizer, fazer o bem e não fazer o mal. O homem encontra neste princípio a regra universal de conduta para as suas menores ações.

Eles nos ensinam que o egoísmo, o orgulho, a sensualidade, são paixões que nos aproximam da natureza animal e nos prendem à matéria; que o homem que, desde este mundo, se desliga da matéria pelo desprezo das futilidades mundanas e, pelo amor ao próximo, se aproxima da natureza espiritual; que cada um de nós deve se tornar útil segundo suas faculdades e os meios que Deus colocou entre suas mãos para o provar; que o Forte e o Poderoso devem apoio e proteção ao Fraco, porque aquele que abusa de sua força e do seu poder, para oprimir seu semelhante, viola a lei de Deus. (...)"

O Livro dos Espíritos, Allan Kardec,
Introdução ao Estudo da Doutrina Espírita,
item VI, IDE Editora.)

Maria Augusta acariciava seu ventre. Nos primeiros dias de sua gravidez, enjoara um bocado, mas ninguém desconfiara de seu estado a não ser a sua antiga babá Francisca. Procurava não colocar os olhos sobre Andrés, que sorria cada vez que via Alexandra e perguntava-se o que teria mudado naquela jovem que não confiava mais seus segredos a ele.

A jovem noviça dirigia seus pensamentos em orações seguidamente, para que seu plano desse certo e pudesse ter em seus braços o homem que amava. Sonhava com ele todas as noites e, na sua solidão, quando em casa, excluía-se dos familiares para rir feliz em seu dormitório, imaginando-o ao seu lado.

Chegara o tempo de permanecer no convento das Dominicanas para iniciar seu desprendimento dos bens terrenos, abandonando o lar amado. Seria o momento de cultivar coragem para relatar à família o que ocorrera com ela. Dizendo-se enjoar e sentir-se indisposta do estômago, seu pai achou melhor resguardá-la ainda por um tempo no lar, oferecendo a ela, todos os cuidados especiais para que melhorasse.

– Minha filha – comentava a mãe dirigindo-se a ela –, estais a comer por demais, por isso enjoais tanto. Olhai só para vós; andais mais cheia de corpo, sinal de boa saúde, sim, mas por hora, não deixarei vos servirem tanto na ceia. Penso que estais a tirar proveito agora, visto que no convento devereis jejuar por demais. Não fiqueis chateada, como vos vejo, querida. Sentirei saudades, porém penso que sereis mais feliz lá, pois estais desde criança prometida à glória de Cristo. Isto será para mim e vosso pai uma bênção muito grande.

Maria Augusta olhava-a sem ter coragem de comentar coisa alguma; como dizer que dentro dela existia um ser vivo? O que fariam com ela? Sim, não permitiriam que uma filha querida fosse desonrada por ninguém. Ela teria o seu amor em seus braços. Mas cada vez que via Alexandra ao lado do noivo, uma imensa tristeza lhe aflorava e brotava nela um ódio terrível. Não sabia se odiava Norberto por tê-la abandonado, ou a própria irmã, que agora, alegre, abandonara Andrés, para exibir-se com seus predicados ao noivo. No íntimo, ela sabia que tudo era uma ideia maluca de sua cabeça. Alexandra não estava amando Norberto, jamais amaria alguém.

Agora com dezessete anos, Alexandra ainda sentia-se crua em matéria de amor, mas nos meses que estivera a conhecer Norberto, cientificou-se de que admirara o seu porte ardoroso e sua coragem por defender junto ao seu pai, o reino da Eslováquia. Sentia-se muito bem ao lado dele, no entanto, não tinha o mesmo desejo de estar em seus braços como a irmã, visto que havia outras razões na vida de Alexandra que ela achava mais importantes, razões pelo saber, pelo educar-se e pela justiça. Procurava entender de política e aprender o que lhe era oculto, como o que seu pai estudava às escondidas. Achava que deveria ter nascido homem, porque cativava, com sua personalidade, a admiração do pai. Antes de conhecer Duval, não queria casar-se, e agora não queria sequer beijar aquele noivo. Quando criança, seu sangue somente fervia ao se achar injuriada e injustiçada, então ela atirava-se em cima de quem a tivesse insultado, exigindo que a pessoa lhe pedisse desculpas. Seria capaz de matar por injustiças feitas a ela. Maria Augusta era diferente. Muito sensível, mas educada para ser do Cristo somente como freira dominicana, vivendo uma vida mais reclusa e introspectiva, sentia-se martirizada. Então, criava dentro de sua alma romances secretos, com ardorosos pensamentos destinados a Norberto, o homem que encontrava sempre na igreja.

Alexandra havia partido para Paris com a marquesa La Siena e Norberto viajava com Rudolf em outra carruagem, sem poder ver a face de Maria Augusta, que se devorava de ciúmes por seu escolhido estar partindo também. Ela então foi até o gabinete do pai e procurou orar lá para manter-se mais tranquila. Em cima da mesa, Rudolf havia deixado seu livro de pequenos poderes do pensamento, escrito por um ocultista de sua época.

Apanhou, com suas pequenas e brancas mãos, o livro e começou a examiná-lo. Nele encontrou algo que dizia:

"Todo o pensamento direcionado a uma grande vontade, certo é que poderá tornar-se real; mas cuidado com o que pensardes, que nunca ele seja ligado ao mal, porque no Universo sabemos que conforme damos, também recebemos."

Maria Augusta, então, iniciou a imaginar a irmã longe do noivo, pela manhã, à tarde e à noite. Três vezes por dia ela pensava nisso e procurava ver Alexandra se distanciando cada vez mais de Norberto. Via-a voltando-se para outro homem ou para Andrés, o cavalariço. "Afinal, ela ama Andrés – pensava –, que é uma boa pessoa, enquanto eu, preciso urgentemente agir e casar com o homem de minha vida".

Cada vez que se sentia distanciar-se de Norberto, era como se sangrasse por dentro. Então expulsava esse pensamento e restaurava sua alegria, imaginando seu pai consentindo em seu casamento com ele.

Enquanto Maria Augusta deliciava-se com desperdiçar a maior parte do tempo na ilusão, Anatole e Pauline iniciavam os estudos com um bom mestre. Eles completariam sete anos e sua mãe já se mostrava preocupada, pois mais um filho viria ao mundo. Ela tinha tido bons partos, mas sofrera muito, desde o primeiro filho. Apesar de ter pouca idade, somente quarenta e três anos, aparentava bem mais, talvez pelo sofrimento ou porque o primeiro filho nascera ainda quando ela tinha dezesseis anos, a idade de Maria Augusta.

Aguardando pacientemente o retorno do companheiro, a Senhora Ignez bordava tapetes.

Próximo ao castelo, havia uma modesta casa, onde uma mulher muito prendada ensinava algum tipo de arte: bordado, tapeçaria, pintura e reconstituição de quadros, e assim ganhava alguns trocados. Ansiando aprender artes, Maria Augusta tocara sobre esse assunto com sua mãe, que respondeu:

— Minha filha, sabeis que ireis para o convento.

O que deveríeis aprender é o que já estais a fazer. Canto e música, somente isso. Deixai de lado estes sonhos infantis; de uma forma ou de outra, o que quereis não podereis praticar. Jamais tereis tempo de pintar em um convento, minha filha.

– Mas mamãe, tenho, inclusive, recebido alguns recipientes com as tintas necessárias de Francisca, cujo namorado trabalha na casa de um pintor de quadros. Ficarei muito feliz em pintar.

– Não deveis! Não deveis ir contra o que vosso pai chama de obediência ao clero. Isso não é para vós.

Com a insistência da filha, a Senhora Ignez achou melhor confortá-la, dizendo:

– Bem... com certeza, verei o que poderei fazer, falando com vosso pai. Agora, podeis retirar-vos às orações diárias.

– Oh, mamãe! Muito obrigada – disse a jovem, fazendo uma reverência à mãe e se afastando. Estava tão feliz, que tinha que contar para alguém. Mas para quem contaria o fato? Muitas pessoas estavam afastadas do castelo e só lhe restava o cavalariço Andrés.

Chegou perto do estábulo e procurou por ele.

Andrés estava cabisbaixo e sério, colocando um

pouco de ramas verdes para os cavalos. Quando a viu, parou com o trabalho, fazendo-lhe uma reverência. Não tivera quase nunca mais oportunidade de vê-la e sabia que ela era prometida para o convento, então, o respeito que sentia por ela era imenso.

— Bom dia, senhorita, estais feliz, não é? Vê-se pelos vossos olhos. Sabeis? Nossos olhos nos mostram a alma que temos.

Maria Augusta sorriu timidamente e ficou completamente rubra. O jovem sentiu que a deixou mal com o que dissera e, baixando os olhos, confirmou-se culpado por defrontar sua angelitude.

— Perdoai-me, senhorita. Sei que sois agora como um anjo, e que sois como noiva de Cristo.

"Angelitude, eu?" – pensou ela, mas, como se estivesse grudada ao solo, não pôde mover-se. Na realidade, a irmã tinha razão de amar aquele moço, que tão respeitoso e gentil sempre fora com ela. Encontrou-se, com a frase dita, muito à vontade e valorizada, coisa que em casa não sentia; então, puxando um banco e sentando-se próxima ao cavalariço, iniciou uma longa conversa com ele sobre sua vida particular, sobre o que ele gostava de fazer, se tinha alguma mulher que amava... ao que ele respondeu:

— Senhorita Maria Augusta, dentro de pouco

tempo sereis imaculada com o véu das Dominicanas. Não ficará bom, portanto, nós estarmos aqui conversando. Vou levar-vos de volta à vossa casa.

— Não, por favor, eu quero ficar um pouco aqui, sinto-me bem convosco...

E conversou bastante com ele, chamando a atenção do rapaz para seu assunto. Quanto mais conversava sobre sua vida em casa, excluindo sobre sua vontade interior de casar-se em vez de ser Dominicana, mais o rapaz atentamente a ouvia. Já estava ficando tarde e o pôr do sol estava a surgir, quando Andrés pediu-lhe licença e explicou-se:

— Senhorita, foi para mim prazeroso ouvir-vos falar, mas neste momento tenho que terminar o que eu comecei. Peço-vos perdão. Sei que ireis ao convento assim que vosso pai voltar, portanto, como temos ainda algum tempo para a volta dele, seria importante que vos afastásseis de mim, para que a maledicência não vos visite. Há olhos maldosos por onde andamos todos os dias. Compreendeis, senhorita?

A jovem, conhecendo um pouco melhor o correto rapaz, admirou-se de suas maneiras e, sorrindo, adentrou no castelo pedindo a ele que não a acompanhasse. Sim, ele tinha razão, não poderia ser malfalada agora, não antes de contar tudo a seu pai.

Subiu as escadarias de pedra até seu dormitório e ficou por toda a noite sonhando com o pai do filho que havia em seu ventre. Despertou quando uma nesga de sol entrou pela sua estreita e comprida janela. Dormira de bruços ansiando por Norberto, abraçando a almofada que lhe servia de travesseiro. Como se sentia solitária... Se pudesse, ficaria a noite anterior com Andrés para que ele a acariciasse. Não tinha o carinho dos pais, que lhe eram frios e nem de sua irmã que, sorridente como sempre, somente o que fazia era fugir à tardinha, sem rumo certo, a esconder-se, para namorar o "seu" amado e rir-se dele. Conversar com ela, Alexandra não fazia, pois se mostrava sempre pronta a acompanhar seu pai em tudo.

– Ah! Como sou infeliz! – lamentava-se a jovem noviça.

No dia seguinte, ela foi chamada por sua mãe a comparecer no salão principal. Desceu os degraus da escada depois de vestir algo bem simples e foi ter com ela, que a aguardava. Junto dela, duas irmãs Dominicanas a esperavam.

– Senhorita Maria Augusta, nós viemos buscar-vos. Devereis comparecer ao convento para aprendizagem de vários textos que tereis que dizer no dia de vosso enlace com Deus.

– Oh, Irmã, minha filha ainda não foi, porque tem se sentido muito enjoada. Vomita quase todas as manhãs. Vedes como está pálida? Desde o mês que passou, isso vem acontecendo com ela e, se continuar, pensamos em procurar ajuda em outros locais, porque aqui nada se constatou sobre doença alguma. Seriam os nervos de deixar sua família? Não o sei. Se não fosse tão casta...

A senhora Ignez iria dizer que poderia estar grávida, mas calou-se. Realmente, ela jamais poderia pensar uma coisa desta de sua filha.

Maria Augusta sentiu o pensamento da mãe, ficou imensamente rubra, olhou para a mãe, depois para as irmãs e, colocando a mão no peito como se estivesse sentindo uma dor, deixou-se cair ao solo frio do piso.

Muitos fizeram questão de levantá-la e, como não conseguiram, pediram aos servos que auxiliassem.

A jovem foi levada a descansar sobre almofadas. Ignez lhe dava leves palmadinhas em seu rosto e ela iniciou a acordar. Abriu os olhos lentamente, dizendo:

– Mamãe, penso que estou muito doente –

falou isso para ver se as freiras iam-se de uma vez dali.

— As senhoras devem ter visto que ela não está bem, não é? Devemos, portanto, esperar o chefe da família voltar. Até lá ela deve melhorar, então, nós mesmos a levaremos ao convento.

As freiras entreolharam-se preocupadas. Aquilo mais parecia... Mas não se acharam com o direito de comentar nada com a Senhora Ignez, e partiram.

— Oh, mamãe, que faço? Este mal-estar não me abandona, comentava Maria Augusta.

— Estamos todos preocupados convosco, minha filha, mas vedes meu estado, estou muito pesada para...

A Senhora Ignez fixou os olhos na menina e forçou-se a falar o que estava pensando:

— Minha filha, por acaso...

Então se abaixou para falar com a jovem para que ninguém a ouvisse falar. Pediu para todos os servos que lá estavam se retirarem da sala e armou-se de coragem para dizer fria e ponderadamente:

— Maria Augusta, quem fez isso convosco?

A jovem levou um susto ao ouvir aquelas palavras e sentou-se rapidamente na banqueta.

– Mãe...

– Chega de esconder-me coisas, falai! Sabeis o que vos espera, minha jovem?

– Mãe... Eu...

– Ora, menina, eu estou sentindo tudo. Desde que voltastes do convento onde estudastes e viestes ter aqui conosco por um tempo, senti estardes muito distante de todos nós. Porém estou fervorosamente afeita a revelações contundentes, que farão a todos nós, miseráveis pagãos. Tendes algo a confessar a mim, minha pequena? Ah, como estou aflita; eu terei meus sonhos desvendados ou terei de assistir a um ato tão cruel de vossa parte, minha filha? O que me revelareis se não for para trazer-nos muitas tristezas nesta tarde?

– Nada, não vos revelarei, nada, somente quando meu pai e o noivo de minha irmã estiverem aqui presentes. Ah, como demoram! Já faz um bom tempo que daqui partiram e até agora nada se sabe deles.

– Aonde foram, é longe e não se vai em um dia, filha. Mas, por caridade! Vós deveis estar doente. Como uma quase freira pode ter estes desmaios se não por um motivo cruel como estou a pensar?

Maria Augusta, nervosa e irritada, resolveu desabafar:

— Mamãe, deixe de melodramas. Sou humana, tenho um corpo como o vosso, sou carne, minha mãe, e carne que anseia por carinhos e amor. Como pudestes colocar-me em um convento tão cedo, quando eu nem poderia discernir sobre meu destino? Minha mãe, fostes vós ou meu pai quem tomou esta horrível decisão? Falai, por caridade!

— Tomamos em conjunto, porque para nosso lar seria maravilhoso nós termos uma freira, já que a primeira seria comprometida a ter muitos filhos para seguir nossa tradição.

— Ora, mas que coisa inacreditável. Como não poderiam imaginar que isso seria para mim um sacrifício? Eu não quero ser uma freira!

— Oh, minha filha, não digais uma coisa tão terrível como esta!

— Por que horrível? Por acaso o catolicismo não ensinou a vós e a papai sobre o Evangelho de Jesus? – falou, já eufórica e revoltada – Não ensinou que devemos amar o nosso próximo?

— Mas por isso mesmo, minha filha, nós vos amamos.

— Empurranto-me para o calvário enquanto quero estar nos braços de... – Maria Augusta calou porque viu a mãe tontear e empalidecer achando que ela, como estava para ter outra criança e já tinha certa idade, poderia ficar mal, então, tentando levantar a mãe que cambaleara, falou baixinho e ternamente:

— Oh, minha mãe querida, esqueci-me de que vós também esperais um...

A matrona ergueu o rosto cabisbaixo, abrindo muito os olhos. Agora estava compreendendo tudo. Sim, sua filha estava grávida, mas... De quem, de quem? Quem fora o covarde vilão que tivera a coragem de aproveitar-se de uma virgem destinada a ser uma Dominicana?

— Quem foi? Quem foi? – perguntou a mãe, cambaleante e apavorada com a notícia.

— Nada ainda direi.

— Mas ele a usou à força, minha filha? Sim, porque não fostes vós que quisestes, não, minha filha? Quando aconteceu? Que desgraça!

— Sim, eu o quis também. Eu o amo, mamãe! E este é o caminho para a minha felicidade, já que não pensastes nela para mim.

A Senhora Ignez gritou e, alcançando a filha, esbofeteou-a, desmaiando em seguida.

Nos dias seguintes, a Senhora Ignez não saiu

do leito e não quis ver Maria Augusta, que implorava para cuidar dela. Seu sofrimento era incalculável e a dor de ver que a filha havia desejado ter-se perdido com alguém, a desesperava. Não gostaria de saber com quem ela estivera. Seria algum padre? Oh, frei José estava sempre lá no convento e também conversava seguidamente com ela no gabinete de Rudolf quando a confessava. Só em pensar nisso, seu coração ardia.

"Ela está grávida como eu" – pensava. – *"Oh, que horror! Com certeza Rudolf a expulsará de casa; que vergonha para uma família tão apreciada como a nossa. O que diremos a todos? Não consigo pensar qual o homem que Maria Augusta sempre via. Tão reclusa dentro de si mesma, ela somente se avistava com... Será o frei José o pai desta criança que nascerá? Não posso nem pensar nisso, mas quem seria? O cavalariço? Não, ele nem se aproxima dela... Inácio? Não, jamais."*

Maria Augusta, chorosa, somente o que tinha a fazer era orar; ajoelhava-se perante o pequeno altar colocado em seu dormitório e pedia:

— Senhor, o que fiz eu de tão reprovável a ponto de ser execrável aos pensamentos de mamãe? Amei, Senhor, e amo. Somente tenho amor em meu coração. Ajudai-me, vos peço. Ajudai-me para que pelo menos papai me perdoe e me compreenda, meu Deus! Se ele não me perdoar, me expulsará de casa e o que será de mim? Norberto disse que não quer desmanchar o noivado com Alexandra e Andrés será morto, se souberem dele. Oh, poupe-me, Senhor! Poupai esta mulher que se perdeu por tanto amar. Salvai-me, Senhor! Salvai-me! Não permitais que me joguem enterrada viva, prisioneira dentro daquele convento. Por que fui conhecer esta vida? Deveria ter ficado lá e não ter voltado para a casa paterna! Conheci o mundo, a beleza da natureza, a alegria do baile oferecido a Alexandra; encontrei aqui o homem que amei desde a primeira vez em que o vi naquela missa; oh, Senhor, tende piedade de mim!

Nesse momento, a menina Maria Augusta resolveu procurar frei José; afinal ele era amigo da família havia tanto tempo... Ela nunca se abrira para ninguém contando o que lhe ia no coração, mas desta vez sua mãe adivinhara, por ela mesma ter caído, com as palavras que dissera e que deixara aflorar aos olhos maternais seu estado. Não havia mais motivos para esconder do melhor amigo da família a sua posição. Então, saiu a correr pelos corredores até alcançar o gabinete do pai onde, por certo, frei José andaria; contudo, adentrando no espaço, somente encontrou um serviçal.

– Homero, não viu frei José hoje?

– Não, senhorita, desde que vosso pai viajou, frei José afastou-se. Sua mãe quase não conversa com ele e o frei sente-se constrangido de vir aqui assiduamente quando vosso pai não está.

– Mas ele precisa vir urgentemente. Eu preciso falar com ele e mamãe também. Por favor, chamai-o. Ide até a Igreja e trazei-o aqui, por favor!

Homero saiu rapidamente, deixando os seus afazeres para mais tarde, pois notara aflição estampada na face da menina.

Capítulo III

Em Paris

"Fazei aos homens tudo o que quereis que eles vos façam; porque é a lei e os profetas. (...)"

O Evangelho segundo o Espiritismo,
Allan Kardec, Cap. XI, item 2, IDE Editora.

Alexandra realmente se lançara Nessa aventura verdadeira para ver novamente Duval, mas com o intuito também de espionar o rei de França e sua temerosa mãe. Confirmara com a marquesa La Siena, ainda em seu país, dos assassinatos causados a tantos protestantes na noite de São Bartolomeu. Achara que o horror e a loucura haviam tomado conta de Catarina de Médice e, agora, de Henrique III. Por que odiavam tanto os protestantes? Não eram eles pessoas como ela mesma e sua família? Por que uma crença em outra religião poderia trazer tanto ódio entre seus reinantes? Mas depois de analisar e pensar muito sobre os fatos, voltou a pensar como antigamente e concluiu que os protestantes, chamados na França de huguenotes, realmente estavam querendo "balançar" o reino e talvez até destruí-lo, colocando o protestantismo como uma religião que abafaria a atual religião católica e destronaria, com certeza, Catarina e Henrique III. Sim, este deveria ter sido o medo maior de Catarina. O movimento avolumava-se de uma tal forma, que a única maneira que encontraram os soberanos fora a de matar, matar todos os que se tornaram protestantes.

Depois de receber este pensamento dentro de si, Alexandra começou a imaginar a mesma coisa acontecendo em seu condado. Quem sabe não deveriam copiar o exemplo da França expulsando do reino aqueles hereges? Não pensaria em matá-los, porque entre eles estava Andrés, o querido amigo que ela um dia achara amar. Mas, receosa, com o pensamento enegrecido por espíritos maldosos, resolveu que falaria com seu pai e o convenceria deste fato. Tinha-se que tomar uma certa atitude quanto a eles! Via-se que os protestantes já haviam tomado boa parte da Europa. E quanto ao seu amigo cavalariço fá-lo-ia desistir dessa religião.

Onde morava, tudo ainda estava calmo e havia paz. As brigas que seu pai apaziguava, com auxílio do frei José, eram coisas banais; roubo de gado e de cavalos. Este amigo de infância de Rudolf, na realidade, era quem solucionava estas coisas e deixava o ser humano seguir sua crença, porque todas as religiões, onde o Evangelho de Jesus fosse o escolhido – dizia ele –, seriam a religião correta. Ele também ficava por vezes achando que Lutero estava com a razão ao se rebelar contra a riqueza ostensiva da igreja e de certas leis criadas pelos religiosos, tão pecadores quanto alguns ateus. Mas ficava quietinho em seu lugar, sem jamais julgar, somente obedecendo a lei do amor ao próximo, o maior mandamento de Deus depois do amor que deveríamos ter por Ele. Porém, a França era um reino muito maior e um modelo para os outros países. A França era e estava sendo vigiada pelos outros povos da Europa, que a tinham por valorosa.

Sim, Alexandra não acusava aqueles reinantes porque, como católica, ouvia a conversação de populares e dos próprios consultores do pai sobre o que eles, os protestantes, estavam fazendo para "mudar o mundo" com sua religião.

Sem se dar conta, ela, assim como a maior parte da população fiel à Igreja, não estava levando em conta os ensinamentos de Jesus – "Amar ao próximo como a si mesmo", como o frei sempre a ensinava. Em Paris, assim como em seu condado, eles já não olhavam um protestante como um ser humano, com seu sentimento, com sua família, seus dotes religiosos e cristãos, mas via-se nele um inimigo, disposto a acabar com a Igreja. E como em todas as lutas religiosas, isso tornava-se uma questão de guerra. Guerra contra os malditos huguenotes. Mas e todos os protestantes que conhecia? Os expulsariam em vez de matá-los? Sabia que frei José jamais agiria desta forma. Mas estaria seu pai sempre no governo do condado? Ela também não queria a morte de ninguém, tinha aversão a ver o sangue correr, como vira por diversas vezes, contudo, adoraria vê-los perjurarem essa crença que estava causando tanto tormento em toda a Europa. Por que tantos fiéis aderiam a ela?

Quando chegou ao palácio do Louvre, Alexandra aguardou na entrada de uma das alas, onde o Marquês Duval foi apanhá-la, já ansioso, frente ao coche, oferecendo sua mão para que ela descesse. Como duas chamas, os olhares se encontraram.

Ela ficou rubra e sorriu como ele, baixando seus olhos; ele beijou sua mão e agradeceu a sua presença em Paris, depois ofereceu-se para levá-la a seus aposentos, enquanto a Senhora La Siena, sem se despedir dela, seguia outro rumo, acompanhada por sua serviçal.

Alexandra notou naquele homem um misto de felicidade e angústia muito grande, mas nada comentou com ele, pois não tinha o direito, nem a liberdade de dizer-lhe algo naquele momento.

— Senhorita Alexandra, fizestes boa viagem? — perguntou o jovem.

— Sim — respondeu a moça timidamente, com leve sorriso nos lábios.

O que aquele homem, afinal, queria com ela? E por que a Senhora La Siena a havia deixado só com ele? Quando ela estivera na casa de seus pais, a apresentara aos seus familiares e pernoitara durante dois dias, saindo no terceiro, já com ela para Paris; no entanto, não fizera amizade com a jovem e, durante quase toda a viagem, quase não abrira a boca para conversar com ela, mas somente para queixar-se da poeira, da chuva, de tudo. Rudolf havia se admirado da cortesã do rei, que era delicada e culta e sentiu nela um bom caráter. Somente por aí se poderia saber se Alexandra estaria ou não em boas mãos. Afinal, não se deveria temer Catarina. Na realidade, a cortesã fizera questão de "largar" Alexandra e ir preparar-se para a vida festiva de Paris e daquele reinado. Havia odiado ter que obedecer Catarina nesse tão pesado fardo.

Duval subiu as escadarias do palácio, na parte que pertencia aos visitantes do reino e abriu a porta do dormitório que pertenceria a Alexandra a partir daquele dia..

— Podereis ir agora. Obrigada, marquês Duval.

— Senhorita Alexandra, se quiserdes, virei apanhar-vos para darmos um passeio no jardim, logo após descansardes da viagem.

— Não estou cansada; nós paramos perto daqui ontem à noite e dormimos em uma estalagem. Se podeis aguardar-me até que eu me troque...

— Sim, aguardarei.

Duas servas estavam prontas para ajudá-la com a bagagem. Alexandra trocou de roupa, admirando a beleza de seu dormitório e, sorrindo, saiu ao encontro de Duval, que a esperava.

— Podemos ir – falou ela. – Estou alegre e ansiosa para conhecer esses jardins.

Duval lhe ofereceu a mão novamente e desceram as escadarias dirigindo-se ao jardim. Lá os dois conversaram sobre vários temas, até que Alexandra perguntou:

— Marquês, por favor, dizei-me o que realmente Catarina quer comigo.

— Como? – falou o marquês, sem jeito.

— Sim, porque não foi somente pelo baile que ela me convidou, eu sinto; existe alguma coisa muito importante para ela mandar-me buscar em outro país.

Duval sentiu-se desconfortável. Gostava muito daquela jovem, o atraia aquele seu jeito despojado de cerimônias, mas não poderia dizer-lhe o que não sabia, porém imaginava que algo de secreto estaria escondido naquele convite. Catarina era de uma personalidade intensamente vingativa e perigosa, mas ele desviava esse pensamento porque sentia-se feliz, muito feliz por tê-la perto de si naquele momento. Depois tentaria descobrir o interesse da rainha em convidá-la.

– Falai, Marquês, na realidade eu penso que Vossa Graça, Catarina, quer algo muito mais importante de mim.

– Imaginais muitas coisas nessa vossa cabecinha. Por que tendes tanta criatividade no pensar? Não acho que a mãe de Henrique III tenha algo desconhecido dirigido a vós que não seja o próprio baile. Talvez vossa beleza tenha sido famosa por aqui.

– Não acredito nisto. Não sou assim tão bela.

Duval parou de caminhar em lugar muito belo, com a música de um córrego próximo que deslizava sob os arbustos e, apontando-lhe um banco para sentarem, apanhou-a pela mão. Depois, fixou-lhe o olhar brilhante, arguindo-a:

– Dizei-me, se não sois tão bela, por que arrancaste a solidão de minha alma, agora cativa de vossa pessoa? Perdão. Sei que não poderia falar isso, sois comprometida, mas agora tão próxima... ao meu lado... eu sinto vosso perfume e...

Ele beijou-a e ela relutou tentando afastá-lo, no entanto, com o coração aos pulos, sentiu-se cair de amor; e como deveria respeitar sua condição de prometida ao noivo, afastou-se dele levantando-se e falando quase sem voz:

– Cuidado, Marquês, vós fazeis coisas que não

deveis. Necessito casar-me com quem meu pai escolheu para mim.

— Mas sei que não o amais, e amais a mim.

— Contudo, Senhor Marquês, deve respeitar a condição de eu ser comprometida.

Duval calou-se, pedindo perdão a ela e, voltando eles do passeio, levou-a para seu quarto, pois já estava entardecendo.

No dia seguinte, ao dormitório de Alexandra, chegou um belo vestido, presente de Catarina. A jovem o recebeu desconfiada. Sabia que, oculta em suas rendas, talvez houvesse alguma resposta à pergunta que se fazia: o que Catarina desejava dela? Talvez uma traição, talvez algo a respeito dos protestantes do condado? Quem sabe...

Uma mensagem vinha acompanhada com o traje:

"Vossa Graça, a rainha Catarina, a aguarda antes do baile, no salão de caça."

Alexandra ficou temerosa, mas Duval, que fora buscá-la pela manhã, para passearem mais uma vez nos jardins do palácio, a deixaria relaxada quanto a algo acontecer com ela naquele palácio:

— Não vos impressioneis com a rainha – dissera

ele. – Ela, às vezes, parece-nos temerosa demais, mas se andarmos na "linha", como ela assim deseja, nada pode nos acontecer.

– Mas Duval, eu encontrei um bilhete dela junto com o vestido que ela mandou-me hoje, estou temerosa, sim. O que desejará de mim? Duval, eu posso confiar em vós?

O marquês parou de caminhar, pegou as mãos de Alexandra e falou:

– Alexandra, se me permitis falar-vos, digo-vos que já estais aqui, portanto, agora deveis seguir em frente. Desde quando vos conheci, estive comentando aos quatro ventos sobre a vossa pessoa. Não foi diretamente com Catarina, mas a nobres próximos a ela; e quando ela pediu-me para convidar-vos ao baile, meu coração preencheu uma lacuna deixada em mim desde o dia em que vos vi naquele baile. Não perguntei o porquê do convite; eu não poderia pensar que fosse qualquer coisa negativa, pois ardia de vontade de vos rever, e ter-vos aqui ao meu lado seria minha maior felicidade. Vos amo, vos amo desde o momento em que dancei convosco, mas afinal pertenço ao reino e moro neste palácio; porém vos digo, que achei o presente valioso demais à vossa pessoa. Não pretendo vos deixar ansiosa, mas estou também atormentado. Não sei o que ela pretende de vós, mas vos imploro que estejais atenta não só com um, mas com os dois olhos bem abertos. Perdoai-me se vos expus a perigos por egoísmo de meu coração, mas quando se ama não se vê a dificuldade. Gostaria de ter, isso sim, vos raptado, para vos amar e pertencerdes somente a minha pessoa.

Duval não conseguiu dizer tudo isso sem abraçá-la novamente, ainda sorrindo por suas últimas palavras. Alexandra deixou-se beijar por aquele homem e não relutou como da primeira vez; sentia que não podia deixar de amá-lo; sentia-se imensamente feliz por um lado e não se importava mais sobre o que aconteceria a Norberto, pois jamais seu coração batera daquela forma; sabia amá-lo com toda a paixão de sua alma, mas em seu coração uma indagação: como respeitar a vontade de seu pai?

Depois pensou em Catarina; o fato de sentir-se como que pressionada a algo que não estava claro, amedrontava-a. Recompondo-se, comentou com Duval:

— Não tenho nada a dar a ela, Duval. O que ela quererá comigo não pode ser nada grave.

Olhando-o com olhos ternos e meigos, finalizou:

— Agora quero agradecer-vos todo este carinho que tendes por mim, eu...

– Vós... o quê? Também sentis algo por mim?

– Pretendo não comentar mais nada sobre isso e afogar este braseiro que arde dentro de minha alma. Sei que não posso, Duval; não podemos, pois estou comprometida, sabeis disso. Mas, oh!, meu coração rebenta de amor! Não devemos continuar, não devemos mais nos ver.

– Não nos vermos? Oh, não! Não poderei deixar-vos, eu vos amo! Entendeis? Minha vida não será mais a mesma sem vós!

– Se me amais de verdade, então sigais meus passos neste castelo. Estou temendo algo que não posso entender o que seja.

– Saberei seguir-vos por onde fordes, meu amor.

Duval pegou a mão da jovem, osculando-a, porque já não poderia pegá-la nos braços e beijá-la como desejava. Alexandra colocara à sua frente um muro intransponível. E esta frieza lhe trazia a segurança de que não falharia com Norberto, seu comprometido, conforme as leis de sua família.

Alexandra continuava pensativa.

– No que ainda pensais, minha querida? Por que ainda este ar perturbado?

A jovem achou que não deveria mais preocupar Duval, então, respondeu:

– Mais tarde, talvez no baile, continuaremos esta conversa. Por hora, tenho que ir encontrar-me com Catarina.

– Então, que sejais bem recebida por ela.

Ao chegar ao salão de caça, Alexandra aguardou por Catarina por alguns minutos. Vendo-a entrar, foi ao seu encontro, fazendo uma reverência, educadamente.

– Recebi a mensagem acompanhada pelo belo traje que Vossa Graça me enviou e estou agradecida, como também fiquei honrada e envaidecida com vosso convite. Este baile será em vossa homenagem e nada mais importante que eu ter deixado o condado, para aplaudi-la também. Agora me encontro aqui, como desejais – falou Alexandra, ainda ajoelhada, beijando-lhe a mão.

Catarina a olhou com toda a frieza que saberia ter e seriamente imaginando o que faria com ela.

– Levantai, menina E vosso pai, como está?

– Papai está muito bem, obrigada.

Houve um silêncio entre as duas. Ambas ficaram caladas por alguns segundos, que pareceram horas a Alexandra.

– Vossa Graça poderá dizer-me o que pretendeis com minha pessoa agora? – perguntou Alexandra, quebrando a frigidez glacial que havia no momento.

– Ah, sim; desejo que, de agora em diante, sejais dependente de nosso reino.

– Como? Não entendo.

– Estareis segura por um tempo aqui no palácio; não devereis partir.

– Infelizmente não poderei permanecer, majestade. Meu pai me aguarda e minha família também. Tenho permissão de permanecer somente durante três dias, no máximo.

– Tendes de ficar e não falemos mais sobre isso. Preciso de vós. E não me pergunteis por quê. Sabereis no devido tempo.

– Então sou vossa prisioneira? – concluiu Alexandra com a arrogância devida, elevando a cabeça com ares de majestade.

– Se quiserdes pensar assim... Mas deixemos de pensar em coisas que não vos agradam para pensarmos no baile. Quero-vos próxima a Henrique, meu filho, o rei.

– Por que razão? Podereis dizer a mim... vossa... prisioneira? – perguntou Alexandra com indignação.

– São minhas ordens. Agora saia. No momento certo buscar-vos-ão em vossos aposentos.

Alexandra saiu nervosa, olhando por todos os lados, para ver possíveis passagens secretas no palácio se precisasse fugir. Tentou encontrar Duval, mas ele não estava em nenhum lugar.

Chegara a noite. Três amas foram banhar e vestir Alexandra colocando nela um suave perfume em todo o seu corpo, como se a estivessem preparando para um casamento; nos cabelos presos, um diadema que, caindo sobre a testa, lhe dava um ar de verdadeira dama da corte. As meias brancas e os sapatinhos também brancos eram de extremos bom gosto.

– Estais divina, Senhora – falou uma serviçal.

Alexandra, vendo a maneira carinhosa daquela mulher agir para com ela, chegou-se perto a fim de descobrir algumas coisas sobre Henrique III e o próprio castelo.

– Com vos chamais?

– Patrice, Senhora. Às vossas ordens.

– Quem vos mandou para servir-me, Patrice?

– A própria rainha. Ela quer que vos enfeite muito para seu filho, nosso rei.

– Por quê? O que o rei tem a ver com isso se nem me conhece?

– Não vos conhece? Ora...Mas não devo ser alcoviteira.

– Falai, Patrice, que vos dou algumas moedas que tenho comigo. Preciso saber de tudo.

Os olhos de Patrice brilharam, mas ela viu que as outras damas estavam voltando para o dormitório e pediram para ela sair com elas. Então lhe deu as costas, olhou Alexandra com olhos de quem queria falar, mas não podia e saiu do quarto.

Quando estava chegando à porta, Alexandra correu a ela, puxou-a pela mão, dizendo:

– Patrice, esquecestes de levar a minha roupa para lavar. Venha, vou dá-las a vós.

As outras se entreolharam seriamente e saíram, deixando Patrice.

– Vinde, agora poderemos conversar – cochichou a jovem eslava.

– Minha senhora, é melhor que eu não fale nada. Poderei ficar mal com a Vossa Graça e aí será o meu fim.

– Eu vos prometo que não direi a ninguém o que me falardes. Tomai, aqui estão três moedas de ouro.

– Os olhos de Patrice brilharam e ela pegou as moedas rapidamente; olhou para a porta para ver se não havia ninguém a escutar e, então, comentou:

– O que fiquei sabendo através das "paredes" é que o marquês Duval apaixonou-se por vós e comentou isto aos quatro ventos, deixando o rei curioso, e como ele tem inveja de Duval pelos seus dotes artísticos e pela atração que as mulheres têm por ele, quer vos amar primeiro.

– Ora, isso seria uma disputa apenas?

– Penso que sim. Mas por ora, Senhora, eu creio que devo andar. Está tarde e todos podem desconfiar de mim.

– Patrice – insistiu Alexandra segurando-lhe as mãos –, agradeço-vos. Saberei tomar cuidado. Hoje mesmo prepararei minhas coisas e irei embora logo depois do baile. Ninguém desconfiará de nada. Ninguém saberá que falei convosco.

– Que o Deus da Igreja vos proteja.

– Serei protegida.

Alexandra achou que aquela história contada

por Patrice era mera fantasia. Havia alguma coisa mais importante que a prendia lá. Assim que Patrice saiu, chegou Marie de La Siena, a cortesã que viajara com Alexandra para apanhá-la; vestia uma roupa de brocado vermelho com mangas muito franzidas e grande decote. Nos cabelos, muitas joias e um colar volumoso de pérolas com pequeníssimas pedras raras no pescoço.

— Alexandra, como estais bela. Vim buscar-vos. Todos estão à vossa espera.

Alexandra nem cumprimentou direito Marie, porque sabia que ela fazia parte do complô; somente Duval teria caído por sua ingenuidade. Ele talvez desconfiasse de alguma coisa, mas, com certeza, de nada sabia.

Iniciou-se um diálogo entre Marie e Alexandra no caminho para o salão de baile; sobre os huguenotes, sobre prisões, sobre falsas portas secretas. Alexandra, nas entrelinhas, achou que devia permanecer preparada para algo pior, e perguntou se ela sabia onde se escondiam as portas secretas e se em todos os dormitórios havia alguma, mas Marie, muito esperta, dissimulou:

— Ora, menina, o que quereis saber a esta hora da noite sobre tantas coisas? Os huguenotes? Nem sei que fim levaram, eu não estava aqui na noite de São

Bartolomeu. Prisões? Aqui neste castelo nem sei onde ficam as prisões; portas secretas? Duvido que existam em vosso dormitório. – E começou a rir em voz alta.

Alexandra ficou ruborizada, pois Marie de La Siena com certeza sabia de toda a trama que estava sendo armada para sua pessoa.

Chegando ao baile, a jovem eslava foi levada diretamente para perto do centro do salão, onde passaria a corte. O rei chegou com sua mãe e sentou-se ao trono, próximo a ela.

Homem de certa idade, o rei Henrique III não era feio, mas muito antipático. Sorria com seus dentes sujos e cheirava mal. Sem banhar-se, com os cabelos castanhos em desalinho e uma barriga avantajada ele olhava para ela. Alexandra continuava a sorrir. A eslava tentou olhar à sua volta, mas não encontrou Duval e perguntou-se onde teria se metido o homem que estava amando. A música começou a tocar e ela teve que dançar com o rei, mas como se trocavam os pares, ela procurava ardentemente encontrar Duval. Não conhecia ninguém lá a não ser Marie e o próprio Duval. Então, como saber onde ele fora? A marquesa talvez não lhe dissesse, mesmo sabendo do fato.

Terminando a dança, Alexandra voltou-se para Marie, que estava ao seu lado e perguntou:

– Chegastes a ver o marquês Duval?

– O marquês? – perguntou ela, abanando-se e olhando para todas as direções. Deve estar a aguardar por sua esposa no seu quarto. – E pensando: *"Vou enganar Alexandra direitinho para deixar-me em paz"*.

Alexandra parecia que ia cair ao piso frio *"Como? Casado?"*.

Tudo estava já armado para a resposta que se daria à jovem convidada.

Quando terminou, a eslava pediu licença à rainha, dizendo que estava indisposta e, nervosa, afastou-se rapidamente antes de Marie acompanhá-la. Chegou-se perto do seu dormitório para apanhar suas coisas, mas qual não foi a sua surpresa, quando avistou dois guardas na frente da porta, que lhe ordenaram:

– Vinde conosco, Senhora. Vosso dormitório agora foi mudado para outra ala do palácio.

Alexandra, assustada, acompanhou os homens. Queria fugir, mas não poderia. Duval, agora, a perderia de vista e, se algo acontecesse a ela, ele nada poderia fazer. Casado ou não, ele se interessara por ela e ela acreditara em seu amor ainda quando estava no condado e muito mais naqueles três dias em que estiveram juntos.

"Oh, Duval, o que farei agora? Como vos avisarei? Serei morta certamente, tenho medo... mas, se o rei me procurar, serei casta até casar-me. Frei José ensinou-se isso. Devo ser somente de meu esposo. Como conseguirei avisar Duval? Oh, Deus! Salvai-me!"

O dormitório onde Alexandra fora colocada era maravilhoso, digno de uma verdadeira dama da corte, como ela dizia. Suas coisas estavam colocadas em cima da cama e o rei já a esperava ali.

— Então, Senhora, esperava fugir?

Alexandra, sentindo-se prisioneira, mas elevando seu porte digno do orgulho de pertencer à família de Rudolf, respondeu:

— Por que fugiria? Não há motivo para fugir a não ser o de vossa presença no dormitório que, disseram, seria para mim. Errei a porta? Mas minhas coisas aqui se encontram.

— Ora, pensai serdes esperta, não?

— Pelo menos me dizei o que quereis de mim a esta hora.

— Não deveis perguntar uma coisa destas a vosso soberano.

— Não sois meu soberano — falou ela, frisando bem a palavra soberano.

– Oh, sim, havia esquecido, mas poderei fazer uma gentileza já que estais em minhas mãos. – Ele também frisou a palavra "minhas mãos".

– Preciso descansar por ora, estou sentindo-me cansada demais. Poderei ter a minha dama Patrice para ajudar-me a me trocar?

– Ah... A ajudante que nos contou sobre vós... Ela não poderá vir.

Alexandra sentiu que fora traída. Claro, Patrice ganharia muito mais com o rei do que com ela, sendo-lhe fiel.

Henrique deu um sorrisinho nervoso e, levantando-se da cama, aproximou-se de Alexandra, beijando-lhe os ombros.

Ela sentiu todo o asco que tinha dentro de si e o empurrou, fazendo-o cair na cama novamente. Ele olhou-a com indignação:

– Está bem! Ficareis aqui até serdes minha propriedade. Ou somente Duval a teria? Sei que ainda não estiveram juntos. Eu vou, porque não apreciarei uma mulher desta forma. Temos tempo – saiu, rindo-se e batendo a porta.

Alexandra não respondeu e achou que aquela proposta de amá-la, realmente era despeito pelo marquês.

Capítulo IV

Em Casa de Alexandra

"Ai do mundo por causa dos escândalos; porque é necessário que venham escândalos; mas ai do homem por quem o escândalo venha. (...)"

O Evangelho segundo o Espiritismo,
Allan Kardec, Cap. VIII, item 11, IDE Editora.

MARIA AUGUSTA, CHOROSA, tentava remediar o mal realizado buscando por sua mãe, que procurava não ouvi-la e trancara-se no quarto. Por mais que a menina pedisse para entrar, Ignez respondia-lhe que a filha que ela tivera um dia, hoje estava enterrada e que aguardasse a solução por seu pai.

Andrés via-a sozinha a chorar pelo jardim e sentia que a jovem estava passando por um terrível momento.

Frei José chegara ao castelo após alguns dias, porque estava a atender seu "rebanho" numa vila próxima. Pedira ao mordomo que avisasse os moradores que ele havia chegado e estava no gabinete do pai, como era de praxe, para ver se havia assuntos importantes para resolver, já que seu amigo ainda não havia retornado.

Maria Augusta encheu-se de júbilo e uma nesga de ânimo percorreu-lhe o espírito. Frei José era a única imagem de alegria que ela poderia ter naquele momento. Nesse antro de angústias tormentosas, a bela jovem estava a retorcer-se de temores atrozes, que somente poderiam se desvanecer com a compreensão do amigo da casa, sempre tão carinhoso e bom conselheiro.

– Oh, frei José, que bom que viestes! – falou Maria Augusta, atirando-se aos pés do homem sentado na poltrona do gabinete que sempre usava, e beijando-lhe as mãos – Preciso, com suas palavras, ter esperança em dias melhores.

– O que vos preocupa, minha filha?

Maria Augusta não podia falar. Chorava copiosamente e deixava o pranto banhar suas faces, caindo-lhe sobre as vestes.

– Por Deus, menina, o que vos passa?

– Sou uma infeliz, frei.

– Levantai-vos, menina, e contai-me o que vos aconteceu. Pensei que já estivésseis com as dominicanas.

– Ah, frei...

– Falai, minha filha – e levantou-se, puxando-a pelas mãos e acariciando seus cabelos.

Maria Augusta, sofredora, abraçou-se ao frei que era como um pai para ela e nenhum dos dois reparou que olhos maliciosos os espreitavam. Os servos Domingas e o seu auxiliar Leopoldo estavam a entrar para limpar o gabinete. Olharam-se trocando alusivas declarações sobre o que estava acontecendo, sem se falarem. Os olhos, muito longe de serem inocentes, diziam o que pensavam. Tinham ouvido a Senhora Ignez, atrás da porta, quando esta brigava com a filha e quando falaram o nome do frei José. Aí o pensamento estava formado. Os dois astutos permaneceram estáticos, atrás da porta entreaberta, a ouvir.

– Frei, eu estou horrorizada. Espero uma criança.

Novamente o casal de servos olhou-se fazendo caretas e olhares maliciosos.

– O quê, minha querida? O que me dizeis? Não pode ser, estais certa disso? Quem é o bandido?

Maria Augusta nada respondeu naquela hora, somente chorou.

– Sim, frei, eu pequei contra Deus, pequei contra minha família e meu pecado é mortal. Estou perdida e sois vós o único que poderá salvar-me.

Frei José continuava a acariciar a cabeça da menina, que para ele era como uma filha amada. Não sabia o que dizer. Sentia que o drama daquela jovem noviça estouraria de uma hora para outra. Gostaria, com a bondade que era seu predicado maior, de tirá-la daquela casa, pois pressentia que coisas muito pesadas estavam por acontecer. Precisava pensar em uma saída. Então, fê-la sentar-se próxima a ele:

— Contai-me, querida, contai-me tudo.

Os servos quiseram ouvir as palavras da filha de dona Ignez, mas ela conversava muito baixo, então saíram do local.

— Ah! – dizia Domingas a Leopoldo –, temos um "prato cheio" nesta casa e, com ele, poderemos ganhar um bom dinheiro, Leopoldo.

— O que pretendeis fazer, Domingas? Extorsão?

— Pretendo contar a verdade à Senhora Ignez se ela me der a quantia que mereço.

— Repartiremos este valor?

— Bem... Eu receberei parte maior, pois fui eu quem teve a ideia, vós... Mas, darei algo a vós.

Maria Augusta relatou ao frei toda a sua angústia e o passo que deu, achando que seria a única salvação para si. O sacerdote, recebendo suas palavras em confissão, baixou a cabeça. Sabia desde o princípio da união de Rudolf com a Senhora Ignez, que a segunda filha seria dedicada a Deus e ela estivera sendo preparada desde seus primordiais tempos para ser uma freira dominicana, mas, pensava ele, ninguém aguardara para ver se ela teria ou não vocação para tal.

— Mas quem foi o autor, minha filha? Não me dissestes ainda, foi o homem que amas?

— Bem... frei, eu não sei se deveria contar-vos. Até me odiareis se eu o fizer.

— Olhai, querida, vós sois para mim a filha que meu sacerdócio não me permitiu ter. Vos amo, minha filha e se Jesus nos falou que não deveremos julgar o nosso próximo, assim eu deverei agir; no entanto, eu sei que explanando-me melhor o que aconteceu convosco, não sereis mais esta menina chorosa, mas alguém que terá a orientação certa e um aliado para defender-se de injustiças futuras.

— Bem... então vos relatarei o fato.

Ajustou-se no banco, colocou as mãos postas uma sobre a outra, esfregando-as nervosamente, e explanou:

— Tudo foi por amor, frei. Esse amor que devora minha alma e me reduz a ser pecadora, desrespeitando a vontade de meus genitores. Eu amo Norberto há muito tempo com um amor abrasador, capaz de matar, se possível!

O frei arregalou os olhos, fez um som como se estivesse se engasgando e disse, desejoso de não lastimar as palavras que ela dissera:

— E...

— E não podendo ter Norberto para mim, pensei em obtê-lo de qualquer forma, e a melhor maneira era ter um filho seu, no entanto, o tempo estava passando e eu logo teria que voltar ao convento e me desesperei. Me desesperei, porque não tivera oportunidade de estar com o homem que também me ama.

— Então?

— Então fiz-me ardilosa e talvez injusta.

Alexandra se movimentou no banco como se estivesse mal acomodada e calou.

— Desabafe, filha.

— Então, soltei meus cabelos e fui visitar o cavalariço Andrés, à noite, fingindo que era Alexandra quem estava se entregando para ele.

Frei José levantou-se e virou-lhe as costas para que ela não visse a fisionomia de horror que ele fizera. Empalidecera, gelara. Como uma piedosa jovem, parecendo tão inocente, tivera a capacidade de ter feito isso tudo, com a idade que tinha? Mas não poderia ser maldade, mas uma paixão capaz de trair, de fazer sofrer e de entregar-se a outro somente para obter o fruto de sua ilusão.

Maria Augusta parou, observando-o:

– Então, frei? Me chamareis de ingrata? De perversa? De mal-agradecida e de...

– Basta! Nada se tem a fazer depois do leite derramado a não ser limpá-lo do piso.

Fê-la levantar-se e apanhou seus ombros, olhando-a fixamente:

– Dizei-me, querida filha, Alexandra já esteve com Andrés antes?

– Não! Ela, penso eu, o ama, mas não creio ter sido sua...

– Tudo bem, não precisais mais falar nada. E Norberto, como ireis fazer para colocá-lo nessa situação?

– Em uma tarde, eu... – Alexandra parou como se não quisesse mais falar.

– Vós?

– Bem... eu preciso relatar-vos tudo, não é? Mas pensareis que sou...

– Isso não importa. Falai!

– Subimos as campinas. Menti dizendo a ele que Anatole havia se escondido e lhe pedi que me auxiliasse a encontrá-lo, enquanto Alexandra experimentava algumas roupas. Norberto ficou feliz, eu vi seu olhar brilhante, e acompanhou-me; quando chegamos próximos àquela gruta que tem mais acima, fingi que caí e desmaiei. Ele então apanhou-me e abraçou-me, dizendo-me juras de amor.

Frei José olhou para ela como se adivinhasse o que viria a seguir e complementou:

— Já sei. Nada mais precisais dizer-me.

Oh, isso fora terrível de ouvir. Fora como se lhe tivessem tirado o tapete de seus pés e ele caísse em longa, longa queda. Mas os dois teriam que agir antes de Rudolf chegar, porém, o que fazer? O quê?

— E agora vossa mãe não vos quer ver?

— Não, frei. E eu não quero voltar e não posso ir para o convento. Não tenho vocação para isso, meu Deus! Sonho em ter um lar com filhos abençoados; sonho em abraçar meu homem e...

— Não precisais continuar, filha, eu sei; sei disso. Bem... Vejamos... Vou pensar como se vos fosse um estranho e não como vosso amigo. Penso, e tenho quase certeza, que vosso pai não aceitará vosso jogo; vai levar-vos para bem longe a ter vossa criança, ou vos fará perdê-la.

— Oh, isso nunca. É meu filho. Nesse caso eu vou fugir para longe.

— Para onde iríeis?

– Não sei, frei, não sei.

– Bem... Deixai completar meu raciocínio. Vosso pai, eu creio, não a espancará pelo vosso estado, mas sofrereis todas as tristezas de uma só vez. Pelo que o conheço, ele vos fará ter esta criança, e vos colocará no convento como o combinado, querendo ou não. Jamais vos perguntará se sereis feliz lá. Entendeis minha filha? E de nada terá adiantado toda essa confusão em que vos metestes.

– Oh, eu não poderei aguardar por Norberto para contar-lhe o meu estado? Terei que conseguir outra fórmula, padre, talvez fugir, sim, fugir. Jamais serei uma Dominicana! Morrerei, mas jamais serei uma freira.

– Oh, filha querida... Nada mais tereis a fazer a não ser aguardar por vosso pai. Isto é um fato consumado. Atendei à necessidade de projetar-vos a Deus com a renúncia e vosso arrependimento, tornando-se uma Dominicana como foi combinado desde o princípio.

– Jamais! – falou Maria Augusta, levantando a cabeça e enxugando as últimas lágrimas que derramava. Ergueu-se e continuou: – Vamos ver quem será vencido, digo-vos que não serei eu!

Nesse momento, Maria Augusta saiu deixando o frei só no gabinete com seus pensamentos. Ele suspirou profundamente e caminhou um pouco pela peça, pensando sobre o que ouvira da jovem; fez uma prece dirigida a ela e depois sentou-se e começou a olhar os documentos do amigo Rudolf, o seu trabalho sistemático; no entanto, achou difícil trabalhar, não conseguia sequer entender o que lia. Teria que arrumar uma forma para ajudá-la.

Maria Augusta pensava em ter que concluir seu plano. Não se podia imaginar trancada em um convento sem ter seu amor a seu lado. Ela era jovem, bonita, e sabia ser admirada pelos rapazes. Não sabia por que ela era perseguida por aqueles desejos impróprios.

* * *

Na presença de espíritos vampirizadores, contrários à sua reforma interior, Maria Augusta enfurecia-se. No plano espiritual, via-se o que ocorria: vultos escuros a envolviam fomentando-lhe ao pecado e permaneciam junto a ela, induzindo-a com pensamentos funestos. Assim, com o pensamento em desordem, ela criava um estado de obsessão para si mesma. Não fazia preces pedindo a Deus para ajudá-la; ao contrário, abandonara a oração que, com certeza, poderia melhorar seu ânimo e levá-la a reverter a situação de maneira mais altruísta.

Mesmo sendo criada com particularidades no convento, ela não se reanimava em orar, revoltada com a perseguição do pai, desejando enclausurá-la, e até iniciava a desacreditar que Deus existisse. Tudo isso a fazia envolver-se com o lado mais obscuro da vida, apegando-se a pensamentos tormentosos em relação ao sexo masculino, principalmente ao homem que amava. Desejava Norberto e o teria, mesmo sendo uma freira, mas se ele não a quisesse, iria atirar-se aos pés de Andrés e fugir com ele. Esta ideia a fez encaminhar-se diretamente ao cavalariço. Armou-se com um sorriso nos lábios e o procurou, mas ele não estava na estrebaria. Então, caminhou pelo campo até onde começava a floresta e viu-o a cavalgar em um cavalo xucro.

Esperou parada por ele, sorrindo.

Andrés desceu do cavalo e, mesmo não desejando conversar com ela, pois já havia pedido para que não o procurasse, iniciou a ouvi-la. A jovem noviça mostrou-se tão amiga quanto Alexandra era antigamente. Os dois ficaram conversando por algumas horas até o momento do dia escurecer, sem Maria Augusta se dar conta de que deveria voltar ao lar. Andrés estimulou-a a voltar para casa e pediu que fizesse força para jamais procurá-lo novamente. Que ela deveria se conscientizar da grande responsabilidade espiritual que teria dali para a frente e sua missão fervorosa e que o fato de ela vir a ele poderia prejudicá-lo muito. E assim aconteceu. Maria Augusta resguardou-se de visitar Andrés, pois sentira ser rejeitada por ele. Passaram-se dias e Rudolf não voltava. Maria Augusta, sempre com o pensamento em seu estado, continuava com sua preocupação.

*　*　*

No palácio do Louvre, Alexandra não sabia o que fazer; tentava fugir, mas quatro guardas estavam, agora, à sua porta. Olhava pela janela e via que, se tentasse saltar de lá, morreria.

Alguns dias depois viu que uma senhora, serviçal do palácio, entrara em seu dormitório. Era uma pessoa desconhecida. Nunca mais encontrara Patrice, que a traíra. Mas viera ao seu encontro Constance, que havia voltado e recebido grande quantia de Inácio.

— Senhorita Alexandra – falou ela cochichando. – Vosso pai está ansioso por notícias vossas. Sabemos que estais aqui por vários dias. Desejo vos ajudar.

— Conheceis o marquês Duval?

— Não, senhorita. Aqui são muitos nobres. Não o conheço, pois trabalho na cozinha.

— Mas, por favor, procure saber quem é ele e o informe onde estou. Já faz mais de um mês que aqui permaneço sem receber ninguém. Somente algumas mulheres vêm para arrumar meu dormitório e comigo não falam.

– Vou ver se o encontro.

– E Norberto, tereis noticias dele também?

– Quem é esse?

– Meu noivo.

– Pelo que eu soube, somente vosso pai vos espera e está altamente nervoso. Escutai, minha menina, quem sabe vos aproximeis mais do rei com... sabes o que eu quero dizer, não? Quem sabe ele aí vos liberte. O que vos custa? Isso seria uma honra para qualquer donzela...

– Absurdo! Seu objetivo é outro, Constance! Ele quer colocar-me a seus pés por política, podeis dizer isso a papai. Finge querer-me, somente finge.

– Não penso assim. Sois jovem, esplendorosa... – e colocando a mão em uma mecha dos cabelos dourados e macios de Alexandra, concluiu: – quem não desejaria uma beleza assim? Vosso noivo compreenderá que fostes convencida a pertencer ao rei.

– Como sois inocente, Constance! Não sabeis que há outra coisa por detrás disso? Não sabeis que Catarina quer que meu pai venha buscar-me? E se houver uma revolução por causa disso?

– Bem... Neste caso, então... – e imaginou que encheria os bolsos de dinheiro se auxiliasse esta fuga, pois seria uma causa muito mais importante que a inocência de uma jovem. – Então, Senhora, posso vos ser útil falando primeiro com o marquês Duval, porém estou necessitada de dinheiro.

– Olhai! Aqui tendes duas moedas de ouro e terás mais três quando trouxerdes meu amigo até aqui, porque será muito difícil meu pai poder chegar. Estou guardada por muitos guardas, como vedes, minha cara.

– Sim, agora vos deixo e vou-me. Amanhã tereis alguma resposta sobre o marquês. Hoje mesmo irei procurá-lo.

Alexandra, quando Constance saiu, ajoelhou-se e começou a orar. Primeiro agradeceu a Deus a presença daquela mulher que seu pai mandara, depois pediu a Ele que ela fosse amparada para que sua prisão tivesse fim.

Henrique III, naquela mesma noite, entrou no quarto da jovem mostrando uma aparência sisuda.

– Sei, minha jovem, e pressinto que estareis em meus braços por vossa própria vontade ainda hoje. Não espereis que meu carinho venha em primeiro plano; vim porque sei que estais aqui há quase um mês, mas sei também que, se me presenteares com vossa ingenuidade, então estareis livre.

Alexandra olhou-o e colocou em seus lábios um sorriso que, por mais carinhoso que aparentasse, era pérfido. Sim, trata-lo-ia com todo o respeito e veria como fazê-lo colocar para fora suas ideias e as da sua mãe, quanto ao que desejavam fazer com ela.

– Majestade – falou ela –, estou a vosso inteiro dispor. Não seria esta vossa insistência, um voto de amor pela minha pessoa através de uma aliança?

O rei riu-se e disse:

– Oh, minha bela, sois cruelmente tão atraente quanto vaidosa. Não, eu não penso em casar-me convosco, mesmo porque já tenho a minha rainha. Certificai-vos de que em breve sabereis o porquê de meu assédio a vós, então sereis feliz preceptora de segredos que não são meus. – E sentou-se, acomodado em uma das belas e macias poltronas do quarto.

– Quanta gentileza, majestade, vós tendes comigo! – falou ela rodando lentamente em volta da cadeira em que ele estava sentado, como para fazê-lo indignar-se com sua conduta, agora de um jeito malicioso. – Sei que me desejais, mas por quê? Serei tão bela assim para que não permitais que eu fuja? Dizei-me se tenho ou não razão. – Abaixou-se para olhá-lo de perto e, sorrindo maliciosamente, constatou:

– Se me quiserdes, obtereis o meu corpo, mas por que não melhoramos este colóquio com um pouco de vinho?

Henrique III fez menção de puxá-la a seu colo, mas ela desviou-se dele.

– Ainda não, majestade. Primeiro brindemos.

O rei ficou sério e, imaginando que não poderia haver veneno naquele vinho, pois vira que ela retirara o vinho da mesma jarra e tomara primeiro um gole, para depois oferecer-lhe o cálice que enchera. Então, brindou com ela. Tomou um copo, ela ofereceu outro, sempre fugindo de seus carinhos.

– Majestade, dizei-me a verdade. Sabeis o que penso? Não só me quereis como mulher estrangeira, porque sinto que há outra coisa por trás disso tudo – concluiu, sempre maliciando e olhando-o com olhos de víbora, como se quisesse maltratá-lo.

– Senhora, não tenho nada a dizer-vos.

– Não tendes? Então me amais! Oh, bebemos um pouco mais para brindarmos o amor!

– Se pensais em embebedar-me, jamais podereis fazê-lo. Estou acostumado a altos festejos.

Alexandra procurava pensar rapidamente como sair dali, mas nervosa, não tinha outras ideias, até que falou:

– Se eu fosse uma huguenote, me quereríeis também?

O rei, que se levantara e tentava abraçá-la, afastou-a brutalmente e olhou-a nos olhos. Depois, sorrindo, disse:

– Mas sei que não és! – e a apertou nos braços.

Alexandra libertou-se caminhando pelo dormitório e começou um assunto que o interessou:

– Sabeis, majestade, que em nosso condado há muitos deles?

– Deles quem? Protestantes? Oh, o mundo está cheio deles. Vinde aqui!

– Majestade, lá nós temos um bom plano para nos livrarmos de todos – falou ela, empurrando-o.

O rei se interessou e sentou-se. Alexandra, que tinha um bom repertório de palavras convincentes, começou a conversar com ele a respeito da vida no condado, em contradição com a daquele reino de França; citou a conversa que tivera com a marquesa La Siena a respeito da noite de São Bartolomeu, dizendo que admirava o que o rei Carlos IX havia feito, que admirava todos os governantes franceses, porque o protestantismo estava tomando toda a Europa e iria, mais cedo ou mais tarde, derrubar a Igreja e a coroa. Henrique deixou-se levar pela conversa da jovem tratando-a como amiga e sempre bebericando o vinho. Assim, esqueceu-se do tempo. Tentou agarrar a jovem novamente, correndo atrás dela e rindo muito até atirar-se no leito e adormecer, tonto pela quantidade de vinho que bebera.

Segredos de estado foram ditos naquela noite e ela soubera pela própria boca do rei, que ele achava que o objetivo de Catarina, na realidade, seria prendê-la lá para atrair seu pai. Depois, ofereceria a filha querida em troca de segredos de estado.

Alexandra, muito sóbria, pensou que poderia ter a oportunidade de fugir dali, mas como? Entreabriu a porta do dormitório lentamente, espiou para fora e olhou à sua volta. Só havia quatro guardas lá, adormecidos, sentados no piso.

***

Enquanto isso, Duval recebera o recado de Constance e, seriamente preocupado, caminhava de um lado a outro em seu quarto, para imaginar como aproximar-se de sua amada Alexandra. Chegara próximo a seu quarto, mas vira que ele estava muito bem guardado por oficiais do reino e não tinha a permissão de atravessar aquela passagem. Agora, sabia que Catarina estava preparando algo sério para ela. Apressou-se, quando viu saírem quatro dos oficiais que foram trocar a guarda; aproximou-se dos outros quatro que eram seus conhecidos e estavam em serviço.

– Olhai o que eu trouxe para vós. Uma jarra com o melhor vinho.

– Oh, Duval, sabeis que não podemos beber enquanto guardamos esta porta.

– Sois ou não sois meus amigos de infância? Lembrai-vos quando estivemos juntos a correr pelos jardins de meu pai?

Ambos riram e apanharam o copo que Duval lhes oferecia enquanto contava as arruaças que faziam também na adolescência. O marquês encheu cinco vezes cada copo até que os homens sentaram-se para descansar.

– Bem, agora que matamos as saudades, vou-me. Já passa meia hora e a outra guarda deve estar chegando. Não se deixem abater pelo sono, hein?

Duval, descendo as escadarias correndo, viu que os novos guardas se aproximavam. Então, falou a eles:

– Não precisais ir ainda, porque os outros quatro guardas ainda não deixaram o local. O rei, que está lá, pediu para eles ficarem acompanhando-o por mais duas horas. Podeis voltar.

Acreditando no nobre, eles deram as costas para aguardar, nas proximidades, o momento de assumir o plantão.

Duval apanhou seu cavalo e, com Constance guiando-lhe o caminho, chegou até a casa de Rudolf. Encontrou-o abatido, caminhando de um local a outro. Estava reunido com Inácio e mais alguns auxiliares. Norberto tinha voltado à Eslováquia para dar notícias à família.

– Senhor Rudolf, está aqui convosco vosso conhecido, o marquês Duval, e veio falar-vos – disse o mordomo.

Rudolf estremeceu. Viria ele por causa de Catarina ou seria tão abençoado de vir pela salvação de sua querida Alexandra?

– Que entre! – respondeu ao mordomo.

Duval adentrou rapidamente na pesada sala, onde grandes tapeçarias abrangiam quase todas as paredes e o piso frio do local dava mais rigidez ao ambiente; olhando à sua volta, encaminhou-se para Rudolf, que continuava sentado.

– Bendito sejais, Duval! Sabeis notícias de minha princesinha? Podemos tirá-la de lá?

– Sei que ela está sendo mantida prisioneira entre oito guardas do reino, conforme informou-me Constance.

– Mas tem que haver alguma forma de raptá-la, eu irei até lá.

– Não façais isso, senhor. É isso que a rainha quer. Ela vos quer ver chegar lá, para buscar vossa filha. Não é difícil de percebermos que todos sabem de vosso apreço por essa menina.

– Mas temos que arrumar uma fórmula para levá-la para casa!

– Mesmo sendo difícil, vou livrá-la do presídio em que está vivendo, ainda hoje.

Rudolf levantou-se rápido e abraçou Duval.

– Enfim aqui está a resposta de Deus, Inácio! Oh! Ele nunca nos abandona. Sentai-vos, marquês, por favor. Falemos e planejemos nós a fuga de minha filha.

– Não há tempo, senhor. Terá que ser agora. Encaminhei-me até os novos aposentos dela há pouco e notei que o rei foi ter com ela. Espreitei em local próximo e ele não saiu de lá. Dos guardas, quatro foram fazer outra ronda e os outros estão adormecidos, porque lhes ofereci muito vinho, quando conversei com eles. Eles me conhecem e não tiveram nenhuma desconfiança de mim. Este é o momento exato para a tirarmos de lá.

— Mas, e o rei?

— Ele já deve estar dormindo, beberrão como é.

Rudolf levantou-se e falou:

— Preparem-se para partirmos imediatamente! Vamos todos. Deixem tudo aí para que, se vierem nos procurar, pensarem que ainda estamos na cidade. Aprontem as carruagens. Rápido! – e virando-se para Duval, concluiu: – Vos aguardo na estrada maior, no caminho para a Eslováquia.

Duas carruagens foram preparadas, enquanto Duval saía em cavalgada súbita até o palácio. Chegando lá, apanhou uma capa preta que tinha de sua irmã, levou-a nos braços até a porta de Alexandra, bem no momento em que ela, pressentindo a fuga, estava a espiar os guardas. Então, colocou nela a capa e, sem dizer uma só palavra, levou-a rapidamente para fora do palácio, colocando-a com ele sobre o cavalo, escondidos pela noite sem luar.

Alexandra cavalgava abraçando-se ao seu amor e imaginando que ele sim seria seu escolhido para uma vida eterna a seu lado. Chegando no local, Duval desceu do cavalo e apanhou Alexandra, abraçando-a:

— Alexandra, não esqueçais que eu vos amo. Este é o sinal de meu reconhecimento, porque sei que também me amais e esta é a minha própria demonstração de afeto. Perdoai-me por vos fazer passar por tudo isso. Não imaginava que fosse acontecer algo tão brusco com vossa chegada. Espero que nunca me esqueçais, minha querida, e que me perdoeis por fazer-vos vir. Jamais confiarei na reinante novamente.

— Duval, por favor, parti comigo!

— E vosso noivo? Esqueceis o que me dissestes naquela tarde?

— Duval, naquela tarde eu estava fazendo força para não cair em tentação. Precisei fazer muita força para não trair meu coração.

— Oh, querida. Mas devo voltar agora. Não devem sentir minha falta no palácio, senão saberão que eu traí meu reino.

— Sim, tendes razão. Mas vos esperarei em minha casa sem demora.

— Aguardai-me, que chegarei lá o mais depressa que puder. Casaremos assim que possível, mas antes deveremos pedir a permissão de vosso pai.

— Papai vos receberá de braços abertos, meu salvador.

Os jovens abraçaram-se e Rudolf, chegando lá naquele momento, viu que sua menina amava aquele homem.

— Depressa, minha filha, antes que sintam falta de vós.

Alexandra subiu na carruagem, que saiu às pressas.

* * *

Em casa, no condado de Rudolf, a Senhora Ignez estava nervosa. Não tivera notícias do marido e sentia-se muito só, porque não dirigiria a palavra a Maria Augusta até tudo se resolver com o marido. Nesse momento, adentrou no ambiente, bem iluminado pelo sol da manhã, o noivo de Alexandra. Vinha eufórico dizer que trazia notícias de Paris.

A Senhora Ignez alarmou-se e sentou-se na poltrona que havia, a chorar. Tinha que saber tudo sobre seu esposo amado e a sua filha.

Os dois conversaram por um tempo, até Maria Augusta adentrar e aguardá-lo à distancia. Ela já não se importava com os falatórios dos serviçais. Desejava, isso sim, resolver sua vida difamada pela sua insensatez.

Nos dias anteriores, envolvida pelos desencarnados que lhe faziam agora companhia diária, em seu estado de nervos, sentia-se explodir, achando que o noivo da irmã talvez não voltasse tão cedo, permanecendo não sabia ainda por quanto tempo em Paris. Talvez ele chegasse quando seu ventre já estivesse grande demais e isso seria sua ruína, então teria que solucionar sua vida de outra forma. Sem ver outra solução, havia procurado novamente por Andrés, batendo muito na porta de seu dormitório.

– Senhora Maria Augusta, sabeis o que estais a fazer? Não seria melhor que me esquecesses? Afinal, sereis uma freira. Ah, como católicos agem desta forma? Em minha religião, procuramos agir conforme o Evangelho que Jesus nos deixou. Não podemos mentir para nós mesmos e nem enganar nossos pais – falou ele ainda com sua porta fechada.

– Não sou mais católica e odeio a Igreja! Deixai-me entrar!

– Senhora, eu poderei ser amaldiçoado ou mesmo morto, não sabeis disso?

– Ora, ninguém saberá de nada. Alguém vos viu? A mim, ninguém.

– Mas é perigoso demais, Senhora...

Então, ele penalizou-se dela e a recebeu com carinho, porque via nela algo de insano. Não poderia ser normal para uma jovem tão inocente agir daquela forma e a convenceria novamente de estar errada; contudo ela o envolvia com abraços.

Andrés sentiu que deveria partir no dia seguinte. Não poderia permanecer naquela casa sendo sempre procurado pela bela e sedutora jovem, que não o deixava adormecer tranquilo Ele temia seus pais e intimidava-se mais por ser um protestante. Poderia Rudolf, se ficasse sabendo da verdade, desejar sua morte, com a desculpa de ser ele um protestante. Eram tempos obscuros, como foi na inquisição. Muitos se vingavam assim, em toda a Europa, de seus melhores amigos, por ciúme e por inveja. Soube-se de vários casos onde amantes acusavam maridos de serem huguenotes, somente para lhes roubarem as esposas. Também de negociantes prestimosos, que perderam suas vidas por rixas com católicos.

Agora, Maria Augusta olhava Norberto com amor, mas ele desviava-lhe o olhar. Quando ele fez a reverência para despedir-se de sua mãe, a irmã de Alexandra saiu atrás dele.

— Precisamos conversar, Norberto. Eu...

— Por favor, não. Sereis uma freira em breve!

— É importante, peço-vos que me acompanheis até o jardim, por favor.

– Nada temos a conversar. Estou noivo e sabeis disso. Prezo meu compromisso com minha noiva e serei seu esposo. Largai-me por ora – respondeu ele, montando no seu cavalo.

– Não! Não posso – falou ela, agarrando sua roupa. – Preciso confessar-vos uma coisa!

Maria Augusta, desesperada, elucidou seus pensamentos puxando-o pelo gibão que usava:

– Por favor, escutai-me.

– Mas o que é isso? Onde está vossa dignidade? Sereis em breve uma Dominicana! Largai-me, deixai-me partir! Não desejo que nos vejam em colóquio amoroso de cobranças sem nexo. Prezo meu compromisso e meu ato de rendição a vosso pai quando me escolheu para dar-me uma noiva.

E, olhando-a com dó, vendo-a a chorar, relutou em falar; amava-a, mas tinha que ser rígido para com ela, e sabia que aquilo deveria lhe ser dito:

– Perdoai-me; devo confessar-vos. Pensei amar-vos, Senhora. Sonhei convosco por vários dias, mas vos tinha em meus sonhos como uma mulher perfeita; bela e fervorosa, sem mesmo antes saber quem éreis. Depois, quando soube a que família pertencíeis, atirei-me em soluços à cabeceira de meu leito à noite, pedindo a Deus que vos esquecesse. Imaginei-vos uma santa, marcada para ser divinamente entregue a Deus, mas não para algum humano. Conformei-me com o tempo. E, naquela tarde, quando vos levei para procurar vosso irmão, senti-me impulsionado a beijá-la, porque sois ainda a mulher amada, mas não pensei seguir adiante; porém, vosso calor e a paixão que demonstrastes me impulsionaram a possuí-la daquela forma, como se estivesse querendo me despedir de um sonho secreto, para guardá-lo comigo para sempre. Digo-vos que chorei de remorso logo após, contudo não poderia quebrar meu juramento à vossa irmã. Uma palavra é coisa muito importante e não se pode voltar atrás. Como reparar este mal? Desmanchando o compromisso e casando-me convosco? Oh, não! E o vosso compromisso? O compromisso a Deus?

Jamais, como católico fervoroso, eu poderia tomar o lugar de Deus em vosso coração! Digo-vos que me confesso seguidamente, mas não consigo abrandar e remover este remorso que me corrói o corpo e o coração.

Porém, agora vindes puxar-me pelo casaco e pelas pernas, aqui, onde muitos poderão nos ver... e para quê? Para ouvir-vos dizer juras de amor? Que quereis de vossa vida? Quereis o pecado, novamente? Sois indigna de colocar o hábito das dominicanas, se assim pensais! Vendo-vos descer tão baixo a implorar-me o amor que não posso vos dar, demonstrareis todo vosso interior, pérfido e insano.

– Não! Não me desprezeis, por favor, pois sois meu último alento. Eu...

– Calai-vos! Seja o que quereis comigo, não deverá ser puro.

– Por favor, imploro-vos!

Ele ia dar o toque de galope ao animal, mas parou para ouvi-la ainda naquele momento. Ela acalmou-se, retirou as mãos do gibão que ele usava e falou, levantando o rosto lavado em lágrimas:

– Eu estou... espero um filho vosso.

Norberto arregalou os olhos, franziu as sobrancelhas e concluiu:

– O quê? Mas que perjúrio é esse? Isso não pode ser verdade. Estais a usar essas palavras para me ver vencido a vós! Não! Não acreditarei nessas palavras. Devereis fazer de vossa vida uma constrição eterna. Isso é mentira para me prender a vós! Deus não vos perdoará vossos pecados infames!

E saiu em disparada a cavalo, galopando e formando uma nuvem pesada de poeira sobre a jovem desesperada:

– Norberto! Norberto, sentireis meu eterno

ódio, eu vos prometo! – gritou Maria Augusta ao vê-lo afastar-se rapidamente. E retirou-se para seu dormitório cabisbaixa, chorando muito.

Chegando lá, atirou-se ao chão. Já não tinha mais lágrimas para chorar. Ficou paralisada por momentos, pensando o que seria sua vida dali para a frente. Era a desgraça que chegava. Retirar aquela criança, já era tarde, tê-la, não poderia. O único meio era fugir com Andrés, isso se ele a aceitasse. E adormeceu entre a poeira do piso e o manto que segurava.

Sonhou que estava em uma grande fazenda, a cuidar de ovelhas em um outro local, uma colina com fundo de magníficas montanhas. Dava para sentir o ar gelado que lhe batia à fronte, vendo ao fundo a vista de um lago entre os montes.

Estava feliz. Seu marido partira e ela poderia entregar-se ao capitão do local que seguidamente ia vê-la e fazer-lhe juras de amor. Encantada com ele, não poderia segui-lo, pois seu esposo era um homem sério e cheio de predicados, que para ela eram exagerados; não saia de casa nos dias sagrados de Deus, não comia carne e levava rigorosamente seu catolicismo para a cama.

Para ter um filho, ela estivera com ele uma vez e para ter outro filho, estivera uma segunda vez. Não aguentava viver com aquele homem que, apesar de bom, era-lhe totalmente negativo, pois queria ser amada com dedicação e carinho. O capitão, porém, era um homem sedutor e amoroso. No primeiro dia em que ele visitou aquele sítio, viu-a e sorriu, levando para ela uma flor a qual beijara antes. Marlis era jovem, bela e cheia de corpo. O capitão a saudava e começou a reparar quando seu marido saía de casa, para conquistá-la. Mesmo sabendo que não estaria certo, ela apaixonou-se profundamente, sonhando com o amor, no entanto, não sabia como agir com seus filhos pequenos, que por muitas vezes não a permitiam estar nos braços do homem amado. Resolveu então fugir com ele, abandonando todo o seu passado, os filhos e o marido fiel. Naquela tarde, ela, ansiosa, não raciocinava no amor materno e, quando as crianças adormeceram, abandonou-os eufórica, abraçada ao homem a quem pensava amar.

Maria Augusta acordou sobressaltada. Que sonho fora aquele? Não podia entender, mas sabia que a personagem era ela. Não, não se separaria de seu filho. Teria a criança e fugiria com Andrés. Jamais seria uma freira e, daquele momento em diante, tornar-se-ia protestante, apesar de não conhecer essa nova religião.

Logo que acordou, notou que havia barulho na entrada do castelo. Abriram-se os portões e uma carruagem parou. Maria Augusta colocou um abrigo e desceu as escadarias, olhando furtivamente quem chegava. No patamar, escondeu-se atrás de uma tapeçaria colocada na parede. Ao espiar por detrás daquele pesado gobelino, viu que seu pai estava a entrar com extrema felicidade, trazendo suas mãos sobre os ombros de Alexandra, como se a quisesse proteger de tudo.

— Onde estão todos? – perguntava ele ao serviçal Leopoldo.

— A Senhora está ainda em seu dormitório, também a Senhorita e as crianças.

— Ainda não voltou ao convento a minha filha? Mas por quê? Pois bem. Chamai o cavalariço para que ele busque o frei José. Preciso falar com ele urgentemente. Vós deveis chamar por Mercedes para preparar o leito da menina Alexandra, mas antes disso eu quero que ela prepare um bom banho para ela. Está esgotada, minha pobre filha.

Maria Augusta teve a sensação de não sentir os pés, perder o piso, e permaneceu quase sem respirar, enquanto eles subiam os degraus da escada e passavam ali pela sua frente, no patamar que havia. Cruzaram por ela, mas não a perceberam. Ela continuava prendendo a respiração. Quando os passos em sua direção se desfizeram, deixando novamente o local em silêncio, Maria Augusta caiu pesadamente no piso. Ninguém a socorreu, pois ninguém a vira. A emoção e o desespero de ter que repetir com seu progenitor a mesma cena que teve com a mãe, a fez desmaiar. Como contaria ao pai sobre sua situação? O que diria a ele? Quais os argumentos que poderiam defendê-la?

Não, ele não a perdoaria. Conhecia aquele homem correto, que lutava consigo mesmo para ser sempre aquele que não agia erradamente; o homem que sabia levar o brasão de sua família com honra. Depois lembrou-se do frei amigo e acalmou-se um pouco. Quem sabe esperaria até frei José falar com ele, pois fora isso o que o bondoso homem lhe prometera.

As horas passaram e, quase às dez da manhã, chegava no castelo o amigo de Rudolf, frei José. Não desejava falar nada a ninguém, pois ele tinha algo mais sério a tratar sobre a jovem que queria como verdadeira filha, Maria Augusta.

Quando chegou ao gabinete, Rudolf, aparecendo com sua presença esgotada pelos temores que havia passado na França a respeito de sua primogênita, fixou o olhar sobre o homem que aí via e colocou em sua face um breve sorriso. O sacerdote aproximou-se dele e, colocando a mão em seu ombro, falou:

– Orei muito por vós, pois sentia que algo não corria bem.

– E vossas orações deram resultados. Devemos ao marquês Duval a vida de minha filha. Estava pronto por apresentar-me perante Catarina e, se não o fui, foi porque Norberto, no princípio, incumbiu-me de aguardá-la com mais paciência e depois, porque Constance avisou Duval. Não veria minha filha talvez nunca mais, meu amigo José.

– E que fizestes a respeito?

– Contra Catarina? Perdestes o juízo, homem? E que poderia eu, um conde que tem nas mãos um pequeno povoado, fazer? Não, ela não me ouviria. Em um momento estive relutante em apresentar-me aos seus caprichos de mulher abandonada por mim há longos anos, mas depois, pensei em nosso povo. Mesmo se me entregasse, ela, me odiando como odeia, me castigaria matando minha filha a quem tanto quero bem.

– Tendes razão, meu amigo, mas agora, oremos em agradecimento, pois precisamos agradecer a Deus pela vossa segurança.

Ambos ajoelharam-se no genuflexório que havia naquele quarto, perante uma imagem de Jesus na cruz e oraram.

A oração é a luz nas trevas. Quando nos sentimos perdidos e sem esperança, a única forma de encontrarmos solução para nossos problemas é orando, falando a Deus com todo nosso coração. E isso Maria Augusta não fazia, pois seu coração encontrava-se perdido e distante, aparentando somente uma alegria ao encontrar sua alma gêmea e sendo feliz como esposa.

✳ ✳ ✳

Henrique III não ficou tão rancoroso quando acordou e viu-se só no leito da prisioneira; riu-se, porque achou-a extremamente inteligente, corajosa e hábil para ter feito o que fez. Esquecera-se de parte das conversações entre os dois, e só teve em mente que ela fora até muito alegre e gentil com ele, por isso não a recriminaria por nada, mas este não foi o pensamento de sua mãe. Esta chamou seus guardas e pensou em mandá-los atrás da prisioneira, contudo Henrique explanou o que pensava:

– Minha mãe, não achais vós que, tratando-a melhor, ela jamais deixará de visitar-nos? – e andando lado a lado, com a mão coçando a cabeça, continuou – O que me interessa, isso sim, é saber como foi que, com toda aquela guarda de ontem isso pôde acontecer. Certo é que alguém daqui, muito achegado a ela a auxiliou na fuga, mas quem? A senhora tem ideia de outra pessoa que não fosse Duval?

Sim, porque Marie é fidelíssima a nós. Eu estaria disposto a deixá-la voltar para sua família; vamos ver como as coisas andarão.

E, voltando-se para Catarina e vendo-a tão apreensiva, indignou-se, desconfiado de que algo mais havia na mente dela a respeito da jovem eslava; desejava saber com certeza se ela estava mesmo interessada em Alexandra ou em seu pai, como ouvira comentários entre as cortinas do Louvre.

— Mas por que toda vossa apreensão, minha mãe? Se tínheis algo a discutir com ela, por que não a procurastes neste mês em que a "encarcerou" aqui?

— Eu proibi sua saída e ela desobedeceu às minhas ordens!

— Mas, minha mãe, ela não é obrigada a vos obedecer... Por que estais com tanto ódio? Por ventura o interesse não seria pelo conde Rudolf?

A mulher que estava sentada, levantou-se rapidamente. Não mostraria seu lado interior ao filho; jamais ele saberia o amor que ela sentira por Rudolf em tempos longínquos e, ao mesmo tempo, a rejeição dele por ela, trocando-a por uma plebeia, o que a deixara cheia de ódio. Estando Rudolf em seu território, poderia tê-lo abonado da face da Terra, não para reclamar o amor sofrido e esperançoso que colocara em suas mãos, mas pela dor e pelo sofrimento por que passara naquela época e a humilhação de ter sido abandonada. Perdera a chance de vingar-se, difamando-o como herege e protestante. Iria matá-lo juntamente com sua filha odiosa, mas lhe fora roubado esse sabor.

※※※

Para todos os romanos, ainda no tempo de Cristo, os ditos daquela época eram "A vingança é um prato que se come frio". Rudolf preferira Ignez para unir-se, visando seu bem e sua felicidade. Como era um homem alegre, sempre risonho e feliz pela sua liberdade, jamais iria se submeter a um casamento por ideais políticos. Catarina fora, naquela época, uma mulher da melhor nobreza da Itália, e a dor da rejeição fora um fato em que jamais deixaria de pensar; ele pisara em seu orgulho de mulher nobre e a humilhara. Agora não mais sentiria o verdadeiro sabor da vingança. A visita de Alexandra e o convite que enviara a ela foram o pretexto que há muito havia elaborado em sua mente para alcançar Rudolf.

E voltando seus pensamentos para o que a tinha advertido seu filho, resolveu procurar saber quem fora o autor da fuga de Alexandra no palácio e fazer essa pessoa sofrer muito em suas mãos. A morte somente não seria suficiente.

A Jovem Mãe

Capítulo V

"*Se os homens se amassem mutuamente, a caridade seria melhor praticada; mas seria preciso, para isso, que vos esforçásseis em vos desembaraçar dessa couraça que cobre os vossos corações, a fim de serdes mais sensíveis para com aqueles que sofrem. A dureza mata os bons sentimentos; o Cristo não se recusava; aquele que se dirigisse a ele, quem quer que fosse, não era repelido: a mulher adúltera, o criminoso, eram socorridos por ele; não temia jamais que a sua própria consideração viesse a sofrer com isso. Quando, pois, o tomareis como modelo de todas as vossas ações?* Se a caridade reinasse na Terra, o mau não teria mais predominância; fugiria envergonhado, se esconderia, porque se encontraria deslocado por toda parte. *Então o mal desapareceria, ficai bem compenetrados disto. (...)*"

O Evangelho Segundo o Espiritismo,
Allan Kardec, cap. XI, item 12, IDE Editora.)

Maria Augusta acordou e concluiu que aquele era um problema criado por ela, que ela teria que resolver sem contar nada ao pai. Encaminhou-se silenciosamente para o estábulo a fim de procurar por Andrés em seu quarto, porque era ainda muito cedo. Andrés, porém, estava preparando-se para fugir de lá. Havia deixado o seu embrulho com duas roupas que tinha ao lado da cama, mas já estava em pé, pronto para a viagem. Ouvira e acordara quando o condutor da carruagem havia largado no estábulo a condução que trouxera Rudolf. Não queria ver seu patrão, e o dinheiro que ele teria que receber, ele esqueceria, porque tinha alguns ducados ainda, herança de seu pai, para sair dali para outro país. Naquele momento, pensava ele, como bom cristão, em levar avante sua vida, fugindo da mulher que poderia pôr fim a seus dias. Quando ele estava pronto, Maria Augusta avistou-se com ele nervosamente. Poucos momentos mais e ele a teria deixado para sempre.

— Andrés, aonde pensais ir? Pensais em deixar-me, Andrés? E o filho que carrego em meu ventre? O que faço com ele?

— O quê? Esperas um filho meu? Oh, não pode ser, estais a inventar coisas assim ridículas para prender-me a vós.

Sentou-se novamente no leito e, pensando ser verdade, começou a chorar. Não poderia fugir agora, teria que enfrentar Rudolf e a decisão que seu patrão tomaria, deixaria nas mãos de Deus.

Rudolf, depois de descansar um pouco da viagem, voltou ao gabinete para conversar com frei José. A primeira delas era saber como tinha se comportado a segunda filha, a mais bela e prendada, vista por todos como angelical, que estava dedicada à igreja.

— Rudolf, apreciaria que sentásseis. Sois sabedor de que, em todos estes anos, temos em comum esta amizade sincera. Não espero que aceiteis o que vou falar-vos com a mesma calma com que vos comento agora – pediu frei José a ele.

— Sentado estou, contai-me. Sim, sois meu amigo de muitíssimos anos, José. Até às vezes esqueço-me de que sois um religioso. Mas falai-me, estou esperando más notícias. Contai-me, contanto que não seja nada a respeito de meus filhos. Não será de Maria Augusta, não é? Falai, homem!

Frei José baixou a cabeça e continuou:

– Bem... Meu amigo, que Jesus o ampare nessa hora. Vossa filha...

– O que aconteceu com ela? Falai! Por Deus! Está doente, está morrendo?

– Não, meu amigo, mas eu espero que vós, como cristão fervoroso que sois, compreenda talvez até melhor que eu, porque sois, além de tudo, um pai. Peço-vos um pouco de paciência e muita, muita compreensão.

– Sim, sim, falai – disse, nervosamente, Rudolf.

Rudolf era um homem temente a Deus, que colocava a família em primeiro lugar, mas depois da Igreja, por isso seria para ele perjurar se fosse desrespeitado o juramento que fizera desde que a menina nascera.

– Rudolf, meu amigo. Vossa filha não quer ir para o convento.

– Isso? Mas estou agora aliviado. Sim, pressenti pelas suas maneiras que ela nunca o quis. Mas terá que aceitar minhas ordens, pois foram feitas a Deus.

– Oh, amigo, sinto em vos dizer que há muitas coisas além disso.

– O quê? Contai-me logo; ora, tendes o condão de deixar-me mal. Falai antes que eu grite de ansiedade!

Frei José, baixando a cabeça novamente, depois olhando o amigo com os olhos plenos de tristeza, concluiu:

— Ela espera um filho, Rudolf. Não poderá ser uma freira.

Rudolf tonteou e levantou-se. Parecia que o mundo desabara em sua vida. Não, isso não poderia ter acontecido. Frei José, sentindo a apreensão do amigo, levantou-se também e acariciou suas costas, falando:

— Levantai a cabeça, meu amigo, isso já aconteceu. Não tereis nada mais a fazer a não ser casá-la com o pai da criança.

Rudolf colocou as mãos sobre seus olhos para esconder a vergonha de chorar. Derramou algumas lágrimas e sua cabeça parecia que ia despencar. Apresentou-se-lhe um vermelho intenso na face, misto de despeito e rancor, levantou-se e gritou:

— Casá-la? Oh, nunca! Esta infame obterá o que procurou com a difamação de nosso nome.

Frei José fixou-o temeroso. O que faria Rudolf? Mataria a filha? Não, isso não poderia acontecer.

– Meu amigo, não tomeis nenhuma resolução com a cabeça quente. Nestas horas é que devemos acalmar nosso coração para pensarmos friamente e sabermos como agir. Não quereis saber quem é o pai? Ela é vossa filha e tem dentro de seu ventre o vosso neto.

– Oh, não me envergonheis mais. Isso não me comoverá, apenas me dará mais asco e revolta. Ela não terá este filho, vos juro!

– Mas a gestação já está adiantada, meu amigo. Ela não poderá mais tomar ervas para abortar a criança!

– Então será deportada a outro país, para lá deixar a criança nascer, com o mínimo possível para seu sustento; mais tarde será feito como prometi a Deus. Daremos o filho aos pobretões eslováquios, depois a colocaremos junto com as Dominicanas; porém vos digo uma coisa: jamais olharei para ela novamente. Deus vai querer assim, já que ela lhe foi prometida.

– Não, meu amigo. Olhai bem o que vou vos dizer. Deus nos ama e somos todos filhos Dele. Não será em um convento que podereis aprisionar o coração de vossa filha, cuja única vontade é casar-se com o ser amado e ter filhos. Sim, foi errado o que ela fez, mas pensai, meu amigo. Ela é tão jovem, ainda tem dezesseis anos. Como podereis abandoná-la?

Rudolf sentou-se novamente e, com a cabeça entre as mãos, começou a chorar copiosamente. Seus sonhos haviam acabado, mas ele teria que sustentar sua promessa por amor a Deus. Frei José continuava:

— Rudolf sabeis o quanto vos prezo e prezo vossa fé na Igreja, mas escutai, meu amigo. Deixai vossa filha partir com quem ela ama. Abandonai vosso pensamento de ódio e desprezo pelo que ela fez e purificai-a com vosso amor, abençoai-a, perdoando-a. Pensai em Jesus. Ele não veio ao mundo para nos ensinar a amar? E Ele não perdoou inúmeras vezes até aqueles que lhe desferiram o último golpe? Olhai bem, meu amigo, abrandai vosso coração com todo amor que tendes por ela. Ela é vossa filha amada.

— Não é mais. Desrespeitou-me e perjurou contra seus pais.

Num relance de ódio, ele perguntou:

— Dizei-me quem foi que se aproveitou de minha filha. Matá-lo-ei! Dizei-me.

Frei José, colocando o braço no ombro do amigo, falou carinhosamente:

— Maria Augusta ama Norberto.

– Norberto? Ora, aquele infame! O noivo de minha querida Alexandra, orgulho de minha vida?

– Escutai-me, eu vou contar-vos tudo o que ouvi da boca de vossa filha que sofre muito. Pensai neste momento como se vos fosse a joia mais cara deste mundo e como se vós fôsseis a própria Alexandra. Sei que prezais mais por ela.

– Na realidade, amo a todos os meus filhos.

– Sim, então, imaginai como se vós fôsseis Norberto e, vossa esposa, Maria Augusta. O que faríeis se precisásseis abandoná-la para as Dominicanas e ficardes separado dela para sempre? E se em seu ventre palpitasse o bebê que é todo vosso amor, Alexandra?

Rudolf baixou a cabeça e respondeu:

– Para Deus, meu amigo, eu entreguei minha filha; por Deus eu deixaria minha própria esposa.

Frei José abandonou a ideia de fazê-lo abdicar do castigo a Maria Augusta. Levantou-se da cadeira em que estava sentado e saiu cabisbaixo da sala, dizendo:

– Bem, meu amigo. Vós sempre amastes mais vossa família que vosso Deus, eu sempre o soube, mas... Fiz tudo o que pude por vossa filha. Espero que volteis atrás.

– Nunca! – respondeu Rudolf, de tez severa com o amigo. – E se não estais de acordo com meus atos, peço-vos que vos retireis daqui sem mais voltardes. Com vossas palavras acalentadoras, acobertastes um crime, crime que foi planejado por Maria Augusta, a fim de que não abraçasse a comunhão eterna com Deus. Deveis vós arrepender-vos de vossos atos, acobertando o verdadeiro pecado. Pecastes contra Deus, frei, Deus não vos perdoará! Penso neste momento que sois um herege. E não volteis mais aqui; mesmo quando ela estiver já com as Dominicanas, não volteis a vê-la. Prometo que, se assim for, tomarei minhas providências com o bispo do local para que deixeis a Igreja!

O vigário saiu devagar e triste. Não adiantara. Tudo o que dissera viera até a cair sobre ele. Caminhou até a estrebaria para pedir que Andrés o levasse em casa. Lá encontrou o homem, branco como cera, e muito nervoso. Maria Augusta escondia-se na estrebaria.

– O que tendes, jovem de Deus?

– Nada de tão importante. Estava pensando em partir daqui, frei.

– Para onde, meu filho?

– Sabeis de um lugar fora da Eslováquia?

– Bem, tenho um amigo na Hungria, conheceis alguém lá?

– Não, mas poderia o frei fazer este favor e dar-me uma carta falando do serviço que faço aqui?

– Olhe, rapaz, algo tem por detrás disso. Será Augusta? Quereis partir com ela? Sei tudo sobre o sofrimento dela. Podeis confiar em mim.

– Bem... Não pretendo partir com ela. Ela pertence a um meio destacado em uma sociedade à qual jamais pertencerei.

– Então, sei por que quereis partir. Sois nobre de coração, mas não podereis livrá-la de sua sina, meu filho. Peço-vos que fiqueis.

– Não. Deixo meu trabalho honrado, porque preciso fugir daqui. Por favor, ajudai-me, frei. A Senhora Maria Augusta insiste em que eu a leve daqui, diz que espera um filho meu, mas isso não pode ser verdade, deveis saber o que ela planejou. Contou-me há pouco que não queria ser uma freira, por isso procurou-me. Mas eu não tive a intenção de seduzi-la, frei, eu juro!

Aterrorizado com esta confidência, o frei perguntou:

– O filho é vosso?

– Não, o filho é de Norberto. Eu os vi quando procuravam um dia pelo irmão de Augusta. Isso foi antes de ela insistir comigo. Mas eu nunca a amei, frei.

– Talvez seja melhor que façais mesmo isso, meu filho. Mas deveríeis pelo menos tentar falar com o conde Rudolf – e pensando melhor, continuou: – Não, talvez eu não esteja vos dando uma boa ideia

– Ele me matará com certeza, além do mais, o filho não é meu, sei disso.

– Como tendes certeza?

– Porque não estive com ela no leito.

– Bem, então, para que não caias em pecado e embaraçar-vos ainda mais a vida, talvez seja partir, o melhor caminho a tomardes.

– Sois bom, frei. Não sois como outros padres por aí que pretendem capturar protestantes como eu.

– Não, não sou bom, procuro simplesmente auxiliar o ser humano. Sou é um cristão que quase ninguém entende.

E saíram do local, deixando Augusta, que ouvira tudo, escondida atrás da parede do estábulo.

Sim, ela não poderia provar que o filho era de Andrés, já que quando o visitara naquela noite, fizera-o compreender que era Alexandra quem se atirava em seus braços. Agora ela estava mesmo perdida. O melhor seria matar-se, pensava ela. Não teria escapatória. Maria Augusta subiu em desabalada rapidez as escadarias do castelo, chegando-se ao dormitório. Quebrou, então, uma porcelana, atirando-a contra a parede e, chorando, disse baixinho:

— Não tenho mais minha mãe comigo, minha melhor amiga, e por certo jamais terei todos os meus. Papai chegou e virá logo para falar-me. Não quero que me encontre viva. Não poderei olhar em seus olhos e vê-lo censurar-me. Temo-o e envergonho-me de meus atos perante ele. Tudo saiu errado. Espero que ele não me encontre viva. Esta vida de prisioneira em um convento, sem amar, será para mim o próprio mausoléu. Então, que assim seja. Levo comigo o meu filho, que seja protegido pelos anjinhos, já que sua mãe é fraca.

Apanhou o caco de porcelana e cortou os pulsos.

Rudolf foi procurar Maria Augusta em suas dependências, enquanto ela estava na estrebaria, escondida do vigário do condado, mas como não a encontrou, foi ter com a esposa. Depois de abraçá-la, demonstrou todo o seu sofrimento, contando-lhe o caso de sua filha e a desilusão que ela lhe causara. Ignez, que sabia de tudo, não deixou de lamentar-se junto a ele e dizer que estariam difamados se alguém soubesse do acontecido naquele local. Comentou que eles eram o modelo para a população e não poderiam dar este exemplo, não deveriam falhar com a palavra. Precisavam, então, agir rapidamente para levar a filha de lá, a fim de parir sua criança em outro lugar. Comentou como ficara sabendo da maternidade de Augusta e do que os servos, como testemunhas visuais, haviam comentado sobre o "romance" do vigário com a jovem.

Rudolf ficou ouvindo, estarrecido:

— Então é o frei? Oh, mas como eu fui inocente em tê-lo como amigo! Não, não pode ser, não acredito, isto seria um pecado monstruoso!

O casal, em colóquio, falando muito baixo, então, resolveu que não comentariam nada com ninguém e diriam aos servos que eles viram os dois abraçados porque o padre somente estava consolando a filha, por ela estar com saudades de seu pai. No dia seguinte mesmo, levariam Maria Augusta para uma pequena vila do interior onde se criavam cabras, nos Alpes, para que lá tivesse a criança, que mais tarde seria dada para alguém, ou, quem sabe, eliminassem aquele fruto do pecado. Assim, jamais a mãe procuraria o filho bastardo. Mas seria difícil matar um inocente, afinal, ele era um neto. Oh, como seria bom se isso não tivesse acontecido! Fariam isso porque estavam pensando no próprio bem de todos, difamariam, sim, o vigário, que certamente era o culpado da perda da pureza da filha.

* * *

A pessoa que se compraz com "conversas de alcova" como diz o dito popular, tende a se arrepender amargamente quando no plano espiritual. Lembrará das palavras de Deus a Moisés nos dez mandamentos: "Não dareis falsos testemunhos".

Por vezes, sem nos darmos conta, fazemos intrigas sem questionarmos se existe verdade no que ouvimos e estamos transmitindo. Por isso, devemos vigiar nossos pensamentos e nossas palavras para que não fiquemos endividados com a lei de Causa e Efeito. A intriga é muito prejudicial. Quem a ouve pode perder a cabeça, criando graves consequências. Quantos crimes, quanto sofrimento e abandono aconteceram nesta Terra por "conversas de alcova". Portanto, vigiemos nossos pensamentos e atos.

* * *

Tremendo desprezo veio à mente e ao coração de Rudolf, que se deixou levar pelo que lhe dissera a esposa. Então, começou a imaginar as confissões que Maria Augusta costumava fazer com o frei nos jardins da casa e do apreço de um pelo outro. Pensou também que a defesa do frei pela filha teria sido somente para encobrir seu pecado em relação a ela. Claro, caberia culpar alguém, e quem melhor que o noivo de Alexandra? Não teria sido ele o único homem que ultimamente andava por lá seguidamente? Mas ele, seu melhor amigo, estava tão decidido a libertar a sua bela Maria Augusta do convento, e para quê? Não entenderia o porquê a não ser que os dois eram amantes e fugiriam para serem um do outro.

Então, revolvia-se em ódio, e toda a imensa amizade de tantos anos pelo frei caíra por terra. Sim, ele deveria ser o único responsável pela desgraça de sua angelical filha. Não, ela não deveria ser a culpada. Era tão jovem e inocente, e ele, apesar de ser frade, não deixava de ser um homem, o homem que traíra sua amizade. Como uma amizade tão grande transformara-se tão repentinamente?

Maria Augusta fechara-se no seu aposento e acabara de cortar os pulsos.

Quando Rudolf entrou, empurrando a porta

com força, a encontrou deitada de bruços sangrando, já semimorta. Chamou todos da casa e Mercedes acudiu-a rapidamente com seus métodos que aprendera na Espanha.

Ela lavou-lhe os punhos para ver a profundidade da ferida, limpou-a bem e amarrou um forte pedaço de pano no braço da jovem. Depois desceu as escadas, foi até a cozinha e apanhou dois ovos. Retirou as claras para embebê-la no pano que usava no pulso ferido e levou as gemas para a jovem beber com um pouco de vinho doce. Este método foi acompanhado por seus apreensivos pais por dez dias, até que Maria Augusta abriu de leve os olhos, queixando-se de dores fortes no ventre. Acabara de perder a criança, seu filho já não mais existia.

Quando seus pais souberam que ela havia perdido a criança, entreolharam-se. Era como se um adivinhasse o pensamento do outro:

— Sim, querida. Agora estamos novamente sem nosso grande problema. Na semana que entrar, Maria Augusta será levada para as Dominicanas, onde ficará por toda a sua vida. Esta é sua missão e a veremos concretizada.

Ignez, crente que este seria o melhor caminho a tomar, sorriu aliviada:

– O que eu faria sem vós, meu esposo? Sois forte e grande em meu coração. Graças a vós, me sentirei feliz novamente. Vinde, vamos deixar a nossa pequena dominicana descansando.

– Ignez, e se alguém souber no convento?

– Oh, meu querido, ninguém saberá, tenho certeza disso.

Tudo voltara à estaca zero para Maria Augusta, que novamente estava nas mãos do destino miserável que acreditava ter.

Frei José não voltara mais ao castelo de Rudolf, ocupado que estava com seu povo cristão.

Rudolf não tivera tempo antes de procurar por Andrés, aflitivo com a situação da segunda filha, mas algo dizia para ele que o cavalariço o havia traído de alguma forma, para ter fugido daquela maneira. Ele não teria ido embora sem receber seus ducados devidos, não fosse por motivo imperioso. Chegou a pensar se não fora ele o responsável pela desgraça familiar, mas sabia que Maria Augusta não costumava se aproximar das cavalariças. Imaginou, então, que o jovem fugira pelos boatos da caça aos hereges. No entanto, prevendo ajudá-lo de alguma forma, procurou por ele pelas redondezas do condado.

O anão que uma vez o levara na pitonisa chamou-o no momento em que ele rondava o castelo e as redondezas, acreditando que com algumas frases ditas poderia retirar uma boa quantia em moedas. Com olhar de lince e perspicaz, ele notava que o homem com quem falava olhava preocupado para todos os locais a procurar por alguém. Ele também falara com o cavalariço sabendo que ele fugira do castelo do conde; então, querendo tirar proveito deste fato, com sua face retorcida e seu olhar malicioso, comentou sorrindo:

– Conde Rudolf, sei que andais a procurar por vosso cavalariço fugidio. Ouvi comentários de que ele andou se enrabichando com alguma... dama do castelo. Não foi?

O conde olhou para ele, assustado. Teriam as conversas dos seus serviçais voado tão longe a ponto de todos já estarem sabendo de sua desdita, ou teria o anão adivinhado seus pensamentos? E, aturdido e um pouco tonto, como se as palavras ditas lhe viessem como um tufão devastador, gaguejou sem saber o que responder:

– Mas... mas...

– Ora, não fiqueis preocupado. Estou aqui exatamente para vos servir, pois sei que ficaríeis satisfeito comigo. Uma palavra amiga sempre é necessária, conde. Sou e serei sempre vosso criado. Não é por este motivo que estais a chamar o jovem fugitivo?

O conde calou-se. De agora em diante, também o cavalariço seria sua preocupação. E, para salvar a imagem da filha, respondeu:

– Ora, eu não me interesso em saber com qual serviçal ele se enrabichou. Procuro-o por ser ele um protestante e, como sabeis, os protestantes também serão procurados aqui neste condado e... presos. E, como sois fiel a mim, recebereis esta moeda. Cuidai dela, pois vale muito. – E atirando a moeda para o anão que aguardava com a mão em concha, partiu a galope para o vilarejo.

O anão ficou feliz com o que ganhou. Ele havia criado uma mentira acerca do cavalariço e mulheres, que por sorte dera certo, mas... quanto a Andrés ser protestante, isto para ele era novidade.

Rudolf cavalgou até o vilarejo, resolvido que, sendo ou não Andrés culpado pela desgraça da filha, ele o denunciaria como protestante ao bispo chegado havia pouco na igreja local. O fato de Andrés ser dessa religião abominável, como dizia, seria a desculpa ideal para vingar-se dele. Afinal, ele, como protestante, não deveria tê-lo servido nas cavalariças, e o fato de sua fuga poderia, sim, estar ligado à sua filha. Como poderia ter certeza de que não fora ele que os traíra, usando a pureza daquela que tinha sido toda a sua ilusão em pertencer à Igreja? Não seria, dessa forma, uma vingança de Andrés ao catolicismo?

* * *

No vilarejo em polvorosa, muito se comentava em procurar os hereges protestantes. Quando o conde, sempre apreciado pelos moradores do local, desceu do cavalo, foi procurado por alguns homens que estavam espalhados pelas ruas de terra batida. Ouviu falar que o frei José estava a acalentar os ânimos dos ultrajantes da fé católica e também insistindo para que os próprios fiéis de sua igreja utilizassem o ensinamento do Mestre Jesus, já que se diziam cristãos: "Amar seu próximo como a si mesmo" e "Não matar". Mas muitos, quase em sua totalidade, não compreendiam esse caminho do amor ao próximo e desconfiavam de que o vigário, como Lutero, escondendo-se em sua humildade, ocultava seu interesse por aquela religião herege, como diziam. Havia cochichos por toda a cidade sobre a sua proteção a eles. O conde, ainda com o pensamento nas palavras de sua esposa sobre a violência aplicada a Maria Augusta, sem sequer tentar conversar com aquele que sempre estivera ao seu lado e fora seu melhor amigo e companheiro de infância, aproximou-se do bispo com graves intenções.

Primeiro falou que soubera que Andrés fugira do palácio e que era protestante, depois, não tendo a coragem suficiente para difamar o amigo de toda a sua vida, frei José, apenas comentou sobre as conversas pecaminosas e traidoras que ouvira sobre ele.

— Mas isso nos é inadmissível, conde. Não poderemos manter aqui, nesta paróquia, um personagem que protege, em nome do Evangelho, os defensores da Reforma de Lutero. A Igreja – continuou ele calmamente, mas com os olhos muito abertos demonstrando preocupação e erguendo-se de seu confortável banco estofado –, a Igreja não pode reter consigo um homem que defende quem quer nos destruir. Isto ele faz porque deve estar de acordo com esse movimento! Sei que ele, mesmo recebendo dos mais ricos as indulgências pela confissão, não gosta que qualquer ducado saia das mãos dos mais humildes. Isso não deixa de ser uma revolta contra a Igreja! Estou há muito tempo de olho nele. Devemos detê-lo urgentemente.

— Mas como faremos? – perguntou Rudolf, já um pouco receoso em tomar essa cruel medida àquele que sempre fora o exemplo de amor ao semelhante e seu melhor amigo, tornando-o réu perante sua própria religião. Sabia que ele era fiel à Igreja, mas novamente voltou-se ao fato do que acontecera à sua filha, enrijecendo-se de ódio e decidindo: – Sim, tendes razão, excelência. Deveremos delatá-lo ao clero.

Ambos, então, resolveram iniciar um movimento para perseguição aos contrários do catolicismo em toda aquela região. O condado de Rudolf iniciava uma tremenda perseguição que mataria muitos evangélicos.

Capítulo VI

O Marquês Duval e Alexandra

"Não julgueis, a fim de que não sejais julgados; porque vós sereis julgados segundo houverdes julgado os outros; e se servirá para convosco da mesma medida da qual vos servistes para com eles."

O Evangelho segundo o Espiritismo,
Allan Kardec, Cap. X, item 11, IDE Editora.

CATARINA PROCURARA SABER, POR intermédio das intrigantes servas, quem havia auxiliado na fuga de Alexandra, mas todas elas diziam a mesma coisa: que não sabiam, que estavam trabalhando em outra área, e que o último que estivera lá, fora mesmo seu filho, Henrique III. Então, enfurecida, marcou um encontro casual entre Duval e o rei para ver se eles conversariam sobre a fugitiva. Homens de confiança os espreitavam. Desta forma, logo ela saberia o paradeiro da jovem, além de ter certeza de quem a tivera traído. Precisava chegar a um contexto a fim de completar seu plano de vingança.

No entardecer do dia seguinte, estava Duval aguardando por Henrique entre as esculturas do jardim do Louvre, conforme bilhete recebido com seu timbre. Este chegou-se a ele, falando:

– Olá, vós por aqui? Chegastes a ver minha mãe, que falou que viria passear um pouco comigo?

– Disso eu não sei, mas o que desejais de mim?

– Eu? Nada, nada tenho a dizer-vos, por que teria?

Duval sentiu que era uma armadilha, mas tentou acalmar-se.

— Majestade, dizei-me uma coisa — falou Duval dissimulando —, Alexandra ainda se encontra aqui no reino? Não a vejo há muitos dias...

— Não sabeis? Ela fugiu e, para dizer a verdade, até pensei que fostes vós quem planejou essa fuga!

Duval embranqueceu e Henrique notou sua apreensão.

— Mas como? Não sabia que se poderia passar pela grande guarda; fostes vós que me falastes que ela estava sendo vigiada por oito deles.

— Oh, mas lembro-me agora... que dispersivo fui naquele dia em que estive com ela. Dispensastes quatro deles, enquanto deveria ter sido feita a troca da guarda, não? Foi o que me disse um dos guardas. Afinal, por que fizestes isso?

— Ora, mas que loucura é esta? Acreditais mais nas palavras destes homens que na minha, majestade?

— Bem... mas por que mentiriam?

— Ora, isso foi uma desculpa que deram. Decerto escondiam algo.

— Mas sei que estavas apaixonado por ela. Di-

zei-me: o que fizestes com a menina? Vós a raptas-
tes?

— Se eu a tivesse raptado, não estaria aqui agora, mas em seus braços.

— Tendes razão. Digo-vos que não me recordo
nada mais sobre aquela noite. Ela deve ter mesmo fugido. Mas onde estará? Vejo que se renovam em vossas faces as cores quando falamos seu nome.

— Sim, uma bela mulher pode ter este condão
em me fazer ficar rubro. Mas... Por que teria ela que
fugir de um soberano? Pelo que eu saiba, sois um homem bem apessoado, só não sei nada quanto às apre-
ciações daquela jovem... Depois que estivestes com
ela em vosso leito, melhor seria que a esquecêssemos,
pois poderá ela visitar-nos trazendo a noticia de um
filho em seu ventre, mesmo que não seja vosso.

— Não havia pensado nisso, mas isso jamais
aconteceu... que eu lembre.

— Mas se for, vejamos o que faremos. Podereis
ligar-vos a mim durante parte desta tarde? Podeis caminhar um pouco pelo jardim?

O marquês quis sair de perto dos espiões da rainha.

Agora, o intruso já saberia contar muitas coisas

a seu favor para sua soberana, mas quanto a ele, bem, se ela acreditasse, ele estaria livre.

Assim, Catarina acharia que o próprio filho abrira as portas da gaiola para o passarinho eslavo. Viu-a mentalmente dizer: *"Que pena! Será difícil novamente repetir o que se havia planejado antes."*

Porém, Catarina não havia "deglutido" o que ouvira do alcoviteiro e tentaria agir de outra forma.

Duval entrou em seus aposentos, nervoso, trêmulo. Tudo teria saído bem, mas Catarina acreditaria em sua conversação com o rei ou desconfiaria dele? Talvez ela não se deixasse vencer tão facilmente. Mas o que preocupava agora, era saber se sua amada teria pertencido ao rei; teria ele a seduzido?

"Oh, é lógico que não" – pensou ele.

Afinal, era óbvio que ele seria o primeiro a saber deste fato, tal a inveja de seu rei pelas habilidades do próprio Duval em cativar as mulheres.

"Bem, da inveja que meu soberano demonstra pela minha pessoa, se tivesse acontecido algo entre os dois, ele dificilmente faria disso um segredo. Portanto, minha bela ainda é digna de estar em meus braços" – pensou ele.

Planejou viajar o mais depressa possível ao condado onde residia sua bela Alexandra, avisando seus soberanos que partiria para cuidar de assuntos particulares, quando em visita a seus pais. Encontrar-se-ia com sua bem amada antes que ela casasse e a faria retroceder nos projetos de seus pais em relação a ela..

Três semanas depois, chegava ele em uma carruagem de alto luxo naquele povoado, dirigindo-se ao castelo milenar à procura de Rudolf para pedir a mão de sua encantadora filha. Contudo, estava se iniciando naquela localidade a perseguição aos cristãos evangélicos e Rudolf apresentava-se sempre distante, não podendo Duval falar com ele.

Alexandra, quando soube que ele havia chegado ao castelo, teve seu coração a disparar e, sem pensar em mais nada, correu até alcançar as escadarias e atirou-se em seus braços. Lutara todos aqueles dias em que ficara longe dele para esquecê-lo, porém a necessidade de sua fuga e sua libertação fizeram de Antoine Duval, o seu herói, enquanto que Norberto nada mais significava para ela do que um frio e insensível ser humano, apesar de seus dotes atrativos.

— Oh, Duval, como fiquei saudosa!

— Eu também, meu amor, eu também. Por isso vim conversar com vosso pai. Devemos nos casar. Não posso mais continuar neste tormento sabendo que pertencereis a outro homem.

– Não poderei ser dele, Duval. Meu coração não conseguiu obedecer a vontade de meus genitores e colocou barreiras entre mim e ele. Eu vos amo! Amo! Serei vossa esposa, nem que tenha que fugir convosco.

– Mas sei muito bem quem vosso pai é. Ele sente-se obrigado em cumprir suas leis, não desejará nosso enlace.

– Falemos com frei José. Ele é meu amigo e me ama como se fosse sua filha também. Ele compreenderá e quem sabe também respeitará nosso desejo. Salvastes minha vida e sou muito agradecida por isso. Papai me ama muito. Vinde, vamos ao jardim para conversarmos enquanto esperamos por ele.

Naquela tarde, já refeita de sua fraqueza e com grande culpa pela perda do filho que não chegara a nascer, pálida como a neve, Maria Augusta levantou-se com grandes olheiras e tristemente começou a despedir-se das servas e dos gêmeos. Alexandra, desconhecendo a realidade do que acontecera com a irmã, achara estranha a sua doença; no entanto, ao perguntar por ela a seus pais, o que ouviu foi que seu sistema nervoso se alterara visto pensar estar perdida para o mundo, trancada em um convento.

— Minha filha, Maria Augusta sofre de tensão nervosa, pois não deseja ser dominicana — falara sua mãe.

— Mamãe — respondera Alexandra —, não é direito trancafiá-la em um convento e, além do mais, sei que ela não teria sistematicamente tanta dedicação à religião, excluindo-se como mulher que deseja um esposo e um lar, para manter-se enclausurada. Infelizmente para vós, isso deveria mais cedo ou mais tarde acontecer, pois não ouvistes as lamúrias e os pedidos de vossa filha. Ela não tem vocação para ser freira, mamãe!

— Ela é muito jovem e inexperiente, Alexandra, e não imagina como se sentirá feliz depois que estiver entre senhoras honestas e puras, longe das maldades do mundo e, além do mais, nós a prometemos a essa vocação no dia em que ela nasceu. Não voltaremos atrás. Deverá se dedicar somente a Deus — dissera Rudolf, com as sobrancelhas cerradas e testa franzida, já perdendo a paciência.

Penalizada, Alexandra baixara a cabeça, sentindo que nada poderia fazer em favor da felicidade de Maria Augusta.

A jovem Augusta saiu à procura de Alexandra para se despedir e não deixou de ouvir Duval conversando com ela. Mais uma vez, seu coração ofuscado pela dor apresentou um pequeno raio de esperança. Chegou próxima aos enamorados, que de mãos dadas sorriam um para o outro, sentados em um banco de pedra e estes, ao vê-la, também sorriram para ela, que respondeu ao ato gentil:

— Alexandra, vejo-vos aqui com... Quem sois vós?

Duval levantou-se e fez uma reverência, beijando a mão da irmã de Alexandra.

— Espero que compreendais, senhorita. Nós nos amamos, sabemos disso há algum tempo.

— Mas... Mas Alexandra é noiva de Nor...

— Sim, eu sei. Porém farei o possível para casar-me com ela – respondeu Duval virando-se para a jovem enamorada, que continuava a sorrir-lhe.

— E Norberto? O que será dele?

— Ora, minha irmã, ele sabe que nunca o amei. Ele encontrará outra jovem.

O coração de Maria Augusta bateu tão forte, que ela temeu que o casal ali o ouvisse.

— Então, ele é livre, agora?

— Será se... Bem, precisamos conversar com papai primeiro. Mas ele apreciará, e me permitirá casar com Duval em recompensa por ter-me salvado de Catarina – concluiu Alexandra, sempre sorrindo.

Maria Augusta pensou que poderia ter a oportunidade de implorar a seus pais para ela casar-se com Norberto. Mesmo sabendo ser difícil, ela calou-se ali, perante o casal de enamorados e se distanciou para traçar novo plano. Em duas horas, seu pai a levaria às Dominicanas; precisaria pensar logo em alguma coisa.

Andrés não estava mais no castelo e Rudolf, aflito e atormentado, acreditou que poderia ser o cavalariço o possível autor da maldade que fizeram com sua filha e não o frei, como sua esposa havia comentado. Mas se eles foram vistos beijando-se e abraçando-se, como comentaram os serviçais, com certeza o frei José fora o portador do pecado... ou ambos? Não poderia acreditar em coisas tão degradantes. Sua filha era angelical e pura e caíra nas mãos de alguém bem mais vivido que ela.

Rudolf demorava e Alexandra, tomando a iniciativa, mandou chamar frei José.

Depois de duas horas, chegava o amigo frei, sendo levado pela carruagem comandada pelo novo cavalariço a pedido da própria Alexandra. O vigário alegrou-se em ser chamado, porque pensou ter seu amigo reconhecido que, finalmente, sua filha Maria Augusta poderia ser livre para amar a pessoa que ela não podia esquecer. Mas na realidade, depois de adentrar no gabinete em que fora visto com Maria Augusta, qual não foi a sua surpresa quando olhou à sua volta para procurar Rudolf e encontrou somente Alexandra.

— Oh, minha filha, tanto tempo não vos vejo... — falou ele, beijando-lhe a mão — Mas onde está Rudolf? Reconsiderou sua ordem de levar a menina para o convento?

— Frei José, fui eu que vos chamou, aliás, nós, eu e Duval.

Duval aproximou-se e fez uma reverência ao padre.

— Sim, minha filha, o que vos aflige?

— Acontece, frei José, que preciso de vossa bênção. Vamos nos casar, Duval e eu.

— Como? Não podeis, minha filha. Daqui a alguns dias estareis unida em matrimônio com o Senhor Norberto.

— Não importa, frei. Este homem que está à vossa frente, salvou-me a vida em França e papai nos abençoará, tenho certeza.

— Perdoai-me em discordar de vós, minha filha,

mas vosso pai é rígido nos compromissos que assume. Será muito difícil ele divergir da futura aliança que tereis com o nobre Norberto.

Alexandra olhou preocupada para Duval, que a aconselhou:

– Alexandra, eu penso que o melhor seria aguardar vosso pai.

– Não, não quero que meu pai saiba de nada sem antes termos a bênção do frei José. Nos abençoa, frei?

– Eu abençoo o amor puro e verdadeiro, minha filha, assim como Deus e Jesus. Mas vosso pai... Ele tem projetos para vós. Alem do mais, ele já se embraveceu o suficiente comigo por outra causa. Sei que deveria estar muito infeliz sobre as notícias que recebera de mim naquela tarde, mas mesmo assim...

– Então eu mesma falarei com ele. Já sei onde poderei encontrá-lo.

A jovem acertou em cheio. Seu pai estava tentando esquecer seus problemas mexendo em seus potes e livros de magia.

Nos livros examinados por ele, juntamente com os livros onde havia anotações sobre Sócrates e Platão, ele chegara a conclusões ainda insólitas sobre a continuidade da vida e o renascimento. Imaginava os egípcios acreditando na continuação da vida após a morte e pensava em voz alta: Se matamos e as pessoas renascem, voltariam eles com as mesmas ideias? Então, de que vale a pena matar? O importante é convertê-las.

Nisso, entra Alexandra:

– Olá, pai querido. Estávamos todos vos aguardando.

– Vós sempre sabeis onde encontrar-me, não? Eu estava lendo anotações sobre Sócrates e Platão, que falam de uma vida infinita, que nunca acaba.

– Como assim? – perguntou Alexandra, aproximando-se do pai e embriagada com aquela notícia. Será que poderemos viver eternamente?

– O pensamento deles é esse, pelos estudos em que aqui me dedico, mas vedes, precisamos morrer primeiro.

– Explicai-me melhor, meu pai. Podereis dizer-me como? – perguntou Alexandra, já esquecida pela necessidade que tivera, quando fora procurá-lo no gabinete secreto, tanto que amava aquele assunto.

– Minha querida – disse o pai abraçando-a –,

olhai e vede por vossos próprios olhos o que se escreve sobre Sócrates. Ele advinha o que é o espírito sagrado que virá. Diz aqui que, se somos tão inteligentes, Deus não nos faria somente para vivermos por tão pouco tempo. Viveremos novamente outras vidas. E ele foi um grande sábio.

— Mas... Mas...

— Oh, não me pergunteis mais nada, eu precisaria ler mais, mais, mas não tenho tanto tempo. Desgraça! Gostaria de poder ficar aqui até descobrir sobre todos estes sábios que movimentaram os miolos das pessoas a ponto de sermos execrados. São sábios, minha filha, todos eles! E nós... Nós não sabemos quase nada sobre a vida, o que está nos céus, sobre nosso corpo e sobre a transformação dos mundos. Oh, minha filha, deveríamos ter mais tempo para sermos mais sábios.

Nisso Alexandra lembrou que Duval a aguardava ansioso e, puxando o pai pelas mãos, falou:

— Vinde, meu amado pai. Precisamos falar convosco. Desejais que eu seja feliz?

— Isso me agradaria muito.

— Então me deixai casar com o homem que me salvou das mãos de Catarina.

– O quê? Vós também estais a me repreender pela minha escolha quanto a vosso futuro?

– Qual a diferença que fará para vós eu estar casada com um imbecil bonito ou um nobre de caráter como Duval, com toda a riqueza que tem? – continuou abraçando e assim acalentando o coração do pai.

Alexandra tinha uma maneira inteligente de conquistar o que queria, sempre jogando o mesmo jogo de seu parceiro, com singeleza e carinhos.

– Bem... Bem, penso que não fará diferença mesmo, aliás, sairíamos ganhando se tivéssemos alguém mais rico e não um nobre com pouco dinheiro como Norberto. Mas filha, ele afirma que vos ama.

– Ora, papai, ele sempre amou Maria Augusta, não sabíeis?

Rudolf arregalou os olhos lembrando-se do que o padre José dissera. E se ele tivesse dito a verdade? Mas os falatórios...

– Minha filha, devo vos contar um segredo. Vosso pai esteve, logo que chegamos de viagem, conversando com o nosso amigo frei. Ele contou-me exatamente isso que dizeis agora. Que Maria Augusta amava Norberto. – Rudolf escondeu o fato da criança que ela gerara.

– É claro, meu paizinho; vedes como vos falo a verdade? Norberto... Bem... Ele é belo, mas não me diz nada. Enquanto que Duval... Eu o amo, meu pai!

– Agora estou com minha cabeça a ferver. Penso que frei José estava com a razão... Será?

– Falai, meu pai, desabafai. O que vos preocupa?

– Preocupa-me que ouvi muitas coisas a respeito de frei José.

– Sim, e que coisas eram? Se confiais em vossa filha, contai-me. Interesso-me por tudo o que diz respeito ao que está acontecendo por aqui. Sabeis que sim.

– Ora, será que montei para aquele... amigo... um cadafalso? – falou coçando a barba, com a tez franzida de preocupação.

– Papai, eu não posso vos responder se não souber do que se trata.

– Ah, minha filha, falaram muitas coisas do nosso frei José. E eu... Eu há pouco cheguei do povoado e vim aqui para tentar esquecer as atitudes que tomei em relação a ele.

— Mas que atitude?

— Não posso nem me lembrar do que fiz, quanto mais falar.

— Paizinho, podeis confiar em mim. Talvez eu possa vos ajudar.

— Não sei se devo... Não sei se devo.

— Falai, meu pai, não contarei para ninguém.

Resoluto, o pai de Alexandra resolveu abrir seu coração e esclarecer suas dúvidas com ela, mas não pode falar o que necessário se faria:

— Está bem. Acontece que disseram por aí que ele era um herege porque estava defendendo os protestantes. Logo no princípio não acreditei, mas o povoado todo comentava isso. Não tive mais nada a fazer, porque me obrigavam a falar com o bispo Antunes, recém-chegado na vila. Relatei ao bispo o que ouvira antes que ele soubesse por outras pessoas. Este é o fato.

— O quê? Não acreditastes no vosso próprio amigo de tantos anos? Vosso amigo de infância? Papai, não vos reconheço!

— Mas outros disseram, que blasfemava contra

a Igreja! Também tive que contar ao bispo sobre Andrés, que deve ter fugido por este motivo. Afinal, vós mesma dissestes um dia, que todos os protestantes deveriam desaparecer da face da Terra.

— Mas pai, nós, por vezes, dizemos coisas sem pensar! Tenho amigos queridos que não são católicos, mas pessoas boas. Não as quero mortas, por Deus! Oh, por que isso foi acontecer? E frei José é um santo, meu pai!

— Talvez, mas no que diz respeito à religião, frei José omitiu muitas coisas ao relatar aos passantes que não deveriam odiar os protestantes, que era contra a matança, pois aqueles também eram seres humanos e...

— Papai! Com todo respeito que vos tenho, jamais pensei mal de meu querido vigário. Ele tem sido para nós, nosso amigo e conselheiro e somente bons conselhos sabe nos dar. Não admitirei que façam qualquer mal a ele.

— Ponde-vos em meu lugar. Tenho obrigações com o meu condado. Além do mais, proíbo-vos de julgardes meus atos.

— Perdoai-me, mas se não tomardes outras iniciativas, frei José pode ser castigado até a morte. E vós deixareis que isso aconteça? E vossa amizade a ele não conta?

— Ora, pelo que me falaram e viram atrás das portas... – falou baixinho, de uma forma que Maria Augusta não pudesse ouvi-lo. – Mas eu não quero mais tocar nesse assunto. O que está feito está feito. Agora tudo está resolvido e não tem mais solução.

— Papai, o que quereis dizer com isso?

— Viram o frei beijando e abraçando uma jovem do condado... – falou quase sussurrando para que ninguém mais pudesse ouvi-lo.

— Ora, as pessoas inventam e às vezes pensam que veem o que não existe! Não quereis contar-me o que foi, não é? Pois bem, nada mais tenho a fazer aqui.

Alexandra baixou a cabeça e em seu rosto rolou uma lágrima. Lembrou daquela alma boa, humilde e honesta que existia em frei José, amando a todos e se preocupando com todos os viventes do local. Das suas orações para a humanidade e para a união dos povos. Não, ele não poderia ser morto. Não tivera a coragem de concluir e dizer coisas ao pai por medo de vê-lo brigar e proibi-la de amar Duval. Então, se calou, sem falar que a pessoa que ele traíra estava em seu gabinete o aguardando. Oh, ele não poderia saber.

– Papai, vós podeis subir para falar com Duval?

– Ele está aí?

– Sim, vos espera no salão de jogos.

– Está bem, mas não sei se permitirei dobrar-me a convenções do amor, minha filha. Não sei voltar atrás em meus compromissos. O que direi a Norberto?

– Que nunca o amei e... inventai algo, papai.

E Alexandra saiu às pressas para ver o que podia fazer pelo amigo frei José.

O vigário sentira que não fora Rudolf que o havia chamado para conversar sobre Maria Augusta naquele castelo onde amava a todos e os considerava seus verdadeiros familiares. Tinha, pelas meninas, desde o nascimento, eterno carinho. E com Rudolf, uma amizade de irmão. Sentado no gabinete da casa, ele olhava para fora e avistava o campo pela pequena janela. O visual estendia-se ao infinito, vales, árvores, montes distantes. Que bonito era o entardecer naquele lugar!

Enquanto isso, entrou Rudolf no salão de jogos para ver Duval, que admirava as bandeirolas da Moravia dependuradas acima, em ambos os lados.

O ambiente dos jogos era uma peça longitudinal de mais ou menos quinze metros ou mais de comprimento, por somente quatro de largura. Brasões nas bandeirolas e armaduras eram colocados desde a entrada até o final do ambiente. Mas não havia nada de jogos no local. Duval admirava a todas as bandeiras para ver se encontrava alguma com seu nome.

Rudolf apareceu no alto vão da entrada vestindo os calções curtos de um branco sujo, com perneiras e gibão também curto, na cor bege dourado, com os ombros recheados para aparentar mais forte, como todos da época vestiam. Ele era um homem forte, musculoso, mas não era alto e tinha barba e bigodes grisalhos.

— Bem-vindo em meu castelo, marquês Duval! O que vos traz aqui?

Antoine Duval voltou-se rapidamente, assustando-se ao ouvir a voz grave do homem que entrava. Antoine era um homem alto, não esbelto nem forte, mas em seus movimentos demonstrava toda sua estirpe nobre. Sua conversa era admirável e era extremamente simpático. Vestia um gibão em veludo no tom azul de França, muito usado em Paris. Era um azul acinzentado mais para escuro e tinha nos punhos e na gola uma passamanaria em tom de prata envelhecida. Na cabeça, um chapéu cinza-escuro com uma pluma cinza-claro. Muito elegante mostrava-se ele.

– Oh, caro conde, vós pregastes em mim um susto, pois estava completamente distraído vendo tantas bandeiras.

– Isso é muito antigo, mas vinde, conversemos no salão de chá.

– E Alexandra?

– É melhor que ela fique por lá; foi ter com sua mãe, acho eu, mas vinde, vinde para um local mais agradável, tomemos um chá à moda inglesa, tão moderno que está. Aqui está um pouco úmido e minha garganta não está boa hoje.

Os homens, cada um com o pensamento sobre a conversa que teriam em breve, enervavam-se. Rudolf devia muito àquele homem; devia-lhe a vida de sua filha e também a sua e o constrangimento que evitara não revendo Catarina, à qual devia tantas explicações antigas. Mas o que fazer, se já tinha prometido a mão de sua filha para Norberto e até fizera um baile para isso? Como ficaria ele perante seu povo, todo o povo do condado? Perante eles, o conde Rudolf era uma pessoa perfeita em tudo o que fazia. Sua palavra era ordem. Se entregasse Alexandra a Duval, em primeiro lugar, perderia a filha para o reino de França, e depois, seu nome ficaria na lama. O que fazer? Mas logo resolveu acabar com o constrangimento e ser-lhe franco.

Quando chegaram ao salão de chá, ele puxou a campainha que havia atrás da cortina e logo veio Inácio.

— Senhor, que desejais?

— Desejo que nos sirva chá inglês.

— Está certo, chamarei pelos serviçais.

Os homens sentaram-se em cadeiras que havia no local.

— Conde Rudolf... – começou a falar o marquês Duval.

Mas o conde interrompeu-o, dizendo:

— Marquês, muito me alegro por vossa visita e para agradecer-vos o bem que nos fizestes, ofereço-vos uma quinta não longe daqui, onde podereis apreciar belos parques e riachos. É o local mais belo de toda esta região. Não desejo falar na pequena fortuna que estas terras valem para nós, mas apreciarei oferecer-vos este local. Não tenho palavras para agradecer-vos o que fizestes. Portanto, aceitai-as!

Duval pensou: *"Este é seu jogo para não me entre-*

gar a filha. Um jogo inteligente para eu cair fora, mas não perderei Alexandra."

Antoine Duval estava constrangido, pois teria que ser rápido em sua resposta, também inteligente, para cair fora daquela situação. Recebendo o presente oferecido antes, seria como um pagamento pelo seu ato de heroísmo salvando pai e filha do governo da França. Deste modo, falou:

— Serei extremamente feliz em recebê-las, pois noto em vosso olhar que isto é um presente de casamento a mim e a Alexandra.

Sim, Duval sabia que Alexandra fora falar com o pai porque, se Rudolf viera ter com ele, é porque já sabia do amor entre ele e sua filha. Na face de Rudolf, um imenso vermelhão se apresentou. Como sair disso sem magoar o marquês? Coçou a barba baixando a cabeça e, lentamente, levantou-a olhando bem nos olhos de quem já considerava um amigo:

— Preciso vos ser extremamente sincero; não entregarei Alexandra para vós. Mas não desejo que com esta minha resolução, percamos nossa amizade. Sejamos sempre amigos e aceiteis, por favor, o que vos quero doar.

Duval levantou-se e nervosamente respondeu:

— Se vossa filha não puder ser minha esposa,

então não aceitarei nada vosso. E que passais a viver com vosso remorso por vê-la infeliz em seu casamento com aquele a quem não ama.

Voltou-se desiludido, pois estava certo de que Rudolf, com a gratidão que sentia, aceitaria a união da filha com ele. Quando estava saindo, Rudolf foi ao seu encontro e puxou-o a fim de falar com ele novamente.

— Bem... Não precisamos ser inimigos, não é? Quero que compreenda, não posso voltar atrás com minha palavra. Sou, como vos disse, muito grato pelo que fizestes, mas...

— Mas o que é uma palavra à frente da felicidade daqueles a quem amamos? – completou Duval a frase.

— Sou um homem que não volta atrás, meu filho.

Duval não tentou ouvi-lo mais; voltou-se e procurou a porta de saída.

Enquanto seu pai fora procurar por Duval, Alexandra dirigiu-se ao gabinete a fim de ter uma conversa com o frei José. Para chegar lá, ela deveria subir os degraus da escadaria e passar por uma circulação coberta com muitos arcos, abertos para a natureza. A vista de lá era bela. Viam-se prados verdejantes e os pequenos montes distantes que se confundiam com o céu, devido à névoa natural do local.

No caminho encontrou Maria Augusta, que olhava para a profundidade do vale e demonstrava em sua face, toda sua tristeza e angústia. Alexandra parou, olhou para ela e, apesar de estar apurada em falar com o frei, achou que deveria saber mais sobre a tristeza e o porquê da face de neve de sua irmã mais moça. Pegou-a pelo braço e a fez sentar-se em um banco existente.

– Agora irás dizer-me o que vos aflige. Vejo que tendes um segredo imenso dentro de vós, que não é somente o amor por Norberto.

A noviça estremeceu. Como adivinhara sua irmã de seu amor por Norberto? Havia o frei José falado alguma coisa com ela? O que estava acontecendo que ninguém lhe dizia nada? Somente vira o pai quando estava muito fraca, sua mãe não falara mais com ela, e quando sentia sua presença, desviava-lhe o olhar para não fixar-lhe os olhos. Para ela, a filha tinha cometido o mais grave pecado, pecara contra o próprio Deus. Agora sua irmã fora ter com ela para saber o que se passava em seu coração e ela estava tão carente de amigos e afetos... Então desabou em um pranto doloroso, tentando colocar para fora todo o seu desprezo pelo mundo em que vivia. Com as duas mãos escondendo o rosto e debruçada em seu ombro, ela chorou. Suas lágrimas molhavam-lhe o vestido de grosso veludo azul que somente tinha, como adereço, uma gola de renda branca, veste humilde e sem propósitos aparentais de uma futura dominicana. Alexandra, sentada junto a ela, disse-lhe:

— Chorai, minha irmã, e perdoai a mim, que até agora me fostes extremamente invisível, pois nunca quis saber o que se passava em vosso coração. Vejo que estais a ponto de desfalecer. Contai-me tudo o que vos aflige.

— Não sei por onde começar, mas preciso confiar em alguém de minha família.

— Pois confie em mim, que prometo fazer o possível para vos ajudar.

Maria Augusta começou enxugando as lágrimas em um lenço que levava e comentando:

— Ninguém nos ouve? – perguntou, voltando-se para as duas entradas da circulação.

— Não, ninguém nos ouve – respondeu a irmã, que também olhava para ver se alguém poderia estar às escondidas lá.

— Bem, quando estava no convento me preparando para ser uma freira, ainda com meus treze anos, sempre via na missa da capela, um jovem que detinha seu olhar em mim. Eu sabia que ele me achava bonita. Não bem no princípio, mas com o decorrer do tempo, eu comecei a sorrir cada vez que passava por ele, e ficávamos assim nos olhando por toda a duração da missa. Amei-o e o amo ainda hoje.

– Sei disso. É Norberto, não é?

– Como sabeis, minha irmã?

– Bem, vejo quando vossos olhos se chocam. Ele também vos ama.

– Pensava que sim, então, para não ser prisioneira em um convento, fiz-me sua mulher – ela ia contar tudo, inclusive sobre Andrés, mas achou que a irmã iria odiá-la por isso, então excluiu este fato. – Fiz-me mulher de Norberto um dia e fiquei esperando um filho – concluiu.

Alexandra abriu muito os olhos, espantadíssima.

– Mas quando foi isso? Como não soube de nada? – perguntou ela, franzindo a testa, preocupada e olhando para o ventre da irmã.

– Olhai para mim – falou baixando os olhos para seu ventre. – Vedes? Eu já não tenho comigo o fruto de meu grave pecado e... – e recomeçou a derramar pesadas lagrimas. – Tudo aconteceu quando uma tarde fomos, eu e ele, procurar por Anatole nas proximidades do castelo.

Alexandra, abraçando-a, comentou:

– Não deveria ter acontecido, afinal, somos tementes a Deus e devemos nos casar ainda com a nossa inocência, no entanto, quando se ama de fato, isso não é um grave pecado, minha irmã. Pecado seria se magoasse alguém com isso. Mas isso não acontece. Norberto não é casado e eu nenhum amor tenho por ele, então nada tendes a vos preocupar. O que foi feito de vosso filho?

– Quando soube que estava grávida, procurei pelo nosso amigo frei para que falasse com nosso pai. Mas ele achou difícil que papai voltasse atrás, porque isso estava planejado desde quando eu era uma criança, como sabeis. Chorei muito, mas ele, frei José, acalentou-me, abraçou-me como se faz a uma filha naquele dia para que eu ficasse tranquila, porque ele veria o que poderia fazer a respeito.

– Ah... Talvez eu compreenda agora tudo. Sabeis do que está acontecendo aqui a respeito de nosso querido amigo? Papai falou-me há pouco, que ele foi visto em pecado abraçando e beijando uma jovem aqui neste condado. Eu não acreditei. Também me falou que ele desrespeitou a nossa Igreja para defender os protestantes.

— Se ele os defender, eu também os defenderei, aliás, há dias, eu mesma estava querendo me transformar em uma protestante.

— Não digais bobagens, minha irmã. Somos católicas e, se disserdes isso, como podereis fazer vossos votos?

— Bem, minha irmã, o que farei de minha vida? — voltou ao seu assunto Maria Augusta, com receio de que Alexandra não quisesse mais ouvi-la, falando somente no vigário. — Não quero ser uma freira. Desejo estar nos braços do homem que amo. Oh, o que farei? — reiniciou a choradeira novamente.

Alexandra, acariciando-a no rosto e enxugando-lhe também as lágrimas, penalizada, detalhou lentamente a ela os projetos de seus pais e a maneira conforme viam eles a vida.

— Ninguém, mais que eu, quer vossa felicidade, pois vos compreendo. Nossos pais são retrógrados e atrasados como todo o povo deste pequeno condado. Gostaria que vísseis como é em Paris. Lá a vida é mais livre, não se vive tão preso a esses preconceitos. O amor é quase livre, minha irmã. Se vivêssemos lá, papai e mamãe seriam diferentes conosco. Mas deveis vos conformar, minha cara; eu também falei com papai pedindo por vós e Norberto.

— E o que ele falou?

— O que sabeis; não voltará atrás com sua palavra.

— E vós? Casareis com Norberto?

— Eu?... Eu não o amo, como sabeis e, quando estive retida no Louvre, amadureci um bocado, porque sofri, fiquei com medo, percebi muitas coisas que antes não via. Mas digo-vos que não serei de outro homem que não seja Duval, juro-vos. Além do mais, somente ele me fará feliz. Além de tudo, ele é muito mais rico e nobre. Tem a nobreza do coração, o que para mim é o mais importante, minha irmã. Mas penso que papai, mesmo sabendo que eu o amo, também não voltará atrás. Seremos duas infelizes pelo resto de nossas vidas, minha irmã.

— Eu tive grande desilusão também com Norberto, porque, além de ele ser o pai do meu filho, não quis assumi-lo e jogou-me no rosto palavras maldosas quando lhe contei o fato, porque também não quer deixar seu voto e a promessa de casamento convosco, minha irmã.

— E ainda assim o amais?

— Sim, porque compreendo que, apesar de me amar, ele tem a palavra dada a vós e não quer também voltar atrás.

— Oh, sei disso também, minha irmã, mas devemos por ora salvar frei José. Ele corre perigo de vida. Temos que contar a ele, vamos vê-lo.

— Mas o que está acontecendo com ele?

— Logo sabereis.

Não gabinete, o frei, cansado de aguardar por Rudolf e achando que ele não viria, estava preparando-se para partir quando chegaram as duas jovens.

— Frei – falou Alexandra –, vinde conosco. Correis perigo de vida.

— Como? O que aconteceu? – perguntou o frei, arregalando os olhos, antes tristes e sombrios, para as meninas que o fitavam angustiosas. Como eu corro risco de vida? O que ouve? De que me acusam?

— Sois acusado de herege protestante. Assim como Martin Lutero.Vinde, frei. Nós temos um esconderijo para vós aqui no castelo, por onde podereis sair sem deixar vestígios. Papai não sabe que estais aqui. Quando vinha para cá, vi pessoas do clero se aproximando; deve ser para vos apanhar. Nós vos daremos ajuda.

– Não posso fugir, minha filha. E nada tenho a temer.

– Tendes que sair urgentemente. Não compreendeis a dificuldade da situação em que estais a passar? Fostes acusado, frei.

– Não entendo o porquê disso.

– Por quererdes salvar almas humanas e por amar vosso próximo. Eu sei e Maria Augusta também; nós conhecemos a nobreza de vossa alma e o amor que tendes em vosso coração. Mas a procura pelos protestantes, a exemplo da França, aqui no condado começou agora, hoje. Antes, nosso pequeno povoado era tão tranquilo com vossos ensinamentos de amor a meu pai... agora... Bem, temos receio por vós, amigo querido. Por favor, escutai-nos.

– Tendes que partir – falou Maria Augusta olhando-o bem nos olhos, com tristeza.

– Está bem, partirei – disse o homem, olhando-a com o meigo olhar lacrimejado.

– Frei, eu poderia ver todos no cadafalso, muitos protestantes huguenotes, até talvez alguns amigos, mas jamais poderia admitir uma injustiça destas quanto à vossa pessoa. Alguém não vos compreendeu, meu amigo.

– Quem terá sido?

– Não sabemos – Alexandra não entregaria seu querido pai, porque o frei José sentiria muitíssimo, e continuou:

– Na saída vereis um cavalo que levarei eu mesma a vós. Apanhai estes ducados que recebi de Duval por ocasião da volta ao lar. Peço-vos que fujais para longe daqui. Ide para outro condado até que as coisas aqui se acalmem.

– Isso é uma calúnia, Alexandra! – falou ele, ainda tentando permanecer. – Nada fiz contra a Igreja. Não deveria partir, mas sim estar à mercê daquele que me traiu com mentiras. Eu somente adverti as pessoas que Jesus ensinou a não matar e a não odiar os nossos inimigos!

– Sabemos disso, querido amigo, nós sabemos o quanto fiel sois a Jesus, mas os homens não compreendem. – explica Alessandra, ordenando a Maria Augusta:

– Encaminhai o Frei José. Ide com ele para que ele não se perca. Lembrais o caminho? Era onde brincávamos quando crianças. Passai por esta porta secreta atrás dos livros. Sugiro que leveis esta vela. Na saída, aguardai-me e peço-vos não sairdes até ouvir a minha voz

Alexandra apanhou um livro e correu até chegar à circulação, pois ouvia vozes se aproximando. Depois, andou lentamente, quando deu de frente com os auxiliares do bispo que chegara ao condado, cumprimentando-os. Notou que estavam armados. Assim que eles adentraram no gabinete, desaparecendo pela porta, ela andou mais rápido e correu até o estábulo, apanhando um cavalo. Depois, lentamente, como antes, puxou o cavalo, já preparado, até a passagem onde encontraria o fugitivo.

Tudo correu como as jovens esperavam e, tranquilas, voltaram para dentro do castelo.

Os homens da guarda do bispo estavam saindo quando elas chegaram.

– É – dizia um deles –, o padre herege não está por aqui. Ei, moças, chegaram a ver o padre do condado por aqui no castelo?

– O padre? Que padre? Ah... Deveis estar referindo-se ao frei? – disse Alexandra – Não, eu não o vi. E vós, Maria Augusta, vistes?!

Maria Augusta, temerosa em olhar para eles, baixou os olhos para não se entregar, sabedora da presença do amigo havia poucos instantes com elas, e negou com a cabeça baixa. Dera-se conta de tudo o que havia acontecido pela sua insensatez; a denúncia do frei, o cavalariço fugitivo, sem até receber seu soldo por tanto tempo de trabalho, a indiferença de sua mãe, o desgosto recebido pelo homem que amava. Valeria a pena ter usado a todos somente por desejar ser feliz? Aonde tudo isso levaria? Onde estaria Andrés, o pobre rapaz, tão dedicado e tão amigo? E a criança gerada?

— Vistes? Podeis ir; ele não está por aqui. Quem sabe papai o tenha visto? Procurastes por papai? – perguntou Alexandra, dirigindo-se aos homens e despertando a irmã de seus pensamentos tristes.

— Ainda não – respondeu o homem. – Entramos pela bondade e talvez "temor" – grifou bem a palavra, rindo-se – do vosso servo Inácio quando falamos a ele que deveríamos prender o frei, mas não procuramos ainda por todo o castelo. Inácio disse-nos que ele vem sempre para o gabinete diretamente.

— Sim, isso é verdade, mas é melhor perguntardes a papai. Ele deve saber onde se encontra o frei José.

Alexandra demorou-se na conversação para que seu querido confessor tivesse tempo de fugir pelos fundos do castelo, sem ser visto, mas o coração da jovem lastimava-se e confundia-se com a atitude do pai. Por que o pai havia feito acusação tão grave sobre o querido frei? Que motivo teria? Como pudera traí-lo? Sacudia-se internamente de medo e temor. E silenciosamente, ela pedia a Deus para livrá-lo da culpa de que estava sendo acusado, porque era uma injustiça muito grande e Alexandra precisava ser justa, porque a justiça era o que mais admirava no ser humano.

— Onde vosso pai se encontra?

— Eu vos levo até lá. Peço-vos que me acompanheis.

***

Muitas vezes, não temos ideia do mal que causamos ao nosso próximo, quando agimos fora da lei do amor. E nem podemos imaginar quanto sofrimento semeamos para nós próprios, pois o mal que fizermos nos será cobrado nesta ou em outra encarnação. Portanto, é significativa, a importância do vigiar nossos atos. A lei de causa e efeito nos acompanha sempre, com o objetivo de recebermos na mesma moeda o que fizermos aos outros. Com nossas atitudes infelizes, caminharemos em sentido contrário à nossa felicidade futura, expulsando de perto de nós o companheiro de hoje, para virmos a lamentar depois em completa solidão. Enquanto não compreendermos o porquê da reencarnação, cuja meta exatamente está em nosso aperfeiçoamento moral, seremos eternos infelizes.

Nossos erros nos parecerão monstruosos quando os enxergarmos do plano espiritual; e levaremos séculos para saldar nossas dívidas com o pretérito, pedindo perdão a Deus. Isso porque falhamos com o amor ao próximo, nos envolvendo em sonhos extremamente egoísticos e materiais, sobre uma felicidade que pensamos eterna, mas que nada mais é que simples folha jogada ao vento. E despencamos nos desfiladeiros de nossas próprias desilusões, criando o inferno em nossa mente.

***

Maria Augusta, no momento em que Alexandra lhe contara do que Rudolf havia dito sobre frei José, havia se dado conta do grande prejuízo que lhe causara, cientificando-se de que alguns criados os tinham visto naquela sua hora amarga.

Ao chegarem, avistaram Rudolf, que se entretinha com um documento. Duval já não estava com ele e Alexandra sentiu com isso seu interior apertarse, sufocando-a. Sim, seu pai o mandara embora não permitindo que se amassem, pensou ela. Sem esperar pelos homens que a seguiam, Alexandra falou com voz autoritária:

— Papai, onde está Duval?

— Deve estar saindo pelo portão.

Alexandra não esperou nem uma palavra a mais e saiu a correr, para vê-lo ainda uma vez.

Duval já estava apanhando seu cavalo no estábulo com o cavalariço, quando ela chegou esbaforida. Abraçando-se a ele, perguntou:

— O que ouve, Antoine?

— Já deveis estar adivinhando o que ouve.

— Mas o que aconteceu? Papai não permitiu nosso casamento, mesmo sabendo que fostes meu protetor e realizastes a minha fuga do Louvre?

— Vosso pai pensa em honrar sua palavra, Alexandra, e nada podemos fazer a nosso favor.

— Então, fujamos. Planejemos nossa fuga. Não poderei estar casada com um homem a quem não amo.

— Não sei se poderemos, meu amor. Deixe-me ir agora, já está ficando tarde e o caminho até o vilarejo é longo. Amanhã volto à França.

— Eu irei convosco.

— Não podeis. Entrai. Eu vos prometo que pensarei em algo, por hora estou triste e muito desiludido. Sois a mulher que sempre desejei em minha vida. Por vós deixarei tudo o que me pertence; por vós sou capaz de matar.

– Não desejo que façais nada por mim, mas que somente possais logo decidir a nosso favor. Não quero viver se não for ao vosso lado. Amo-vos, "senhor" marquês. Todo o tempo que passei convosco pude reconhecer em vós o homem que sempre sonhei ter ao meu lado. Papai sabe disso, mas não me compreende. Por isso devemos fugir – falou Alexandra, já com lágrimas nos olhos.

Duval depositou-lhe na face um beijo, sorriu para ela, apertou e beijou sua mão e partiu a galope. Sua amada o acompanhou com os olhos, até não vê-lo mais, pelo rastro de poeira formado.

A irmã de Maria Augusta era uma jovem forte e poder-se-ia dizer, até fria em suas ações. Quando alguém não era suficientemente bom e respeitador ao condado, ela era capaz de acusá-lo ao pai para que ele o repreendesse, mas quando havia injustiças, tirania, ela não conseguia assimilá-las. Era enérgica e achava que essa pessoa deveria ser mais severamente castigada, até com a morte. Achava que seu pai devia ter o dever de corrigir o que estava errado. Ele gostava de vê-la ao seu lado, mas por que não agira assim quanto ao frei José? Ele devia saber que o frei era inocente. Isso é que iria perguntar a ele, agora que Duval se fora.

Quando ela voltou à sala onde estava Rudolf, viu os homens do bispo com ele:

— Então, encontrastes o padre que estáveis procurando? – ela perguntou a um deles.

— Não.

— Oh, mas que pena... Mas afinal, o que ele fez?

— Vosso pai vos contará. Agora precisamos voltar ao vilarejo.

— Então podeis ir. Obrigada por vossa presença benfazeja a nos defender dos perigos – falou Alexandra, dando um risinho de vencedora e dissimulada.

Viu a irmã acima, na circulação que dava para o gabinete, ainda olhando para o infinito e notou que deveria, mais uma vez, ir ter com ela. Subindo as vastas escadarias, com um abraço, lhe falou:

— Mais tarde irei ao vosso quarto para vermos qual o caminho que poderemos tomar a fim de resolvermos esta situação com nossos corações amargurados. Ide e me esperai, eu também sinto-me perdida como vós.

Rudolf, agora sentado, olhava para fora pensativo. Estava preocupado com as palavras da filha sobre o frei. Seria o sacerdote mesmo inocente? Mas, e aquilo que viram e falaram sobre ele? Não foi um só servo que o viu abraçando sua filha e acariciando-a, mas dois que testemunharam o fato... Duas pessoas viram o padre em colóquio amoroso e a única forma de livrar sua filha de suas mãos pecaminosas, seria tirá-lo do caminho. Quando pensava isso, seu coração enchia-se de ódio e queria ver o amigo antigo, que o traíra tão brutalmente, no cadafalso para lhe ser tirada a cabeça.

— Papai, preciso falar-vos em particular – disse Alexandra, baixinho.

— Mas não há ninguém aqui. Falai.

— Nossas paredes têm olhos e ouvidos, meu pai, sei disso. Vamos para o vosso gabinete secreto.

— Está bem.

Os dois desceram as escadas frias em silêncio, adentraram no gabinete e, assim que acenderam algumas velas, fecharam a pesada porta. O pequeno facho de luz que penetrava na peça pelo vitral, onde estava gravado o início da guerra das cruzadas, marco de continuidade da desatenção do povo, que se considerava cristão, a despeito dos ensinamentos sagrados de Jesus sobre o amor ao próximo, iluminava parte da grande mesa tosca e clareava com tons róseos, azuis e amarelados a face descorada do velho pai de Alexandra. Com facilidade, pois as palavras estavam prontas para serem ditas, ela então falou, apoiando-se na tábua da mesa e olhando bem no fundo dos olhos do genitor a quem tanto amava:

— Agora, meu pai, pelo amor e a união de almas que nos une desde que nasci, contai-me a verdade, toda a verdade; digo-vos, que só preciso tê-la para mim como correta e para isso peço-vos, imploro-vos, que conteis tudo.

— O quê? Quereis que conte o quê? Acaso não posso ter nada em segredo, que sempre quereis me arguir?

— Perdoai-me, meu pai e senhor – disse Alexandra, baixando o tom de voz e falando de uma forma carinhosa. – Vos amo, sabeis disso e também é por vosso bem que preciso saber por que, de uma forma irracional, viestes a odiar vosso protetor e amigo. Eu também sei de coisas de que talvez não tenhais conhecimento.

— Como o que, por exemplo?

— Sobre quem foi o pai do filho morto de Maria Augusta.

Rudolf levantou-se da mesa e começou a caminhar em volta dela.

– Quem vos disse, quem vos contou que ela... ela...

– Ora, meu pai...

– Continuai a falar. O que tendes em mente quanto a vossa irmã? Quem foi o mentiroso que teve a audácia de falar disso de uma futura dominicana? Essa pessoa será castigada, eu juro! – falou, batendo com a mão na mesa, o que fez Alexandra assustar-se, mas ela conhecia a alma amorosa do pai, e então continuou calmamente, também levantando-se e acariciando-lhe o braço:

– Papai, meu querido pai. Sentemos novamente. Falemos sobre isso mais tranquilos. Olhai, papai, aconteceu um amor com a outra filha vossa. Por favor, peço-vos que a perdoeis e a compreendais. Não a condeneis a um sacrifício tão grande para sua alma sonhadora... ela ama aquele homem...

– Ama? Ama quem? Por acaso, o frei José? – falou o pai, irritado, voltando-se brutalmente para ela.

Alexandra levantou-se rispidamente, encostando-se na parede e ocultando-se na sombra. Seus olhos estavam muito abertos e seu coração batia descompassado.

– O quê? – falou, colocando a mão no seu

pescoço, pois sufocava-se. – O quê? Que heresia é essa?

– Sim, foi isso mesmo que ouvistes. Dois servos, dois, não um só, me deram este testemunho, aliás, não a mim, mas a vossa mãe. Falaram que viram o frei no gabinete onde trabalhávamos, abraçando e acariciando Maria Augusta, que parecia gostar de seus carinhos.

– Ah, não! Isso não vai ficar assim; pelo amor que dedicais à vossa família e pelo vosso respeito ao condado, meu pai, imploro-vos que me aguardeis aqui. Maria Augusta vai saber disso, ela mesma dirá de sua própria boca quem foi o pai de seu filho.

– Não, minha filha, não me coloqueis novamente perante este tremendo embaraço. Nem posso olhar os olhos de vossa irmã. Foi uma infâmia o que ela fez e ela deveria ser aniquilada, este é o meu interior que diz, mas meu coração de pai ainda a ama... – falou o pobre conde, segurando o braço de Alexandra, tentando impedi-la.

– Sim, papai, eu vou fazer isso e chamarei também mamãe.

– Vossa mãe nunca esteve aqui.

– Sempre haverá uma primeira vez – falou,

decidida, deixando o pai sentado cabisbaixo, com as mãos sobre a testa, totalmente derrotado.

Alexandra saiu rapidamente, voltando depois de alguns minutos com as duas personagens ávidas e temerosas.

– Ora, minha filha, por onde nos levais? Isto é uma brincadeira?

– Mamãe, talvez desejais conhecer onde vosso esposo se esconde quando não está conosco. E vós, minha irmã, gostareis ou não do que falaremos; mas digo-vos, tudo isso é por vós que eu faço.

Ao chegarem no recinto, os olhos assustadiços da Senhora Ignez passaram a vistoria por todos os livros e poções. Vendo seu esposo a fitá-la seriamente, disse:

– Mas pelos santos do mundo! Que lugar é este?

Alexandra então expôs o que significava aquele espaço e começou a explanar o que havia conversado com seu pai. Maria Augusta, presa a um canto, temia chegar perto dele, mas a Senhora Ignez, apreciando que o fato iria ser colocado em panos limpos, como dizia, falou alto, com altivez:

– Alexandra, vossa irmã pecou, e pecou como

se fosse cem vezes – disse, franzindo os olhos, procurando fixar a filha, que não via na penumbra.

– Dizei qual foi o motivo, mamãe, eu sei de tudo, mas falai.

– Não tenho coragem de dizê-lo. Isso foi um tremendo ato de...

– Quem dos servos comentou sobre tudo isso? – perguntou Alexandra, demonstrando que já conhecia o que ela iria falar.

– Foram... Ora, isso não vem ao caso.

Maria Augusta disse, então, chorosa:

– Chega! Chega! Eu faço a vossa vontade, papai, mas me poupai tanta vergonha!.

– Maria Augusta, sabeis o que estes servos que mamãe não quer acusar falaram? Vós não sabeis, mas precisais dizer a verdade. Devereis defender nosso conselheiro e amigo frei José.

A jovem noviça arregalou os olhos e gritou:

– Infâmia! Infâmia! Quem falou uma infâmia destas? Que horror, meu Deus!

– Dois servos vos viram no gabinete, aos abraços com Frei José. Dois, não foi só um – falou a mãe, destilando ódio pelo ato.

– Oh, eles estão enganados. Não se acusa alguém desta forma, por Deus! Isso aconteceu há alguns dias, quando eu estava querendo romper com a vida, e frei José me consolava. Ele me abraçou dizendo que me compreendia e queria me ajudar. Oh, como puderam pensar em uma coisa tão monstruosa? A criança era de Norberto! Norberto! Eu o amo desde os treze anos!

Maria Augusta, aos prantos, saiu correndo para o dormitório. Enfim, a verdade estava dita e Rudolf, como a mãe, pasmos, sem saber o que falar, entreolharam-se como se perguntando um ao outro: "O que fazer agora? O que fazer agora que o sacerdote fora traído por nós?"

Nenhum dos dois, nem Rudolf, nem Ignez conseguiram pegar no sono à noite. Havia uma grande lua no terraço e ambos encontraram-se casualmente lá fora. Caminharam, ida e volta, ida e volta, afastando alguns mosquitos da noite e comentando sobre o que poderiam fazer para que o fiel amigo frei não fosse castigado, porque ele continuava sendo aquela alma nobre que sempre fora, e seria uma grande injustiça ser traído por seus melhores amigos, sua verdadeira família. Tudo fora uma blasfêmia dos dois servos alcoviteiros. Sério, pensativo e aborrecido, Rudolf comentou com a esposa:

– Minha Ignez, que faremos agora? Estará tudo perdido para nós? Oh, não poderei dormir, aguardando o amanhecer para ir à vila falar com o bispo e dizer a ele que estive com o frei José ontem e ele jurou-me que continua a pensar que os huguenotes deveriam ser afastados. Mas será que ele já não capturou o fugitivo? Sim, porque testemunhas, o próprio Nicolau, avisou que o padre estivera no gabinete e saiu não se sabe por onde, sumiu. No entanto, foi procurado por toda a parte no castelo sem ser encontrado. Onde terá ele ido? E como conseguiu fugir? Não sabemos: Ele nunca soube daquela passagem do gabinete para a rua. Contudo, minha querida, é-nos importante que sejamos fiéis à sua figura cristã, para que sejamos abençoados por Deus. Não, o nosso amigo deve ser procurado por nós, amanhã mesmo, e espero que consigamos salvá-lo a tempo.

Ignez deu um grande suspiro e respondeu ao marido:

– Sabeis, meu esposo? A vida às vezes nos prega grandes sustos e nós somos culpados por isso, ninguém mais. Olhai só; nós estamos aqui, eu e vós a olharmos neste céu estrelado, esta grande lua iluminando a natureza tão bela, que clareia até as árvores mais distantes, e não conseguimos admirá-la, porque em nossos corações há nuvens de amargura que juntamos, e com isso tornamos nosso céu sério, fechado e sem estrelas. Fui eu a culpada, meu marido. Deveria ter conversado com Maria Augusta. Não deixo de ter pena dela, pobre filha. Não tem ainda razão para pensar como adulta, pois apaixonou-se ainda no convento e quando tinha somente treze anos. Como poderíamos adivinhar que isso iria acontecer? Afinal ela estava no convento. O destino às vezes nos leva a agir de uma forma que, se não pensarmos um pouco com maior amor, poderemos sacrificar aqueles a quem mais queremos bem; deveria ter confiado no frei José, o conhecemos há tantos anos... Quando eu vos conheci, ele já era vosso amigo! Oh, como poderei dormir com esta mágoa que trago em meu coração?

Rudolf abraçou-a e falou:

— E o pior, minha querida, é que lutamos tanto para não demonstrarmos ao nosso povo que voltamos com a palavra dita, que agora, para o nosso vigário salvar-se, é isso que teremos que fazer. Cairei no descrédito, ninguém mais confiará em mim. Mas que grande aflição, Ignez! Por Deus, qual o caminho a tomar?

Rudolf não se lembrara, tão cristão que era, que uma prece bem feita os levaria a agirem de acordo com o coração e com o amor. Quando temos fé, depois da prece, não levamos mais dúvidas, pois ela, realizada com o coração, é a bênção que nos chega diretamente do Pai; mas nenhum dos dois lembrou-se de orar. Simplesmente entraram e tentaram adormecer.

No dia seguinte, Rudolf levantara já com sua resolução. Iria procurar o bispo e sondar o que estava acontecendo. Se encontrasse nele algum indício, alguma palavra que defendesse o frei amigo, afirmaria que ele era inocente, pois o amigo sempre fora um cristão verdadeiro e um católico dentro das leis da Igreja; mas se por acaso ouvisse algo contra ele, não poderia fazer mais nada, porque o próprio povo da Igreja assim havia escolhido. Ele deixaria o povo escolher, porque não poderia perder, perante todos, o crédito de homem correto, quando se tratava de algo bom para o condado.

Maria Augusta não recebera a visita de Alexandra na noite anterior, então foi procurá-la no dia seguinte. Anatole havia fugido para não estudar flauta e Pauline, como toda menina, mais tranquila, fazia-se de aplicada, frente ao professor, para mais tarde correr e puxar os cabelos do irmão. Eles passavam o dia todo correndo atrás um do outro e Alexandra, como sempre, não suportava aquele barulho.

No momento em que a jovem noviça bateu à porta do dormitório de Alexandra, ouviu que chamavam por ela. Seu pai ia ao vilarejo e queria levá-la para as dominicanas, avisara Francisca. Maria Augusta, com o coração em disparada, adentrou violentamente no quarto da atual noiva de Norberto e falou:

— Oh, Alexandra, eles me levam, eles me levam, ainda agora ao convento. Oh, o que será de mim?

Alexandra levantou-se ainda sonolenta, abraçou a irmã e disse:

— Ai, minha querida. Por maiores esforços que ambas fizemos, não conseguimos nada. Não, eu não sei que caminho tomar. Talvez tenhais mesmo que ir.

— Não posso. Eu morrerei lá, não posso!

— Ore, minha irmã, somente isso eu posso vos dizer.

Augusta saiu de mansinho, enxugando as lágrimas. Quando estava passando pela passarela dos arcos, olhou para fora e viu ao longe alguém que vinha a galope. Fixou os olhos e notou que Norberto chegava. Então, voltou ao dormitório de Alexandra e alertou-a:

— Talvez seja esta a resposta de Deus, minha irmã. Norberto está vindo para cá.

Alexandra tratou de se arrumar rapidamente, mas não sem antes pentear muito bem seus cabelos loiros, fazendo uma trança que passava por cima da cabeça e enrolava na nuca. Colocou seu vestido azul prateado com amplas mangas, sua cruz no peito em uma corrente e, achando-se mais apresentável, andou de mãos dadas com Maria Augusta que, descabelada e maldormida aparentava aniquilamento de alma. De repente, Alexandra vira-se e diz à irmã:

– Maria Augusta, por favor! Não demonstreis ao homem que amais esta face doentia! Vinde comigo. Voltemos ao meu quarto para embelezar-vos. Retirarei de vós estes trajes de noviça e vos vestirei com o vestido que papai comprou-me em Paris.

Levou a jovem para dentro, escovou-lhe os cabelos, colocou em sua cabeça um adereço entre as tranças presas que envolviam a fronte, belos e grandes brincos de pedras preciosas, em sua boca, leves traços de pintura avermelhada e fê-la vestir seu vestido de brocado azul-claro, com decote um pouco mais avantajado, mas sem adereço nenhum. Bastaria a simplicidade. A beleza de Maria Augusta agora exultaria qualquer pessoa, mas o que diriam seus pais? Ora, o que diriam agora, neste momento, não importaria. O que se fazia rigor era o correto julgamento de seu noivo e a expressão que o recriminaria a ponto de acusá-lo como seu amante, e que deveria lavar a honra da jovem.

Maria Augusta e a irmã desceram as escadarias, as duas muito sérias, como se fossem para um exame crítico.

Tanto Rudolf quanto a Senhora Ignez, que estavam acompanhadas por Norberto na sala da lareira, ficaram pasmos ao ver Maria Augusta chegar com aqueles trajes. Quando as duas jovens adentraram no recinto, Norberto levantou-se; analisou as duas jovens e viu na noviça o despertar daquela paixão surda e aniquiladora que procurava sufocar em seu peito. Cada vez que admirava a face de sua futura cunhada, estremecia de amor. Baixou os olhos e esperou que se aproximassem.

– Meus bons dias, senhor marquês – disse Alexandra, secamente.

Seria agora que ela jogaria para ganhar.

Norberto aproximou-se, pegou sua mão para beijar, o que a jovem retirou-a.

– Não há necessidade disso, Senhor Norberto, visto que já sabemos de tudo – e virou-se de costas para ele.

Norberto ficou pasmo e, gaguejando falou:

– Tudo? Tudo o quê? – e olhou para Maria Augusta que, nervosa, amassava o lenço em suas mãos.

— Ora – explicou-se Alexandra, perante o olhar perplexo dos pais –, como sabeis, minha irmã não teve segredos para nós. Ela nos contou tudo, vosso amor, vosso... aconchego, diria eu. Agora, no momento em que vi vosso olhar nos olhos dela, tive a certeza de que tudo foi verdade. Por isso quis que ela se vestisse bem, por isso a trouxe aqui para verdes a mulher ultrajada que não mais será aceita no convento.

— O que é isso, minha filha? – falou Rudolf.

Alexandra não quis relatar ao jovem que ela perdera a criança. Para todos os efeitos ele teria que lavar sua honra.

— Ora, meu pai, as coisas devem ser claras. Jamais Maria Augusta poderá viver com esta mágoa de saber que me casei com o seu...

— Chega! Não digais nem mais uma palavra! E por favor, retirai-vos com vossa irmã, que falarei a sós com este jovem – falou Rudolf, resoluto em solucionar de vez aquela causa tão embaraçadora.

Alexandra olhou para a irmã que, cabisbaixa, chorava de vergonha; apanhou sua mão e saiu pelos corredores, crente que agora resolveriam as suas vidas.

Rudolf e Ignez estavam olhando o jovem que,

aterrorizado, tencionava correr dali, sentindo-se o mais baixo ser. Enquanto voltava-se para sair, ouviu Rudolf levantar-se e chamá-lo, pedindo que ele se sentasse próximo à mesa com eles, para que conversassem:

— Bem, Senhor Norberto, falemos nós agora. Sentai-vos aqui conosco. O que está feito, ainda que triste e causador de imensa amargura aos nossos corações de pais, não poderemos desfazer. Nossas ilusões se partiram ao meio, se quebraram, se romperam. Nossa bênção em termos a filha como dominicana, que traria ao nosso lar as venturas divinas, se foi.

Convém agora consertarmos vosso erro. Fiquei perplexo quando soube do que fostes capaz de causar em nosso lar. Jamais esperaria isso de vós, pois sempre vos achei um homem digno e correto, no entanto, eu também tive um ato parecido em relação ao meu casamento, raptando minha esposa, portanto não poderei julgá-lo.

Norberto sorriu, porque sabia do fato daquela união. E Rudolf continuou sua alocução:

— Porém, há coisas que às vezes acontecem e que não temos o alcance para vermos seu lado positivo. Coisas que não nos trarão o desespero nem a derrota aparente, mas a solução de problemas que poderiam ser maiores. Nada temais, porque desejo, aqui, todo o bem de minhas filhas. Alexandra não ficou lesada e até sente-se feliz pelo que aconteceu, então nem precisareis ficar preocupado quanto ao voto que lhe fizestes. Sim, fostes o escolhido por mim para serdes meu genro casando-vos com Alexandra, mas de agora em diante, quebro meu pedido e o juramento que fiz perante todos no baile de apresentação. Tanto eu, como Ignez, pois falo por ela também, pedimos que assumais vosso compromisso com aquela que amais realmente e que vos ama. Minha Alexandra não vos quer como esposo. Ela desaprova, e nós também, termos na família um homem unido a ela, amando desgraçadamente uma dominicana que, por infelicidade, é sua cunhada. Não seria decente, já que... Bem, sabeis o que vos quero falar.

Norberto baixou a cabeça e ruborizou-se. Jamais ele pensaria que o seu pecado viria à tona, mas quando avistou Maria Augusta, singela e com aquela beleza suave e encantadora, tão bem vestida como uma dama e não como noviça, viu que este seria o melhor caminho a tomar. Dentro de seu interior, clamava por ela, por ser amado pelo seu "fruto proibido", como sempre a chamava e agora ele poderia cantar aos deuses toda sua alegria, e sair daquele condado para viver com ela em outro país. Este seria o melhor caminho a tomar. Ninguém saberia da verdade; não se comentaria nada no povoado, e todos pensariam que ela estaria no convento das dominicanas.

– Serei feliz com esta vossa solução – respondeu Norberto para o pai de sua noiva, elevando sua cabeça e sorrindo, com leve brilho nos olhos úmidos.

Então, chamemos Maria Augusta, que lhes daremos nossa bênção – disse Rudolf.

Maria Augusta entrou com o coração aos pulos. Rudolf apanhou sua mão e a mão de Norberto, dizendo:

– Na ausência de nosso querido amigo frei, uno-os, de agora em diante, perante Deus, para que comeceis a viver vossa felicidade abertamente. Peçovos que procureis minha primogênita para contar-lhe que o coração de pai falou mais alto. Agora terei que ir à cidade, pois tenho um sério assunto a tratar.

– Sim – falou a Senhora Ignez –, visto que já demorastes o suficiente para esta decisão tomada por vós ainda ontem.

Rudolf apanhou o chapéu e saiu apressado para o vilarejo, a fim de tratar com o bispo o caso do seu fraterno amigo frei José.

Capítulo VII

Frei José

"Se alguém se envergonha de mim e das minhas palavras, o Filho do homem se envergonhará também dele, quando vier em sua glória e na de seu Pai e dos santos anjos."

O Evangelho segundo o Espiritismo,
Allan Kardec, Cap. XXIV, item 14, IDE Editora.

NASCIDO EM 1521, JOSÉ VINHA de uma família muito simples, mas temente a Deus. Morando em um pequeno casebre à beira de um lago nas proximidades do vilarejo daquele Condado, fora ele, já com oito anos, um dia, convidado a acompanhar o pai àquele local. Chegando próximo à igreja, o menino adentrou no espaço que considerava sagrado, enquanto seu pai conversava com alguém na rua sobre venda de cereais. Caminhou lentamente aproximando-se do altar principal e, com os olhos cheios de imaginação, olhou admirado para a enorme cruz, símbolo do Cristianismo, usada no altar medieval despido de imagens de santos. Ao fixá-la, lembrou-se das conversas com sua mãe, quando contava a ele a história de Jesus e seus ensinamentos. Encontrou naquela cruz todo o sentimento há tantos anos guardado dentro de si, quando imaginava o Calvário de Cristo, o Seu sofrimento ao carregar a cruz, toda Sua dor e injustiça sofrida perante os homens desatentos à lei do amor. Ele, que desde cedo aprendera a orar aos pés da cama, com as mãozinhas postas, ao lado da genitora amada, agora sentia-se mais perto de Jesus.

Desde esse dia, o menino humilde relatou aos

pais que precisava pertencer à Igreja para ser um divulgador dos ensinamentos do Mestre.

– Mamãe, ele sofreu tanto, que merece que sigamos seus passos para ajudá-lo, não achais mamãe? – falava ele sempre.

Sua fidelidade à missão de amor jamais o fez conhecer uma mulher com o objetivo de unir-se em casamento. Na adolescência, saiu do condado para estudar as leis do catolicismo as quais se dignaria a transmitir para os fiéis de sua doutrina. Para ele, a Igreja deveria ser pura e simples como Jesus; ser também doadora da felicidade, que só seria completa com o dever cumprido em relação ao amor divino, por isso tornou-se adepto de São Francisco.

Foi nessa ocasião que Rudolf encontrou-se com ele pela primeira vez e entre eles nasceu uma grande amizade pela afinidade que sentiam e com a presença do caráter puro, da boa vontade e da moralidade elevada do futuro franciscano.

Rudolf casou-se e, como foi sucessor de seu pai no condado referido, convidou o frei a permanecer ali como vigário, mesmo sem o consentimento do bispo existente, homem sisudo, que gostava de frivolidades e gozava de poder em toda a Igreja. Vivia ele em opulência, tendo como concubina uma mulher da própria igreja.

***

Antigamente, os padres abusavam do poder que tinham, para viver como achavam que deviam. Muitos foram ludibriadores, sedutores e assassinos, além de não assistirem seu próximo, amando-o como ensinara o Mestre Jesus. Diziam-se cristãos, mas não exemplificavam o cristianismo como nas primeiras eras. Achavam que o exagero na simplicidade, não lhes daria o crédito e o respeito popular, assim como Jesus, na época e que esteve entre nós, também não obtivera e que, para ser respeitado era-se necessário mostrar-se poderoso. Não vigiando seus passos como representantes de Cristo, abusavam do poder e decaíam em imoralidade de todas as formas, sendo a principal, as vendas de indulgências a todos os fiéis, mesmo os que nada tinham para si.

Frei José, no entanto, estudando com os Franciscanos, continuou com sua humildade a renunciar aos gozos mundanos. Iniciou seu trabalho na igreja simples e milenar, ensinando ao povo exatamente a moralidade, a simplicidade, a evangelização e a caridade, oferecendo-lhes sempre o alimento que obtinha e ficando por várias vezes até sem ter o que comer, sendo visto com maus olhos pelo bispo M; por esse motivo, o bispo implicava com seu modo de ver a Igreja Romana achando-o rebelde e lhe apontava esses "erros", aos quais, humildemente, o frei respondia que procuraria da próxima vez seguir mais o Evangelho que Jesus ensinara.

Fazendo-se de errado, agindo desta forma, o bispo não poderia castigá-lo, como era de sua vontade. Ademais, havia, entre o bispo e o frei, o próprio conde, que não permitiria admitir o seu amigo distante daquele condado. E com o conde, frei José sentia-se extremamente feliz, pois acolhera em seu coração aquela família que admirava e considerava "um presente dos céus".

E assim, sendo tão ligado a Rudolf, frei José conseguira que o bispo o aceitasse do jeito que era. Tornou-se servo fiel de seu abençoado protetor, amando-o como a um irmão e respeitando-o, oferecendo missas na capela do castelo e até servindo como seu secretário, a cuidar dos seus bens.

O povo, naquela época, vivia sempre vigilante e temeroso quanto aos seus atos. Primeiro pela inquisição e queima aos bruxos, depois pela reforma de Martim Lutero, que foi contra os abusos da Igreja, quando inúmeros senhores de toda a Europa inclinavam-se a segui-lo e muitos assim o fizeram.

Dessa maneira, a situação do povo se transformara seguidamente em um "pisar em ovos". Nada poderia ser dito para que não fosse ouvido por ouvidos afinados e servis àquela eminência, o bispo, que pagava muito bem para quem delatasse qualquer que fosse considerado traidor da Igreja. Essa estava sendo a situação do frei José, que viera somente ao mundo para ser um verdadeiro cristão e dar seu testemunho de amor a Jesus. Nesse momento, até seus próprios religiosos e seguidores o examinavam com outros olhos, tentando descobrir por que ele defendia tanto os homens que abdicavam o catolicismo. Certamente, somente ele, frei José, sabia realmente amar o seu próximo como Jesus o havia ensinado.

Sentia um carinho imenso lembrando da vida com a família de Rudolf, vendo as crianças nascerem e batizando-as; vendo-as crescer e ensinando-lhes o catecismo; vendo as jovens ficarem adolescentes e amorosas; assistindo à felicidade de Rudolf quando nascera seu primeiro filho homem, Anatole, e quando vira o amigo feliz a dedicar uma de suas filhas a Deus, como freira dominicana... a sua presença lá era importante, e frei José não poderia pensar de outra forma. Aquela era sua própria família.

Na realidade, ele havia deixado para trás a sua família verdadeira desde que abraçara o sacerdócio, mas sentia falta de sua santa mãe e de seus dois irmãos, pois o pai já havia morrido alguns anos antes de ele receber a batina. Sonhava em voltar a vê-la, mas seu trabalho incessante dirigindo as almas daqueles que tanto precisavam aprender sobre o amor divino e o Evangelho de Jesus, não lhe dava algum tempo disponível para isso. Porém Maruska, sua mãe, recebia suas cartas e se revelava a mulher mais feliz do mundo por ter um filho tão importante. José fora sempre a alma caridosa que sua mãe reconhecia como quase santa. Quando juntos, ele ria e a abraçava, dizendo a ela:

– Ora, mamãe, vós sois muito exagerada. Eu sou como os outros homens e falho igualmente.

– Não, vós sois especial, meu filho. Eu sinto e vejo isso – repetia ela.

O tempo passava depressa e um dia ele recebeu uma carta que datava de três dias atrás. Era de Monteiro, um de seus irmãos. Dizia que sua mãe estava à beira da morte e seria interessante que ele fosse lá se quisesse vê-la pela última vez.

Frei José deixou a paróquia do condado e encaminhou-se até a irmandade de Santa Tereza, nome de uma freira portuguesa, ainda não canonizada na época, mas considerada santa entre parte da população europeia, onde sua mãe estava. Pedira um cavalo ao conde Rudolf, pois seu voto de pobreza não consentiria ter algum, e por todo o trajeto fora orando, para que chegasse a tempo.

Ao atingir o pobre local, foi recebido com pesar, porque ao olhar de seus irmãos, o ato já havia sido consumado. Ela partira sem poder despedir-se dele. José não pôde deixar de revelar-se uma criança de colo, carente de todo o afeto que lhe faltara durante tantos anos, e deixou-se levar pelo choro compulsivo de saudades de alguém que muito amava. Abraçou os irmãos gêmeos e, depois de enterrá-la, no jardim de sua antiga casa branca como a neve, adornada de roseiras floridas, apanhou o cavalo para voltar. Um dos gêmeos o chamou para lhe perguntar se ele não gostaria de dividir a herança, porque a venda da casa já estava programada, mas frei José respondeu:

– A minha parte, se não precisardes, podereis dá-la aos pobres da região.

De que valeria ter nas mãos alguns ducados, se tudo tinha e se havia muitos seres desabrigados e com fome?

Assim era o nosso irmão: humilde e com o coração carregado de amor, seguidor do Mestre em todas as horas de sua vida.

Na volta, depois de alguns meses, notou que coisas estranhas estavam acontecendo com ele. Sentia um perfume, por vezes, perto de si, ouvia músicas melodiosas inexistentes e experimentava grande tranquilidade e êxtase. O que estaria acontecendo com ele?

Então, em uma noite, um raio de luz entrou pela janela, clareando todo o recinto. Frei José, que depois das orações preparava-se para dormir, esfregou os olhos cansados até sentar-se na cama, quando viu formar-se a seus pés o espírito da mãe envolto em luz.

— Meu filho amado, vim despedir-me de vós.

O pobre homem ajoelhou-se ao solo chorando muito, sem poder tirar os olhos daquela visão amorável.

— Mãe, minha mãe! Estais aqui como uma santa e sois para mim uma santa, minha mãe!

— Não, meu amado filho. Não sou uma santa, sou um ser simples que só soube amar e nada fiz mais que isso.

O seguidor de Jesus, José, então, falou:

— Lembrai-vos de nós, pobres pecadores, minha mãe, olhai agora pelos que sofrem aqui. Há tantas pessoas que não nos compreendem, a mim e a outros, que procuram em outra religião buscar a dignidade da Igreja...

— Nada poderei fazer, meu filho, tudo está traçado. Vós sois digno e eu vos abençoo. Eu vos amo muito e sempre estarei convosco, lembrai-vos disso. É preciso darmos o exemplo do muito amor que sentimos pelo Mestre Divino.

Frei José abaixou-se para beijar-lhe os pés, mas ela partira rapidamente. Ele certificava-se de que a perseguição que os católicos estavam fazendo aos protestantes era abominável. O ser humano tinha o direito e a liberdade de seguir sua própria consciência, mas nem por isso deveria ser assassinado. Também não achava bom recolher valores dos ricos e muito menos dos humildes em troca do perdão na confissão. Certificara-se de que isso não era justo, mas se humilhava perante o altar falando ao Senhor que ele não tinha o direito de se rebelar contra o Papa, visto que tinha feito um voto e neste voto, onde levaria a fé e a castidade, colocara toda a sua confiança. O que eram os princípios Cristãos senão amor, somente amor? Por que todos não podem enxergar o exemplo do Criador, que no mundo colocou alguém tão sublime, que veio, exatamente, para nos mostrar esta realidade? Que somente desejou amenizar os corações colocando dentro deles a fé, a esperança e a caridade, permitindo que um dia, não muito distante, todos os olhos se abrissem para ver a luz mostrada pelo Pai celestial, através da concretização do amor universal? Esse amor que a tudo compreende, a tudo perdoa e que nos permite sermos mais corretos, mais morais e mais respeitosos com o ser humano, nosso irmão? Este amor que deveria unir todos os povos em uma só religião, a religião do amor a Deus e ao próximo? O que é a vida senão uma oportunidade para o amadurecimento da alma, que leva o ser humano a melhorar-se e a crescer em espiritualidade? E qual o objetivo desta melhora senão o alcance da verdadeira felicidade? Reconhecendo isso, esta foi a luta de frei José até o final de seus dias. Porém, ninguém o entendia.

Quando o amigo de Rudolf foi levado ao local de fuga no castelo dos H., não teve tempo para raciocinar o que faria e para onde iria se estava sendo perseguido. Saiu lentamente com o cavalo de Alexandra, pensando se estaria certo ele mostrar ao povo de sua diocese, que estava errado em defender o ser humano. Cavalgou por algum tempo, mais ou menos uma hora, pela floresta que levava à Germânia. Pensava que ser morto sem ter culpa seria cruel e dolorido, pois era inocente, mas entre sua pessoa e todas as almas que deveriam aprender sobre o amor ao próximo, era mais importante que ele voltasse, sacrificando-se, se possível, mas não desistindo de honrar os ensinamentos que tivera desde sua infância. Onde estaria sua fé? Não estaria em sua fuga. Fugindo seria como desistir de Jesus. Então, voltou. Voltou pelo caminho do vilarejo e chegou à tarde em sua paróquia. Apeou do cavalo, entrou na moradia, tomou seu chá com o pão que fizera nos dias anteriores e ajoelhou-se para orar. Orou pelos que o haviam traído, orou pelo clero e pela Igreja Romana e por Rudolf e sua família. Depois, sentou-se no leito a ler alguns artigos da igreja. Sentiu-se feliz quando lembrou a visão maravilhosa que tivera com sua mãe naqueles dias, início da perseguição aos protestantes, e naquele momento certificara-se da realidade da alma. Recebera a esperança e o conforto daquela que havia sido a pessoa mais importante de sua vida.

Um dia, Rudolf perguntara a ele, porque escolhera o sacerdócio e não o casamento. Ao que o humilde homem respondeu:

– Rudolf, vós tendes alguém a quem amais muito, não? É vossa esposa e brevemente alegrarão vossa casa os risos de belas crianças, eu, no entanto, amo Jesus. E desde que entrei na capela do vilarejo, enlacei o amor a ele de outra forma que vós. Cristo é minha meta e meu talismã e somente com ele serei feliz. Compreendeis agora?

– Sois justo, frei, sois justo – esta foi a resposta do conde.

Na manhã seguinte, os perseguidores, tendo em frente um emissário do bispo, carregando uma bandeira com uma cruz, bateram em sua porta antes mesmo que ele começasse a primeira missa. Frei José abriu-a calmamente, sorrindo para todos, como se dissesse: "Estou preparado".

Capítulo VIII

Marquês Duval

"239 – Entre a dor física e a dor moral, qual das duas faz vibrar mais profundamente o espírito humano?

– Podemos classificar o sofrimento do espírito como a dor-realidade e o tormento físico, de qualquer natureza, como a dor-ilusão.

Em verdade, toda dor física colima o despertar da alma para os seus grandiosos deveres, seja como expressão expiatória, como consequência dos abusos humanos, ou como advertência da natureza material ao dono de um organismo.

Mas toda dor física é um fenômeno, enquanto que a dor moral é essência.

Daí a razão por que a primeira vem e passa, ainda que se faça acompanhar das transições de morte dos órgãos materiais, e só a dor espiritual é bastante grande e profunda para promover o luminoso trabalho do aperfeiçoamento e da redenção."

O Consolador, Francisco Cândido Xavier, Emmanuel, FEB.

Duval recolhera-se ao Louvre depois de chegar do castelo de Alexandra onde estivera. Teria que pensar em alguma forma para obter a aprovação de seu pai a fim de viverem juntos por toda a vida. Ah... Como a amava... Nenhuma mulher comparava-se a ela, pela presença de espírito, dedicação aos familiares, altruísmo e boa vontade para com todos. Em seu coração somente havia alegria e decisões que eram tomadas com dureza, mas também com carinho. Era como se esbofeteasse a pessoa que quisesse corrigir, seguido de um beijo seu. Ela tinha sentimentos caridosos quanto ao ser humano e jamais pensaria em sacrificar alguém injustamente; o que mais cativava Duval era sua consciência no respeito à justiça, porque o mundo, mais naquela época do que na de hoje, era dos fortes e ricos, ficando os fracos e oprimidos dependentes da sorte. Alexandra era justa e costumava acreditar que poderia reformular o mundo, ou seu reino, com o pai.

Duval chegou sem ser assistido por nenhum nobre. Somente os guardas o receberam nos portões do palácio. Ao adentrar em seus aposentos, sentou-se na sala divinamente requintada e pediu a seus servos que o deixassem por alguns momentos, antes de lhe prepararem o banho que tomaria. Depositou os pés em cima de uma banqueta a pensar. Era lógico que o conde não voltaria com sua palavra por mais que amasse a filha. Só que Duval não se conformava com aquela decisão e sabia que a própria Alexandra também não. Pensou em falar com Catarina para ver se a alta dama da corte seria compreensiva e o auxiliasse a chamar sua amada novamente ao palácio, mas aquilo seria impossível, pois o próprio filho Henrique III se satisfaria em prendê-la de novo e Catarina iria certificar-se de que fora ele quem auxiliara na fuga da jovem.

Resolveu então comunicar a viagem que fizera, à senhora do reino, dizendo que viajara por algum tempo, para solucionar alguns negócios urgentes referentes a algumas terras que possuía, assim admitindo sua ausência naqueles dias em que estivera fora e já pedindo permissão para voltar à Hungria. Contudo, seguiria em sigilo para o condado de Rudolf. Quando chegasse lá, raptaria Alexandra, como seu pai havia feito com sua mãe, e viajariam para a Hungria, onde o conde não pudesse encontrá-los até que aceitasse o amor dos dois.

Mal sabia ele, que Catarina o estava procurando exatamente para castigá-lo, como executor do plano que dera vazão à fuga de seu cativo pássaro "Alexandra".

Quando Antoine Duval aproximou-se da mãe de Henrique III, ela, com um falso sorriso, o atraiu a seus aposentos secretos, sigilosamente, sem que algum ser vivo ali estivesse, com olhos que vissem e ouvidos que escutassem. Assim concluiria seu plano de vingança, por sua traição, que chamaria de "justiça".

— Quer dizer que, então, o nobre marquês esteve desaparecido por algum tempo sem nos dar notícias? E por quê? Não entendemos essa vossa resolução. Afinal, o rei serve a esta pátria e vós devereis servi-lo também, executando todos os assuntos que vos serão referidos, sem vossa exclusão em comunicar-nos vossa saída. Onde fostes? Onde estivestes, afinal?

— Estive na Hungria, majestade; fui chamado com urgência, afinal, era sobre isso que esperava conversar convosco. Eu tenho algumas terras na Hungria cedidas a mim por meu pai, ainda quando estava vivo. São locais de grande vegetação e campo, notável para a criação de ovelhas. Morarei na Hungria se vossa majestade me oferecer seu aval e consentir no meu afastamento.

— Muito difícil, meu marquês. De agora em

diante sereis convocado para outras obras afastadas do Louvre, mas próximas daqui. Como sabeis, estaremos a construir o palácio das Tulherias e, com vosso bom gosto, sereis o responsável por esta bela obra, escolhendo os melhores escultores, artistas e arquitetos da França para construí-lo.

— Mas eu não poderei, majestade; perdoai-me, mas não poderei assumir esse compromisso.

— Pois tereis que assumi-lo visto termos em vós, nosso fiel servidor. E... Quem sabe trareis para cá aquela a quem ajudastes a fugir? — disse-lhe, olhando-o com a cabeça semi-baixa, e olhar enviesado, dando a perceber por ele, que já sabia de tudo.

— Como?

— Sim, meu caro, estou ciente de vossa ligação com Alexandra e sei que fostes vós quem a retirou do Louvre. Sabeis que prêmio merecerias? Sabeis?

Antoine baixou a cabeça e sentiu que estava perdido. Catarina não sabia perdoar. Ela havia feito aquela proposta sobre o novo palácio, somente para chegar onde estava agora. E ele não poderia mentir, pois lembrara que percebera ser seguido durante todo o tempo enquanto viajara ao castelo do condado de Rudolf. Então, olhou-a firmemente nos olhos e disse, levantando a cabeça:

— E o que pretendeis, afinal, comigo?

— Vosso caminho será traçado brevemente, mas antes, quero que conteis tudo o que sabeis sobre Rudolf de H.

— Nada tenho a vos dizer. Falar que fui bem tratado? Que aquela é uma família feliz? Que amo Alexandra, digna de ser uma rainha? Que naquele condado não vi injustiças? Que...

— Basta! – falou Catarina, esbofeteando-o.

Catarina sentiu como se uma faca afiada lhe entrasse nos membros. Rangendo os dentes, começou a caminhar nervosamente pelo salão, como se quisesse imediatamente sacar de uma arma para matar aquele homem, que depois de tanto receber, demonstrava todo seu rancor por seus reinantes. Seu orgulho não lhe permitia ouvir aquelas palavras, que vinham em distorção ao reino da França. Como se a França não fosse justa; como se o reinado de seu filho fosse indiferente ao seu povo; como se não tivesse, até agora, se sacrificado pelo reino que não era seu, mas lhe fora concedido pelo casamento; como se não bastasse ensinar aquela gente a colocar os talheres na mesa, visto que aqueles "seres animalescos", como chamava, só sabiam comer com as mãos! E saber que Rudolf estava feliz com sua família... Isto a deixava mais raivosa.

Mas teria que pensar na resolução que tomaria com aquele homem, atentamente, já que ele chegara sem lhe comunicar, para dar-lhe o destino que merecia.

* * *

No castelo de Rudolf, Alexandra pressentia que o seu amor estava em perigo. Agora poderia tê-lo nos braços, pois seu pai a liberara do noivado com Norberto e estava livre para amar Antoine Duval. Contudo, no momento não podia fazer nada, pois Ignez, sua mãe, depois de Rudolf ter saído para encontrar-se com o bispo, queixou-se à filha de estar com os nervos à flor da pele pelo frei querido e iniciou a sentir as contrações para dar à luz. Todos saíram para socorrê-la. Maria Augusta chamou Mercedes e Inácio, para procurarem a parteira do local. Anatole correu para chamar Francisca e todos sentiram o perigo que a mãe corria. A Senhora Ignez, já com a idade de quarenta e dois anos, temia aquele parto. Suas contrações já eram repetitivas e ela não conseguia ajudar na vinda do bebê e, quando a parteira chegou, ela, já sem forças, sangrando muito, pediu:

– Chamem Rudolf e o frei. Chamem o nosso amigo frei!

Inácio apanhou o cavalo e saiu à galope pela estrada que dava à vila, a fim de pedir ao frei que fosse vê-la, mas ele não estava na paróquia, então, movimentou-se até a residência atual do bispo M, onde sabia que o conde estaria.

Rudolf adentrara no recinto onde já se encontrava o frei José para inquirições, com toda sua humildade, com as mãos postas à frente do corpo e cabeça levantada, sendo indagado, abatido, mas com uma paz indefinível em seus olhos.

– Que bom que estais aqui, prezado Rudolf. Olhai bem vosso amigo frei que acusam de herege e que vós ficastes ciente, sem defendê-lo – falou o bispo.

O sacerdote olhou nos olhos de Rudolf que, angustiado, ficou sem palavras. Franziu a testa como se quisesse arguir o amigo, e baixou a cabeça. A injustiça da acusação, o frei sabia que poderia vencer, pois estava com a consciência tranquila, mas quanto ao seu amigo estar ciente e não o defender, isso lhe trazia tremenda solidão d'alma.

Rudolf, como sabemos, conhecedor de ser um homem de palavra, não tinha como voltar atrás. Ele sentia-se encurralado entre duas paredes, sem saber como sair. Se defendesse o vigário, iria cair no descrédito do povo e seria seu fim, mas se dissesse a verdade, estaria com a consciência tranquila. O que fazer?

Nisso entra Inácio, esbaforido, correndo e falando alto:

— Senhor Conde, vossa esposa... Vossa esposa...

Não tinha palavras para continuar a falar, pois estava sem fôlego.

— O que foi, homem? O que está acontecendo com Ignez?

— Senhor Conde — repetiu ele, agora engolindo saliva para que lhe saísse a voz –, vossa esposa está mal. Não consegue dar à luz e pede a vossa presença, urgentemente, e a presença do frei José.

Frei José tornou a sentir felicidade, isso demonstrava em seu olhar, e voltou a olhar o bispo.

— Infelizmente, não podemos deixá-lo ir – falou o seu inquiridor. – Mandarei outro padre para conversar com ela;

— Conversar com ela? Ela está morrendo, excelência! – falou Inácio. – E quer ver o frei!

Rudolf enfureceu-se e, levantando a voz, falou:

— Vamos, frei José. Vinde comigo.

E puxando o frei pelo braço, Rudolf saiu da sala, deixando o bispo consternado. Sabia que aí veria uma nociva acusação contra ele, mas não iria deixar sua esposa amada, sem dar a ela a atenção devida neste momento tão doloroso. Porém, achava que tudo tinha sido um golpe de sua esposa para retirar o frei José daquele interrogatório, no entanto, já na rua, quando soube da verdade, desorientado, desesperou-se.

No castelo, Alexandra e Augusta serviam à parteira, que não deixava ninguém entrar no dormitório, mas ouviam-se os gemidos da mãe a dizer:

— Estou morrendo, já não tenho mais forças! Frei José, perdoe-me, frei José, eu quero a absolvição de meus pecados!

— Rudolf entrou com o frei e, apanhando a mão de sua esposa, ajoelhou-se ao chão, chorando. Não conseguia rezar, lhe faltavam as palavras, mas aquele amigo que tanto amavam estava ali, dando o conforto que Ignez queria, falando-lhe de Jesus e de sua coragem na hora da crucificação e comentando que o mundo espiritual devia ser muito lindo, mais lindo que a Terra, porque Deus lá reinava; que deveria haver caminhos verdejantes e muitas flores para aqueles que eram bons, mas que ela não se preocupasse, porque tudo iria correr bem.

A Senhora Ignez pereceu com um sorriso nos lábios. Seu bebê foi junto com ela, pois nada se pôde fazer.

Nos dias seguintes ao luto fechado, tudo parecia ter-se perdido. Rudolf, não aceitando a reviravolta que a vida lhe oferecera, ficou desconsolado, não pensando mais em nada. Apesar de tentar explicar ao Bispo que tudo fora um engodo do povo sobre o sacerdote, não conseguiu livrar frei José, que foi interrogado e condenado à morte. E Alexandra, sentindo-se desorientada, chorava muito. Sua mãe já não existia, Duval havia desaparecido sem dar respostas às suas cartas, deixando a moça totalmente consternada pelo sofrimento; somente Maria Augusta, ao lado de Norberto, acalentava o coração do pobre pai. Era a pessoa mais feliz, entre tanto sofrimento e angústias naquele lar. Os gêmeos ficavam, como antes, junto com Francisca, sem saber o que estava acontecendo, pois nada sabiam sobre a morte.

✳ ✳ ✳

No dia em que o confessor da família foi aprisionado com tantos infelizes protestantes, Rudolf foi ter com ele, e Alexandra o seguiu.

O conde, cabisbaixo, segurou suas mãos e chorou. Derramou, naquelas lágrimas, toda a angústia de seu ser desamparado e sofredor, por se sentir culpado em não ter a coragem, perante o bispo, de atuar mais em favor do frei.

– Perdoai-me, meu amigo. Sou um infeliz! Perdi o ser que eu mais amava, a minha grande companheira e agora... Agora estou em vossas mãos para obter vosso perdão e conseguir um pouco de paz. Tentei conversar com o clero sobre vossa pessoa, mas o bispo me falou que a ordem veio do papa e, se eu vos defender, então serei também considerado um traidor da Igreja, porque vós defendeis os próprios huguenotes. Não temo por mim, mas por meus filhos, que já não têm mãe.

O que posso, então, fazer em vosso favor? Sinto-me um ser desprezível e injusto com a vida. Deveria ter sido aprisionado convosco, não tivesse meus filhos; a vida agora já não me é tão cara.

– Ora, não deveis vos desiludir assim da vida, meu amigo. Ainda tendes longo caminho a percorrer e vos será grandioso, porque sois um ser justo e correto com vosso povo. O nosso bispo... Bem... Ele tem sua maneira de pensar. Eu, porém, estou tranquilo, pois sigo a lição de meu Salvador, que me ensinou a amar meu semelhante, sendo ele protestante ou não. Nada, meu filho, mas nada, me faria mudar de ideia. Deus é amor, e eu, como humilde aprendiz do amor Dele, não posso tomar outro caminho que não seja este. – E olhou para Rudolf, deixando derramar grossa lágrima.

Rudolf viu, na aparência dos prisioneiros, que eles já não se revoltavam e estavam dispostos a viver os últimos momentos de suas vidas aproximando-se do frei José para aprenderem o perdão e o acalento da alma pela paz do coração.

Rudolf afastou-se, cabisbaixo e abatido. Seu mundo havia acabado, pois além da esposa, com ele, iria seu melhor e mais fiel amigo.

Assim decorreu o final da vida do frei José nas paragens daquele condado, deixando a todos o exemplo de amor e dedicação ao Evangelho de Jesus.

Alexandra não conseguia voltar à normalidade. Sentia sua vida estar virada de cabeça para baixo. Despediu-se com abraços afetuosos de Maria Augusta, que agradecia a ela a sua felicidade, refeita das angústias, e com o jovem coração sem remorsos, quando esta partira com Norberto para outro local, afastado do condado. Seu pai já não era mais o mesmo e estava mais distante dela, aprisionando-se no seu quarto secreto, onde estudava muito. Ele já não tinha com quem discutir os assuntos ligados ao condado quando se tratava de humanidade, mas lembrava sempre, dia a dia, do frei, que por toda a vida lhe dera bons conselhos, e sentia-o mais perto que nunca. Agora, desejava ver os espíritos como antigamente para rever sua Ignez, mas isto não acontecia. Quando tinha um assunto difícil sobre propriedades que envolviam seus súditos, sempre pensava "Como agiria frei José?" E logo lhe vinha uma intuição.

Alexandra passava o dia pensando em como ir até a França novamente sem ser reconhecida a fim de descobrir algo sobre Duval.

Um dia, vestiu-se de camponesa com os cabelos puxados para trás e, mesmo sem autorização do velho pai, foi até Paris com Inácio e Mercedes, para ver se conseguiria ter notícias de Duval. Inácio procurou por Drusius, o verdureiro, e este por Constantine, mas ela havia falado que o Marquês havia desaparecido e que talvez estivesse em suas terras na Hungria. Esses eram os comentários que ouvira entre a nobreza.

Andrés, por sua vez, quando chegou à Hungria, foi procurar o amigo que frei José lhe havia indicado e este lhe deu apoio e empregou-o no próprio mosteiro. Lá, ele cuidava dos cavalos e estava resguardado dos perseguidores de huguenotes, porém, um dos jovens padres procurava-o com terríveis insinuações. Andrés incomodava-se com aquilo e, para não ser indelicado, fazia que não o ouvia e virava-lhe as costas. Padre Bernardo sentiu-se extremamente humilhado e, orgulhoso, começou a acompanhar à distância a vida que

Andrés levava sozinho e sem companhia e notava que ele não ia à missa e não tomava a comunhão. Descobriu que ele saía à noite para ir a lugares incógnitos os quais, mais tarde, soubera que eram reuniões de protestantes. Então, pensou em tirar partido deste fato e procurá-lo novamente:

— Estou aqui novamente, cavalariço. Acaso nada solucionastes a respeito de meu pedido? Tive paciência em vos esperar.

Andrés, elevado moralmente, não conseguiria aceitar o pedido imoral do padre, sem enojar-se dele, e respondeu:

— Padre Bernardo. Estou aqui há quase um ano. Agradeci muito minha acolhida ao irmão Benedito, de um país para outro e não sei o que teria feito se não tivesse este mosteiro para aceitar-me e dar-me trabalho, mas penso que a união de duas pessoas deve ser feita através do amor puro e verdadeiro e entre homem e mulher. Já errei, uma vez, com uma jovem que não poderia ser minha esposa. Amei sua irmã e amo até hoje, mas também não poderia ser minha, pois costumo colocar-me em meu lugar de serviçal. Jamais tentei ter outra mulher, mesmo como companheira de meus dias tristes que virão quando serei um velho, porque não poderia sustentá-la, porém, padre, este ato que me colocais presente, uma sedução dentro do mosteiro, eu não admitiria. Peço-vos perdão e que estas minhas palavras não vos deixeis retraído para minha amizade sincera. Somente o amor deve ser o alvo para duas pessoas se entregarem uma a outra. A despeito disso, talvez me odiareis, no entanto, padre, eu vos sou franco. Seria uma ingratidão convosco, mentir-vos, e uma ingratidão com Deus.

– Deus? Quem sois para falar em Deus? Ora, não sois nada, nada, sois um reles cavalariço, muito mal educado e sem respeito.

– Não sabeis minha verdade, padre. Sei que não sou ninguém, porém eu sei de meus princípios, que me foram dados pelo meu falecido pai, homem de grande moral e imenso coração.

– Bem... – disse padre Bernardo, analisando-o de cima a baixo e olhando-o com desdém – sei que não tendes ido às nossas missas. Por acaso sois um herege protestante?

Andrés ficou sem fôlego. Ele notou que aquele homem, caído na própria invigilância, estava totalmente tomado pelo espírito do mal. Sabia que ele poderia denunciá-lo à Igreja. Então, respondeu:

– Sabeis? O frei José é um grande amigo e foi

ele que me enviou para este mosteiro, sabendo que eu iria ser bem recebido.

— Isso é porque ele não sabe quem sois, na realidade.

— Frei José defendeu os huguenotes em nosso condado. Ele dizia que todos nós somos irmãos. É o que estudo na minha re...

— Ah! Então confirmais. Quisestes dizer, na vossa religião, não é?

— Padre Bernardo, não me leveis a mal. Eu não sou rebelde, não prego nada contra o catolicismo, sou apenas um homem comum que ama a Deus. Não misturemos minha profissão e o trabalho sério que costumo fazer, com a religião que é do Cristo como a nossa.

— Pois bem. Não aceitais minhas propostas, então esperai para ver o que vos acontece.

O cavalariço ficou preocupado. Achou que deveria partir de lá, mas não tinha ducados suficientes, e ir para onde?

Dias mais tarde, Andrés recebeu uma acusação de traidor da Igreja e foi declarado um herege. Foi levado à prisão, onde ficou algum tempo até ser morto.

Em seu derradeiro retiro no calabouço, Andrés

imaginou sua vida no condado quando tudo era alegria. A bondade do conde, o amável Frei José, e o carinho de sua amiga Alexandra.

Imaginou-se desventurado e injustiçado, não compreendendo por que Deus permitira esta desgraça em sua vida, mas jamais poderia abjurar.

Orou firmemente para que tudo se modificasse, para que fosse compreendido e aceito por seus atos, por sua fé, no entanto nada aconteceu. Ele foi condenado com tantos outros e morto em praça pública.

* * *

Algumas vezes, achamos que o mundo desaba sobre nossas cabeças. Perdemo-nos em processo de revolta e desespero, quando exatamente deveríamos nos alertar de que, com a desesperança e a não aceitação dos fatos, podemos atrair inúmeras coisas negativas, como doenças e desventuras maiores.

Quando assumimos a posição de injustiçados por Deus e pelo mundo, mais e mais baixamos nossas vibrações, que deveriam ser de otimismo e fé, e damos as mãos a seres que se vinculam na mesma faixa, para nos atirarmos em sofrimentos e dor, quando vimos que a desgraça não desaparece, mas, ao contrário, desenvolve-se.

Temos inúmeros exemplos entre as pessoas que

nos cercam, portanto é crucial que levantemos nossas cabeças para dar entrada ao bom ânimo e, restabelecendo-nos, dirigirmos nossas mentes ao bem e à fraternidade, com fé e alegria. Nada de negativo receberemos que não tenha sido planejado para nós no plano espiritual. É importante que tenhamos coragem para enfrentar as vicissitudes da vida, conscientes de que Deus rege nossos destinos e que devemos aceitar os Seus desígnios, amadurecendo em nós a fé em Sua sabedoria.

✳ ✳ ✳

Alexandra voltara de Paris sentindo que esmorecia nela a coragem para continuar sua luta e recomeçou, nos meses seguintes, outra busca, agora na terra de Duval. Mas na Hungria, com os conhecidos antigos do frei José, ela soubera que as terras do homem que amava estavam totalmente abandonadas. Ninguém o vira naquele local. Tentou encontrar Andrés, mas ele já não vivia. O padre Benedito, envergonhado, não quis atendê-la, e o padre Bernardo, quando a viu, olhou-a de cima a baixo, dizendo:

— Senhora, o seu amigo não conseguiu sobreviver neste inverno.

— Mas o que ouve com ele? – perguntou Alexandra, desconfiada de que ele tivesse sido massacrado por ser protestante.

– Não sei – respondeu o padre –, parece-me que foi uma gripe muito forte que o levou de nós.

Desiludida, voltava, então, para casa e procurava pelo pai que, alheio à sua tristeza, somente dizia:

– Esta é a vida, minha filha. Não quisestes Norberto para noivo, o mais pobre, para ficardes com o mais rico, no entanto terminastes sem ninguém. Quem sabe procuramos outro noivo para vós?

Alexandra saía nervosa, dizendo:

– Papai, por favor! Não estou procurando Duval para ter somente um noivo! Procuro-o porque eu o amo!

E perdia-se a chorar escadarias acima.

Depois de alguns anos, Alexandra recebeu uma carta de Norberto dizendo que o casamento dele com Maria Augusta não estava bem, e relatando todos os fatos.

Ele, ao estar ciente de que Augusta havia perdido o filho, que acreditava estar ainda no seu ventre antes de sua união com ela, não a perdoara, porque ela deveria ter-lhe contado a verdade. Agora, o médico lhe confirmara que não poderiam ter mais filhos.

Permaneceu algum tempo sem falar com a esposa, causando-lhe muita angústia. Não a achava nada inocente, no entanto a perdoava por tudo, por amá-la muito. Também soubera Alexandra, que Maria Augusta, às vezes, tinha febres altas quando sonhava com Andrés, e culpava-se por sua morte e a do frei, seu tão querido amigo. Dizia que o inferno estava preparado para ela e que nele encontraria aqueles a quem ela fizera mal, a lhe amaldiçoarem. Obsediada por espíritos impuros, desde o princípio, e com o desvio do que seria seu real destino, as dominicanas, escolhido por ela no plano espiritual para ensinar-lhe a renúncia e o verdadeiro amor universal, ela não conseguia orar e tinha sonhos de uma vida passada quando traíra o esposo (Andrés) para fugir com seu amor (Norberto), abandonando assim seus pequenos filhos. Ela acordava chorando e chamando: "Meus filhos, meus filhos".

Norberto não sabia o que fazer com ela até que, decorridos alguns anos, mandou chamar por Alexandra e o pai que, cabisbaixos, vendo o estado da filha, foram obrigados a colocá-la em um hospício. E lá ela permaneceu até a morte. Assim ficara determinado que o destino que a jovem abandonara e que seria seu refúgio espiritual e corrigiria seus desacertos morais, teria sido sua vitória. Agora, cercada de temores e alucinações e pelo desespero do remorso, nada poderia fazer-se por ela. No hospício, caminhava de um lado ao outro quando mais tranquila, descabelada e suja, roendo as unhas e falando, cabisbaixa:

— Por que estais me seguindo, vós, almas do outro mundo, vós que me levastes a obter a custo de vidas a felicidade que não consegui? Vejo-vos rindo de mim por onde ando. Correi daqui, desgraçados! Não pude ser feliz com Norberto porque vós não permitistes! Vós, vós!

E começava a espernear, chorando, olhando para os cantos vazios da casa de detenção dos desiludidos do mundo, com olhos esbugalhados.

***

Rudolf, ao voltar ao condado, depois de visitar sua pobre filha, recomeçou a estudar seus livros, procurando encontrar alguma forma de salvar Maria Augusta, mas nada conseguiu. Procurou a pitonisa outra vez e esta lhe falou:

— Vossa filha, nobre conde, foi vítima das próprias teias tecidas sobre almas puras. Não haverá mais retorno. Eu a vejo envolvida com nuvens de mal agouro, negras e pestilentas. Nada bom, nada bom.

– Mas não há algum remédio que a possa curar?

– Remédio algum cura a consciência que está pesando, nobre conde. Pelo que conheço da vida, somente quando nos dedicamos aos outros, trabalhando e esquecendo-nos de nós mesmos é que podemos melhorar nossos males, mas, quanto à vossa menina, agora penso que é tarde demais para isso. Por causa dela, muitos fatos ocorreram. Ela se recorda também da vida que teve no passado e agora está colhendo tudo o que semeou.

O conde baixou a cabeça e chorou novamente. Sua vida havia-se tornado um infortúnio. Então tentou solucionar sua desgraça, escolhendo outra esposa, para recomeçar a vida, feliz e alegre.

Aí aparece Luzia. Alta, jovem de vinte e dois anos, esbelta e faceira. Ficou impressionada pela riqueza do conde e o conquistou. Apesar de ele estar agora com cinquenta e cinco anos, cedeu aos seus encantos.

Os irmãos gêmeos de Alexandra haviam crescido e tornaram-se belos jovens, casando-se antes do pai e morando no exterior. Somente Alexandra ficara, aguardando por seu noivo. Havia dispensado Francisca e Mercedes, e conheceu a futura esposa do pai, que gostava de festas, luxos e prazeres. Encontrou nela jovialidade demais para o pai já cansado, mas viu que ele rejuvenescera naqueles dias, tremendamente. Então, achou que o casamento talvez fosse o passo definitivo à felicidade dele. Abençoou-os, sorrindo.

Havia festejos todas as semanas no castelo; música, danças, bebidas, risos e alegrias. Rudolf sorria feliz primeiramente, mas depois, acostumado a levar vida mansa, começou a faltar às apresentações que Luzia fazia, retirando-se sempre antes da hora de todos partirem. Alexandra notava o acompanhamento que rapazes jovens faziam à madrasta, a bela jovem escolhida por Rudolf, sempre cercada de jovens galantes. E sempre havia algum a dormir pelos cantos, próximo a sua alcova. Alexandra procurou não se envolver, mas descobriu o desrespeito com que a jovem agora tratava seu pai. Seus amantes vinham ao próprio castelo e todos os serviçais sabiam sobre eles, menos o esposo. Até que um dia o viu chorando e descobriu que sua esposa havia fugido com um daqueles hóspedes que frequentavam suas festas. Alexandra consolou o velho pai, dizendo-lhe, que a felicidade que ele estava tentando reconquistar jamais voltaria, porque tudo passa, tudo muda, tudo se transforma e que o importante era se levar a vida com força, otimismo e confiança, mas, principalmente com coragem, sabendo que no amanhã, se tivermos fé, ainda poderemos ter um novo amanhecer.

* * *

Anatole deu seis netos a Rudolf, e sua irmã gêmea, oito. Isso encheu a vida de Rudolf por alguns tempos, porque eles foram morar no castelo, porém, Alexandra permanecia só. Com setenta e seis anos, Rudolf falecia sob os cuidados de sua primogênita.

Onde as alegrias daquele tempo quando todos estavam juntos? Onde o amor, o carinho, a bênção do lar que antes havia? Onde a apreciação do pai por ela? Tudo havia partido com sua mãe e com frei José naqueles dias, pensava Alexandra.

* * *

Em Paris, Catarina havia aprisionado Duval em segredo, nos calabouços do Louvre, em cela isolada, como traidor, e sua sentença lhe trouxera todo o drama d'alma, porque ficara incomunicável sem sequer poder avisar a ninguém de seu pesado destino. Desesperado, assim permaneceu por longos anos. Seus familiares e os que lhe queriam bem ficaram cientes, anos depois, por meio dos guardas dessas celas reservadas de Catarina, e, posteriormente, quando veio a falecer na mesma prisão.

E Alexandra, que esperara Duval que não chegava, somente depois de muitos anos, recebeu uma carta da Baronesa Marie de La Siena, que dizia:

"Srta. Alexandra

Com esta nota estarei traindo Catarina, mas não poderei trair a vontade de um morto. Esta missiva que remeto anexa, escrita pelo punho de Duval e encontrada ao seu lado nos calabouços do Louvre, dirijo-a a vós, pois a vós é destinada. Foi-me enviada pela esposa do guardião do local, amigo sincero do Marquês, que a encontrou ao lado de seu corpo irreconhecível, pedindo que lhe fosse entregue. "Mando-a, pois, e lavo-me as mãos."

Baronesa Marie de La Siena."

Alexandra, mesmo sendo sempre acompanhada pelo pressentimento de que o único homem que amara estava morto, chorou desesperadamente, porque viu que este era o comprovante do que ela previra. Mas por quê? Por que estava preso em um calabouço? Soluçando, abriu a carta, já amarelada, com as mãos trêmulas. Ao rever sua letra, muito minúscula para ter mais espaço para escrever, beijou-a ternamente, como se estivesse beijando o homem que mais amara. E a missiva dizia:

"Calabouço do Louvre, agosto 23, 1578.

Minha adorada Alexandra.

Deveis imaginar por que desapareci de vossa vida; estou aqui aprisionado como perigoso criminoso, sem conforto, sem abrigo, por tantos anos distante de minha família, chorando e gritando por estar afastado de vós. Catarina assim age com aquele que ela imagina tê-la traído. Jamais pensei que iria acabar dessa forma, sem direito a nenhum julgamento, por ter sido fiel ao amor de minha vida, vós, e permitir que fugísseis com vosso pai... Tenho a impressão de que estou sendo aqui enterrado vivo e jamais irei ver-vos, minha querida. Por sorte, ou não, pois não sei se conseguirei enviar-vos esta carta, encontrei em meus bolsos um papel já escrito, enviado pela própria Catarina, ordenando-me encontrá-la, (no verso desta) e outro aqui na prisão e tenho aqui uma pena com pouquíssima tinta, do último infeliz que aquela soberana aqui aprisionou. Achei que Deus me trouxera o alento deste exílio, me gratificando com esta bênção de me imaginar estar "falando convosco."

Minha querida, eu não sei se recebereis estas anotações, mas Deus é bom para mim, pois tenho papéis e consegui a tinta, e penso que isso seja o sinal de que Ele atenderá meu pedido. Fico pensando nos inúmeros infelizes que aqui morreram, pois há muitas celas neste lugar deprimente e escuro, onde ninguém vem e tenho a certeza de que estes são os prisioneiros políticos de Catarina. Os que não a adoraram, os que não se ajoelharam perante sua maldita presença, ou até aqueles nobres mais conhecidos, que ela quis banir de seu reino, como eu.

Ah, minha querida, aqui na penumbra quase não vejo nada. É triste, muito triste, mas neste momento me apego a Jesus. Jesus é minha força e meu alento. Por incrível que pareça, quando estamos felizes, quase nem pensamos Nele, mas quando nos encontramos assim, desesperados, somente com Ele nos sentimos melhores. Quando ouço os gritos dos que aqui estão, tenho vontade de chorar e de ir até eles, se pudesse, para dizer-lhes que peçam por Jesus. Mas eles certamente me dirão: "Adianta para quê? Irá libertar-me este vosso Jesus?" Não, eu responderia, mas nos dará o alento ao coração e a coragem para enfrentarmos este terrível destino. Mas meu consolo, meu grande consolo, meu amor, é pensar em vós, lembrar-me de vossa presença e sonhar com nosso casamento. Sempre estareis em minha lembrança. Sempre.

Vosso

Antoin...

Alexandra notara que terminara a tinta que Duval usara para escrever aquela carta de adeus. Ah! Que ódio sentia agora de Catarina, que angústia! Que vontade de ir até lá para rever os restos mortais de seu amor e matar a odiosa mulher que, por ser soberana da França, se achava tão poderosa. Mas de que adiantaria o ato da vingança? Não traria de volta a vida de seu amor. Entretanto, desejava saber onde estavam os restos de Duval. Foi aí que escreveu à Sra. Marie, perguntando sobre isso e ela respondeu que, através da serva, ficara sabendo que os restos de Duval estariam entre os despojos dos muitos que lá padeceram. Alexandra preparou-se e, vestida de luto, com uma pequena bagagem, encaminhou-se a Paris com Nicolau. Lá, este companheiro de sempre, entrou em contato com o responsável pelo enterro dos infelizes. Alexandra pagou bem para que se fizesse uma exumação dos mais recentes despojos atirados nas proximidades de Paris. Tapando a boca pelo mau cheiro, ela reconheceu Duval pelas suas mãos que tanto amava, e o emblema que trazia na roupa. Teve vontade de beijar aquelas mãos, mas viu que não era possível. Então, em uma caixa, depositou os restos de seu amor para levá-lo consigo como se fosse o tesouro maior que já tivera.

— Agora estarás eternamente comigo, meu adorado – disse ela, referindo-se a seus restos.

Enterrou Duval no seu castelo, próximo à floresta, com um belo túmulo, feito por conhecido escultor. Era uma escultura de um homem em pé, com as vestimentas da época, estendendo a mão como esperando por alguém e com um sorriso nos lábios.

Alexandra chamava, em suas preces, seguidamente o frei José, e sua lembrança acalentava seu coração. Perguntava a ele o porquê de seus sofrimentos e da sua desesperança no amor. Esperara tanto pela alma de sua alma, no entanto, suas vidas estavam desgraçadas. Gostaria muito de saber por que Deus a estava fazendo sofrer tanto. Frei José lhe vinha em sonhos, dizendo que ela tivesse confiança, porque nada acontecera por acaso, que tudo tivera uma razão de ser.

Todavia, Alexandra não sentira a angústia da separação. Era como se Duval estivesse sempre ao seu lado. Chorava muitas vezes pelos protestantes, lembrando os dias tão trágicos que aconteceram com aqueles que nada mais fizeram do que amar o mesmo Deus e o mesmo Jesus. E sentiu-se grata por Rudolf, porque logo após o massacre do frei José, ele rebelou-se com o clero e terminou com as perseguições protestantes no condado. Não seria Jesus o verdadeiro abrigo para as almas de todo o mundo e de todas as religiões cristãs?

Ela se lembrava da carta que recebera do padre Benedito, amigo do frei José, contando da morte de Andrés, empregado lá por suas próprias mãos, e que fora acusado de herege e que nada pudera fazer por ele. Alexandra derramava mais lágrimas. Seu passado estava tão longe dela... Ela sentira que fora fútil e vazia em sua juventude com aquele rapaz tão bondoso e de alma pura, que cuidava de seu estábulo. Ele somente a amara e ela fora tão incoerente e caprichosa com seu destino.

Depois de alguns anos, sozinha, a irmã de Maria Augusta se encaminhou às dominicanas, para entregar-se somente às suas lembranças, pois achava que, estando mais perto de Deus, estaria mais próxima a Duval. Trabalhou com afinco, renunciando à vida que tivera e dedicando-se a Jesus. Aos setenta e cinco anos, a filha de Rudolf adoeceu. Durante dias, mesmo sentindo-se adoentada, fazia uma força imensa para auxiliar as irmãs, porém, certo dia, isto não aconteceu. Notou que estava na hora de sua partida, porque viu uma luz entrando pela fresta de sua janela. Muito fraca e quase sem ar, sentou-se na cama. Era Duval, acompanhado do frei José, e com eles, seus pais. Todos sorriam para ela. Já com suas faces muito brancas pela pneumonia, ela deixou novamente que rolassem suas lágrimas, porque estas não eram lágrimas de tormento, mas de felicidade. Sorriu e estendeu-lhes a mão para segui-los.

Naquela manhã, as freiras, procurando saber como ela estava, entraram no pequeno aposento e a encontraram desencarnada, em seu leito. Trazia, na mão fechada, a carta de Antoine Duval, o homem que jamais esquecera, seu eterno e grande amor.

Capítulo IX

Alguns Séculos Antes, na Grécia (Império Romano).

"O dever é a obrigação moral, diante de si mesmo primeiro, e dos outros em seguida. O dever é a lei da vida; ele se encontra nos mais ínfimos detalhes, assim como nos atos elevados. Não quero falar aqui senão do dever moral, e não daquele que as profissões impõem. (...)"

O Evangelho Segundo o Espiritismo,
Allan Kardec, Cap. XVII,
item 7, IDE Editora.

ENCARNAÇÃO DOS PERSONAGENS NOS 2 PERÍODOS	
PARIS SÉC. XVI	GRÉCIA (IMPÉRIO ROMANO)
Alexandra	Katrina
Marquês Duval	Eliseu
Frei José	Mercur

COMO NADA NA VIDA ACONTECE por acaso, nossos corações rebeldes, mas também amorosos, se reencontram com seus afins e também seus menos amigos, para solucionar os desacertos do passado. Assim, vamos encontrar aqui, em uma das vidas anteriores na Grécia, Duval e Alexandra, esta agora como Katrina, ele como Eliseu, e também outros personagens da história anterior.

Katrina havia-se preparado, desde criança, para ser uma vestal dedicada somente aos templos gregos. As sacerdotisas eram as Virgens Vestais que mantinham o fogo sagrado sempre aceso e representavam a alma Greco Romana. Elas eram selecionadas entre sete a dez anos de idade e escolhidas as que eram perfeitas física e mentalmente, cujos pais fossem livres e ainda vivos. Katrina, na época em que fora escolhida, ainda tinha a mãe viva e, depois de passar por uma rigorosa seleção, foi eleita pelo alto sacerdote para assumir um compromisso de trinta anos, dos quais, os primeiros dez seriam dedicados a estudos e treinamentos, e os outros dez, para ser serviçal da deusa Héstia, que posteriormente em Roma foi venerada como a deusa Vesta, e os últimos dez, para treinar meninas novatas. As suas vestes eram muito simples, mas elegantes, com belo manto púrpura. Como sabemos, as vestais deveriam permanecer puras, sem conhecer a união com um homem e, se alguma delas faltasse com o compromisso tão sério, entregando-se ao prazer carnal, profanaria a Deusa e poderia ser enterrada viva, sendo assistida pela população. Seria sepultada no subsolo em pequeno espaço sem ar, somente com um lugar para dormir, uma lamparina de óleo, que provavelmente com a falta de ar se apagaria, e provisões de víveres e água. Depois, o subsolo era tapado com terra plana, como se nada lá existisse. Portanto, a vida de uma virgem vestal, como personificação da chama sagrada de Héstia, era extinta quando ela parava de personificar a Deusa.

Katrina, assim, estava sendo preparada para a vida que teria e somente seria libertada quando no declínio da sua existência. Em compensação, apesar de todos esses rigores, as mais antigas vestais gozavam do maior respeito e eram tão sagradas que, se passassem ao lado de um homem condenado, ele poderia ser perdoado. Eram também, muitas vezes, chamadas para apaziguar as dissensões nas famílias e muitos segredos lhes eram confiados, até os do Estado.

Foi em mãos de Vestais que o imperador Augusto depôs o seu testamento que elas levaram, depois de sua morte, ao Senado Romano.

Katrina nascera de família humilde. Obedecia aos seus pais e temia os deuses, portanto acostumou-se, de acordo com a vontade dos genitores, a interessar-se sobre seu próximo futuro, com orgulho, mas sem se dar conta do que estaria por vir. Deveria dedicar-se extremamente aos templos, esquecendo a família e o desejo de casar. Instruía-se em não mirar a nenhum homem nos olhos para não cair em desgraça, como Narciso, que na lenda grega, ao olhar-se no lago, apaixonou-se pela sua própria imagem.

Quando o luxo se espalhou em Roma e depois na Grécia, algumas Vestais começaram a passear em suntuosas liteiras, carros magníficos ornamentados com cetins e flores, que eram carregados por quatro homens e acompanhados por um numeroso séquito de mulheres e de escravos. Há uma lenda que conta que as primeiras Vestais foram eleitas pelo herói troiano Eneas.

Todas as casas possuíam um altar de Vesta, que dividia as honras com os Lares e os Penates, também divindades do lar e da pátria. Essas divindades habitavam a casa como espíritos divinizados dos antepassados, cultuados pelos descendentes. Assim, o fogo de Vesta não era um fogo comum, usado para cozinhar e aquecer, mas o fogo sagrado que mantinha os espíritos familiares vivos. Recebiam honras e oferendas, mas praticamente não tinham imagens que as representassem, a não ser como chama viva no lar, na cidade ou no templo.

Nossa jovem em questão era sorridente, faceira, culta e, de uma certa forma, distribuidora de alegrias e com um temperamento para ordenar a todos, como a Alexandra que vimos em linhas anteriores. Indócil, mas ao mesmo tempo meiga e carinhosa, ela não sonhava com o amor. Sabia que se dedicaria somente aos deuses do Olimpo e estes eram seus ideais. No entanto... Uma tarde, quando estava andando sozinha pelo piso pedregoso de Atenas, estando próxima ao mar, sentiu-se desmaiar. Ficou caída ao solo, não soube por quanto tempo, até que, ao acordar, viu-se em um pequeno cômodo, muito alvo, com as paredes rústicas pintadas de branco, em um leito muito macio. Do vão aberto situado à frente da cama onde estava, podia avistar externamente o azul safirino do mar e as belas flores em floreira na janela. Olhou ao seu redor. Estava só, mas ouvia murmúrios que vinham da rua. Preocupada com sua demora para chegar ao templo e sem saber onde estava, pois o Sol iniciava a sua descida ao horizonte, chamou por Mercur. Tentou levantar-se da cama, mas sentira uma dor terrível, porque havia quebrado, com a queda, o tornozelo. Assim mesmo, resolveu sair do leito para voltar a sua casa. No entanto, ela sentia-se impossibilitada de se mover. A dor era extremamente forte.

Mercur, o nome de seu irmão, (frei José da vida que viria) estava ansioso em encontrá-la, pois seu pai chegaria brevemente em casa e, se soubesse que ele não cuidara da irmã para que nenhum desconhecido se aproximasse dela, ele lhe "tiraria as tripas", como costumava falar. O templo, ou escola de Netuno ou Poseidon, ficava distante de sua casa como se agora fossem quatro quarteirões.

Quando sua mãe ainda estava viva, Katrina visitava seu futuro lar, esse templo que ficava situado à beira do mar Egeu, fazendo oferendas para este deus com sua mãe, lançando flores ao mar e pedindo a ele sempre uma vida saudável e repleta de alegrias. Com o desaparecimento dela, seu irmão mais velho a acompanhava, mas muitas vezes se desviava sozinho com amigos, dizendo que tinha que aproveitar para pescar e vender seus peixes a fim de terem dinheiro para seu sustento.

O pai, sentindo-se velho e desgastado, já com a idade de cinquenta anos, trazia consigo a amargura com a perda da jovem esposa e apegara-se demais a seus dois filhos; naquela tarde, nem imaginava que Mercur abandonara a irmã a caminho do templo, para dedicar-se exclusivamente a levar o valor, que sabia necessário, para casa, como fazia todos os dias.

Em frente à sua residência, Eliseu, jovem atleta que conversava com um sábio amigo já com bastante idade, ouviu Katrina chamar por Mercur e correu para prestar-lhe socorro, sorridente. Ela, já na adolescência, assustou-se. Nunca havia se aproximado de um homem, somente de seu pai e seu irmão, pois isso lhe fora sempre proibido.

— Quem... Quem sois vós?

— Ora, não me apresentei, pois não tive oportunidade. Podeis chamar-me Eliseu.

Katrina sentiu um aperto no coração. Olhava aquele homem como seu salvador, que com generosidade, não sabendo a que família ela pertencia, atendeu-a tão bem colocando-a em sua própria cama. E como era belo com seus cabelos loiros encaracolados sobre a tez morena do sol da Grécia... Tinha os olhos azuis amendoados e um sorriso com alvos dentes. Ela ajeitou-se, movimentando-se no leito e fazendo menção de sair.

— Por favor, levai-me para minha casa.

– Oh, não podeis sair. Esteve aqui um amigo que entende de quedas, e sua habilidade é grande em saber o que fazer em vosso caso. Sugeriu-me que eu vos deixe aqui sem vos mexer por três dias, no mínimo. Colocarei algumas ervas em vosso tornozelo e em breve sereis a mesma jovem, sempre caminhando rápida até o templo. Mas não vos preocupeis, porque eu cuidarei de vós. Já combinei com meu velho pai. Eu não trabalharei apanhando peixes nestes dias que estiverdes conosco, nem darei minhas corridas como sempre faço.

– Correr?

– Sim, sou um atleta do Olimpo.

– Mas preciso falar com meu pai e meu irmão...

– Dizei-me onde estão que eu irei avisá-los em um momento, enquanto estiverdes dormindo.

Katrina sorriu. Sem dúvida alguma, ele era um belo e atraente rapaz, mas procurava não lhe fixar nos olhos, para não trair seu pensamento.

O pai de Katrina, Neoclécio, estava preocupado quando recebeu a mensagem trazida por Eliseu. Depois de estar revoltado pela atitude do filho e brigar muito com ele, ambos decidiram buscar Katrina; ela não poderia jamais permanecer na casa onde dois homens moravam. Correram pelas ruas mal traçadas de Atenas, até encontrarem a casa simples do atleta. Apresentou-se a ele Neoclécio e, considerando seu filho um rapaz esperto e negociante, colocou este pensamento em voz alta, para que os homens daquela casa soubessem que Katrina não estava só quando fora visitar o templo.

Adentraram e quase nem cumprimentaram o jovem, fazendo somente um sinal com a mão, de que estavam gratos por tudo. Mas souberam que ela estava com o tornozelo quebrado e, por mais que quisessem tirá-la de lá, Eliseu pedia e implorava para que lá ela ficasse e que iria ser bem tratada. Mas o pai de Katrina, sério e um pouco perturbado, perguntando-se a si mesmo o porquê daquela insistência, abraçou a filha, retirando-a do leito e saiu com ela nos braços, acompanhado por Mercur.

Katrina, no colo do pai, olhou aquele belo jovem enquanto se afastava, sem desviar seu olhar do dele, que sorriu para ela até os três dobrarem a curva do caminho. Durante os dias que se seguiram, ela repousava em seu leito, imaginando o seu salvador, como pensava, sempre com um sorriso nos lábios. Por que aquele homem não lhe saía do pensamento? Ela teria que ser forte, mas pensava que isso logo passaria, pois em breve seria uma vestal e jamais o veria novamente.

Passado mais de uma semana, quando ambos, pai e irmão, haviam saído por alguns instantes, entrou Eliseu, sorrateiramente, porta a dentro para vê-la. Katrina, ainda no leito, tentou levantar-se, aturdida quando ouviu passos estranhos, mas caiu ao solo e não conseguiu se levantar. Ficou assim imóvel, sentindo grande dor, mas não gritou por receio. Quando Eliseu, chamando por alguém, nada ouviu, lentamente resolveu procurá-la pela casa. Adentrou no quarto, procurou-a com os olhos para ver onde estaria a jovem, que não estava no leito que deveria ser seu. Ao fixar a figura deitada no solo, horrorizou-se e, num arroubo de amor, abraçou-a, apertando-a em seus braços, dizendo:

— Oh, menina, sabeis que vos amo, não sabeis? Vos machucastes? Quanta saudade eu senti estes dias todos! Há quase duas semanas vos encontrei e, pelos deuses, quero casar-me convosco! Soube pelos vossos vizinhos que não fostes ainda liberada pelo médico, por isso me atrevi a vir aqui, pois tenho vos esperado, sempre às escondidas, atrás do muro de vossa casa.

Katrina, apesar de sentir-se ternamente abrigada por aqueles braços volumosos e fortes, empurrou-o, pois as lições que recebera a ensinavam isto.

— Largai-me! Não vos aproximeis de mim, por favor – falava ela.

— Por que não, minha querida? Não vistes que não foram os deuses que nos aproximaram, mas a verdade e o amor que está nos aguardando?

— O quê? Que dizeis, pobre homem? Não sabeis que estou completamente comprometida a ser uma vestal?

— Como? – perguntou ele singelamente

— Sim, isso que ouvistes.

— Por que não me dissestes antes? Oh, peço-vos perdão – falou ele, colocando-a no leito. – Sairei daqui e não mais voltarei. Perdoai a este infeliz que teve a desgraça de amar a quem não devia.

Como um relâmpago, o jovem Eliseu afastou-se. Era como se milhões de destroços houvessem lhe caído sobre a cabeça. Tonteou, e saiu sem olhá-la novamente.

"Pelos deuses! Por que teria eu que amar logo alguém tão impossível?" – pensou ele.

Ele sabia que deveria esquecê-la. E daí por diante, passou a não mais procurá-la. Tentou distrair-se, como se houvesse colocado uma grande pedra em cima de seu coração.

Katrina, assim que o jovem saiu, ficou a pensar em seu abraço caloroso, em seu carinho e em suas palavras. Jamais alguém a havia abraçado, e ele era tão bonito... Oh, por que ela teria que ter caído em desgraça e encontrado logo um homem quando tivera o acidente? Teria sido o destino ou vingança dos deuses? Sim, ela também, por mais que quisesse reprimir este sentimento, estava a amá-lo.

"Como poderei agora voltar a ser o que era antes? Já não sou mais a mesma". – pensava ela.

Passaram-se os meses, sem que os jovens se vissem. Depois de curada, Mercur nunca mais deixou de acompanhar a irmã ao local das vestais, e a jovem relatou o fato à sua mestra, que a fez esquecer, dando a ela outro tipo de trabalho, que nada tinha a ver com a escola. Tinha que preparar o alimento para todas as novas vestais, limpar os ambientes, aquecê-lo com brasas em recipientes de cobre, etc... até chegar o dia em que ficaria lá para dormir, pois na semana que entraria ela seria a vestal que cuidaria de um dos templos de Olimpo.

Neoclécio sorria radiante por ver a filha pura oferecida aos deuses. Somente em pensar que ela não caíra em tentação por causa do rapaz que conhecera e que vira em seus olhos a admiração, já o satisfazia.

Então, lançava um pensamento de amor à esposa morta: 'Nossa filha será uma vestal amanhã, Soraya, e de onde estiverdes, sorrireis feliz para mim, por saber que eu soube cuidar muito bem de nossa menina'. Depois, ordenou a seu filho:

— Corramos ao local para vê-la, Mercur; as meninas sairão do templo, onde rezarão aos Deuses e a cidade em peso seguirá seus passos com danças, flores em abundância e sorrisos, dando graças às felizes escolhidas. Haverá também os festejos mais tarde, frente ao mar; lá podereis divertir-vos, meu querido filho. Todos irão aos festejos do templo do deus do mar, para que as moças escolhidas sejam vistas.

Mercur baixou os olhos.

— Mas o que tendes, filho?

— Ora, meu pai, a primeira mágoa que me ocorre é que estaremos mais sós do que nunca em nosso lar, sem os sorrisos de minha irmã. Isso não me dá satisfação nenhuma. E, para dizer a verdade, eu... – olhou para os lados para ver se não havia ninguém à escuta e continuou baixinho – eu não acredito muito nesses deuses. Por isso, sinto minha irmã estar perdendo sua mocidade aprisionada naquele lugar.

Neoclécio estava pasmo. Com os olhos arregalados, não imaginava que o espírito daquele jovem fosse tão rebelde. Então, falou-lhe, levantando a voz:

— Nunca mais digais uma heresia destas, Mercur, que vos despejo daqui; aí sim, vossa vida será um inferno de solidão!

— Está bem, está bem, meu pai, mas eu teria que vos ser verdadeiro algum dia. Nunca poderia olharvos face a face, sem vos ser verdadeiro. Não achais que é melhor assim?

Neoclécio abraçou o rapaz pela ingenuidade que ele tinha dentro de si e sorriu, respondendo:

— Tendes razão. Melhor será que sejais verdadeiro, mas por favor, nunca mais faleis esse tipo de coisa para mim.

— Está bem, meu pai.

Na manhã seguinte, Atenas parou. Ouviam-se pandeiros e cantorias que subiam ao morro mais alto de lá. As donzelas, levando coroas de rosas na cabeça, faixas coloridas nos cabelos amarrados, tendo no corpo vestidos macios e totalmente alvos com certa transparência, mantendo um dos ombros à mostra, sorriam e caminhavam ao seu destino, sentindo-se triunfantes. A multidão dava passagem a todas elas. Katrina pensava no jovem que conhecera. Este era o momento em que daria adeus ao homem que tanto admirou e que não queria nem pronunciar o nome. Com seu sistema nervoso alterado, ela fez uso de algumas ervas e extratos, que sabia, iriam lhe fazer algum bem, somente para não pensar em Eliseu. Levantou o pensamento, não pretendendo jamais imaginar aquela bela face que a fazia derreter de sedução. Nestes termos, refletiu sobre o que a faria parar com esse pensamento:

A vida é um mar de ilusões e não irei cair nessas ondas, pois Poseidon me levaria à morte certa. O amor por um homem, nós aprendemos, não é para as mais puras. O homem nos faz sofrer, nos tira o raciocínio e nos transforma em reles pecadoras. Muitas chegam a matar por amor, a serem escravas de seus homens, a odiar os deuses por eles. Eu consegui desviá-lo de meu coração, meus deuses do Olimpo! Eu agora sou uma vestal, dedicada somente a cuidar do templo de Poseidon.[1]

Nisto, como se o fogo do amor a buscasse, ela

---

1. O templo de Poseidon ou Netuno, construído sobre sete colunas dóricas e uma central, está situado na costa de Atenas, no local que fora sempre considerado sagrado, no cabo de Sounio. Situa-se sobre falésias, frente ao Mar Egeu e foi sempre um marco para as embarcações que chegavam. O Sounio é comentado desde tempos remotos como o lugar onde Menelau ficou parado com seu timoneiro Phrontes Onetorides durante seu retorno de Troia. Havia dois lugares de culto descobertos por arqueólogos, um ao sul da borda e um em Atenas, a 500 metros a noroeste. A construção do grande Templo de Poseidon teve início por volta de 500 aC, não concluído e logo destruído pelos persas em 480 aC; o que agora está em Sounio foi construído no topo do mais velho templo em ruínas.

viu Eliseu, com os olhos fixos nela, bem à frente da multidão. Ele avançou para ela, fazendo-a parar:

– Não! Não deixeis que me tirem de vós. Pelos deuses, por que? Por que não poderemos ser felizes?

O coração de Katrina parecia que tinha parado de bater. Ela ficou branca como cera e todos os transeuntes não se locomoveram mais, para poder ver a cena. Alguns sorriam maldosos, outros ficavam preocupados, e as meninas que iam à frente também estancaram para ver o que estava acontecendo. Katrina parecia perder as forças; aquilo não poderia estar ocorrendo. Por que ele fizera isso? Oh, ela sabia que toda sua emoção estava retida dentro de seu ser e tinha vontade de gritar por socorro. Mas sua voz trancara-se na garganta e ela parecia paralisada no solo.

Neste momento, Neoclécio correu e retirou as mãos de Eliseu da filha, falando:

– Mas o que é isso, rapaz, se nem o conhecemos direito?

Eliseu caiu em si e baixou os olhos tristes. Katrina, com o coração em disparada, saiu sem vê-lo e partiu com a procissão até o seu templo, pensativa. Sua mestra a olhava, repreendendo-a com o olhar. Mas como uma vestal poderia pertencer ao templo tendo um namorado? Sim, porque tudo dera a entender que eles se amavam... Ela vira os olhos e as maneiras da jovem quando o avistou. Teria que perguntar a ela assim que chegassem, sobre o acontecido. Talvez ela devesse partir e deixar seus votos.

No templo de Poseidon havia danças em volta de sua estátua e na de outros deuses, que eram bailadas pelas jovens escolhidas, sempre com cantorias e músicas de flautas e pandeiros. Elas atiravam flores e pétalas de rosas aos transeuntes por onde elas passavam, saídas de seus cestos.

– Ele se afastará de mim definitivamente, agora – falou Katrina para seu pai. – Portanto, papai, não fiqueis acabrunhado, porque as coisas más não acontecerão e tudo correrá como todos planejamos.

Com a noite, vinha para a jovem sonhos com Eliseu e falava que a amava, implorando que ela abandonasse esses votos. Ela via-se em cima do penhasco, frente ao templo e ao mar, a chorar e a buscá-lo, chamando-o. Ele desaparecia em uma névoa, mar a dentro e Katrina se desesperava. Aí, acordava aos saltos da cama, perguntando-se, por que ele não a deixava em paz em seus sonhos também. Mas não foram somente esses sonhos que revelavam a ela o amor verdadeiro, pois sonhos de sedução também aconteciam; e um dia Katrina foi procurar Ofélia, a vestal que a educara, para aconselhar-se:

– Os sonhos, Katrina, são desejos d'alma. Se tanto sonhais com este rapaz é porque o amais; não deveríeis ter-lhe fixado os olhos como eu havia vos ensinado. Por que o fizestes?

– Porque não foi proposital. Como falar com alguém sem o olhar?

– Katrina... parai com isso! Não mintais para mim, Katrina; vós olhastes de uma outra forma para aquele jovem belo e atraente; eu vos vi na passarela para cá; extasiastes ante seus olhos azuis, Katrina, e não vos incumbistes de ser somente uma vestal? Não deveríeis ter feito isso! Muitas jovens de Athenas o admiram, sabeis? Será ele quem iniciará os jogos Olímpicos. E vós tereis que estar frente a ele para entregar-lhe os louros, se por ventura ele vencer. Estejai pronta para isso; sereis capaz de não olhar para sua nudez?

Katrina, com as mãos tapando os olhos como se não quisesse ver, chorava:

– Não! Nada mais dizeis, por favor! Eu juro que jamais o olharei novamente. Serei como cega perante ele; eu quero ser e sou agora uma verdadeira vestal.

– E lembrai-vos, menina, que se quebrardes estes votos para os braços de algum homem, podereis ser enterrada viva! E se eu souber disso, não vos restará outra sorte, pois nada me será perdoado se eu não vos delatar.

— Sei disso, sei disso, Ofélia. Mas por favor, colocai-me em outros trabalhos para que meus sonhos não mais se assemelhem a estes que tenho tido.

O tempo passou e, na festa das Olimpíadas, Katrina adoeceu de tal forma, que não pôde movimentar-se para seguir os eventos. Outra jovem foi em seu lugar.

À noite, ela saía do templo e orava olhando para o mar e as estrelas. Com suas vestes ao vento, ela pedia aos deuses para retirarem o desejo imenso que morava dentro de si mesma de estar com o jovem que sabia estar amando.

Alguns anos passaram...

Eliseu também sofria com o mesmo amor e, para esquecer mais rapidamente a mulher que amava, casou-se com Marineia, jovem da ilha, já com seus vinte e dois anos, dois anos a mais que ele, e mais experiente que ele em matéria de amor, o que o levou ao matrimonio. Deles nasceu um menino loiro e de cabelos crespos como ele, que se chamou Marius, e uma menina cujo nome foi Marina.

Todos levavam a mesma letra de início do

nome. Sua vida passou a ser somente a de atleta, e isso o levou a ser em parte famoso, sendo convidado para correr em outras ilhas e receber os louros de lá. No entanto, sua amada Katrina continuava sendo para ele como uma lua, a qual ele podia ver, mas não apanhar e, no seu íntimo, continuava amando como algo muito puro e inacessível.

Mercur, morando com o pai, encheu sua vida com crianças, tendo ele casado com uma moça de cabelos castanhos e cheia de corpo, chamada Lilia, que fazia bem a sua cabeça de homem sonhador e que amava o ar livre e a liberdade. Mas ele jamais fazia uma oferenda aos deuses, pois ouvira falar em um certo Moisés longínquo, que recebera de um Deus único, em cima de um monte, todas as leis que o povo deveria seguir, e Mercur, acreditando nesse Deus como verdadeiro e único, achou melhor segui-lo; acreditaria mais Nele que em deuses que nunca o ouviam.

Capítulo X

Os Protetores de Katrina e Eliseu

"323 – Será uma verdade a teoria das almas gêmeas?

– No sagrado mistério da vida, cada coração possui no Infinito a alma gêmea da sua, companheira divina para a viagem à gloriosa imortalidade.

Criadas umas para as outras, as almas gêmeas se buscam, sempre que separadas. A união perene é-lhes a aspiração suprema e indefinível. Milhares de seres, se transviados no crime ou na inconsciência, experimentam a separação das almas que os sustentam, como a provação mais ríspida e dolorosa, e, no drama das existências mais obscuras, vemos sempre a atração eterna das almas que se amam mais intimamente, evolvendo umas para as outras, num turbilhão de ansiedades angustiosas, atração que é superior a todas as expressões convencionais da vida terrestre. Quando se encontram no acervo dos trabalhos humanos, sentem-se de posse da felicidade real para os seus corações – a da ventura de sua união, pela qual não trocariam todos os impérios do mundo, e a única amargura que lhes empana a alegria é a perspectiva de uma nova separação pela morte, perspectiva essa que a luz da Nova Revelação veio dissipar, descerrando para todos os espíritos, amantes do bem e da verdade, os horizontes eternos da vida."

O Consolador, Francisco Cândido Xavier, Emmanuel, FEB.

E o tempo passava... Em certa tarde, começou a se criar um enorme temporal na ilha. Katrina, reunida com outras jovens do local, ensinava a elas as suas verdades sobre as divindades e seus feitos, sobre Hestia, deusa dos laços familiares, simbolizada pelo fogo, que era filha de Cronos e Reia e uma das doze divindades Olímpicas; e pensando nisso, lhe veio à mente a figura de Eliseu. Parou pensativa. Onde estaria ele? Um relâmpago veio tirá-la da posição em que estava e assustou-se; então, dispensou as jovens que ensinava, mas antes de entrar no templo viu vindo em sua direção, Mercur, saudoso, para contar-lhe sobre seus filhos e os filhos de Eliseu, pois o havia visto por perto.

– Sabeis, minha irmã, daquele que vos acolheu naquela tarde, levando-vos à sua casa? Talvez não vos lembreis, mas... – continuou a contar sobre ele e o seu encontro.

Katrina ouvia-o, sem ao menos prestar atenção no que ele dizia; seu pensamento voava, imaginando o homem que nunca saíra de seus pensamentos. Estava já com vinte e sete anos. Nove anos se passaram e ela agora era uma mulher mais madura e muito bela, mas em seu coração, um grande vazio permanecia. Por que não lhe trazia felicidade cuidar do fogo sagrado dos deuses conforme prometera? Sentia-se perder a vida numa inutilidade total. Soube do casamento de seu irmão com Lilia e do nascimento de seus filhinhos. O fato fez crescer nela uma inveja odiosa. Rangia os dentes à noite odiando-se de estar lá trancada naqueles templos e lembrando-se de todos, livres e felizes, e ela sem poder amar e ter um lar.

No momento em que Mercur, continuando sua conversa, falou: "Eliseu casou-se com Marineia"... Katrina teve um choque. Havia se casado? Então não a amava mais? Desde este momento, ela começou a esquecer seus pensamentos íntimos para ouvir melhor o irmão contar sobre a mulher, esposa de Eliseu; e encheu seu coração de ciúmes, que nunca havia tido. Dentro dela começou a crescer um sentimento pérfido. Tinha vontade de matar a mulher que lhe roubara o seu afeto, pois achou que o homem que amava jamais teria outra pessoa e esperaria por ela, por uma eternidade. E Mercur dizia:

– É, ele se encontrou comigo e contou-me que se apaixonou por ela com uma "paixão arrasadora", mas falou que deixou acontecer a paixão, porque amava uma mulher inalcançável como a lua no céu. Senti que falava de vós, minha irmã; ora, coitado do rapaz, jamais vos terá em seus braços. – E ria-se muito ao falar isso. – E ele me disse que tem dois filhinhos que são umas gracinhas, Marius e Marina.Tudo com a letra M da esposa.

Katrina ouviu. E o ciúme formou uma explosão dentro de sua alma.

– Já deveis ir, meu irmão – pediu ela seriamente –, grande tempestade se apronta.

Mercur sentiu que ela não gostou do que ele lhe contou e achou que, como era uma vestal, ele não deveria ter falado a ela sobre aquele homem. Saiu rapidamente para escapar do temporal que começava, acabrunhado, mas feliz em ver a irmã.

Logo após Mercur sair, Katrina, chorosa e enciumada, saiu portal a fora para ficar olhando o mar. O vento era forte e a tempestade quase a fazia voar. Ela chorava, porque outra mulher tomara o seu lugar no coração do homem que amava, e imaginou-se sumir entre as vagas marinhas. Encaminhou-se para a beirada do precipício; havia amado aquele homem todos aqueles anos, sem esquecê-lo por um dia sequer, e agora não poderia viver sabendo-o amar outra mulher. Preferia a morte àquela vida sem amor. Nisto, alguém se aproximou do templo para pedir graças a fim de que Netuno parasse com aquela tempestade e, quando viu o belo vulto indo para a queda, correu e a agarrou-a, salvando-a e derrubando-a ao chão.

Katrina abriu os olhos e viu, olhando-a ansioso, o homem que amava, com aqueles olhos azuis perturbados e nervosos. Então, ciente ser ele, deixou-se levar pelo grande amor que guardava por tantos anos, sempre existente em todas as almas gêmeas, abraçando-o fortemente, chorando e dizendo:

— Oh, Eliseu, eu vos amo! Amo e desejo-vos, assim como todas as noites desejei estar em vossos braços. Deixai-me morrer! Jamais desejei imaginarvos nos braços de outra mulher, como agora estou fazendo, e esse pensamento queima-me por dentro! Deixai-me morrer!

Com grande ansiedade, Eliseu apertou-a nos braços fortemente, beijando-a com desespero:

— Jamais me separarei de vós, amada minha. Seremos, sim, um do outro, pois não pude apagar, com meu casamento e a vinda de meus filhos, o mesmo sentimento que tendes por mim. Amemo-nos! Amemo-nos agora, sejamos um do outro, como nossas almas assim o desejam! Morreremos os dois para esse mundo que não nos compreenderá jamais!

Uma explosão de raios no céu os envolveu com luzes cintilantes, prendendo-os por eternos laços, vistos aos olhos humanos como proibidos.

Estariam os deuses planejando tudo isso? Seriam então eles malditos por não vigiarem a conduta da jovem vestal? Quem eram esses deuses, afinal, que permitiram este encontro entre dois jovens, com um amor totalmente proibido? Vendo-os participarem de sua entrega proibida, os amigos espirituais de muitas eras comentavam:

— Estais vendo, Firmino? Outra vez estão falhando. Como sabeis, a invigilância desvia qualquer pessoa. Ainda mais quem está se dedicando, como nossa Katrina, a seguir a vida na pureza e castidade. Eles alimentaram, dentro de si, esse amor proibido, dia a dia, imaginando essa entrega, sem imaginar que o pensamento é energia que, depois de muito fortalecida, transforma-se em condutor endereçado exatamente ao ponto que se deseja. Esse é o mal dos desavisados sobre a vigilância. O mal está por toda parte, meu amigo e apanha os mais desprevenidos.

— Sim, é verdade... ah, Marcelino, quando estes jovens vão poder cumprir o que prometeram?

— Meu amigo, como vemos, os nossos filhos agora se perderam. Estão ligados por imensa força e envolvidos por seres impuros, que não os deixam abraçar a obra que deveriam concluir. Por mais que nós os tenhamos distanciado, a lei de atração os encontrou. E procurando apagar em seus corações as lembranças de outras eras, os pobrezinhos, imantados no que consideravam a inocência do amor, entregaram-se lentamente a pensamentos libidinosos e pecaram; ela, com a promessa de vestal e ele, contra e o lar que deveria ser abençoado e o comprometimento de uma vida.

— Agora que tudo aconteceu, o que faremos? Não poderemos abandoná-los.

— Eles já se afastaram de nós, ouvindo somente o que suas mentes desejavam, meu amigo. Sem esperanças, eu vos digo, que eles, fatalmente, acordarão mais tarde para carregar angústias e tristezas até o final e, talvez, quem sabe, nos procurarão novamente, compreendendo o amor como um sentimento abrangente a toda a humanidade. Vedes? Olhai para eles agora. Luzes vermelhas os envolvem, e há muitos seres escuros abarcando seus corpos numa explosão de sentimentos nefastos. São os Poseidon de suas vidas, aprofundando-os cada vez mais nos mares do desencanto.

— No entanto, Marcelino, eles se imaginam extremamente felizes. O amor é sagrado quando se é livre, mas como são extremamente comprometidos, o amor torna-se objeto de obsessores que lhes sugam as maiores ânsias do prazer. São as forças do mal que os envolvem de tal forma, que tornam o impossível muito mais apreciável. Esta união não deveria ser realizada e estes espíritos tomam partido deste fato. Neste caso, Eliseu tem um casamento concretizado e um lar a vigiar, enquanto Katrina fez uma promessa incapaz de cumprir. Deveriam desempenhar o que prometeram no plano espiritual, exatamente para alcançarem a meta almejada.

– Sei disso, sei disso. É uma pena, meu amigo; perder a encarnação é terrível, quando mais tarde nos damos conta disso. Mas nós fizemos o possível para retirarmos de suas mentes esta atração que os envolveu já de outras vidas; por ora, eles se afastam cada vez mais do pensamento correto. É isso que os espíritos menos felizes e mal orientados fazem para desviar os que estão invigilantes. Neste momento, eles são somente matéria e seria impossível penetrarmos em suas mentes com pensamentos sobre as leis morais e sobre o que prometeram a si mesmos enquanto ainda não haviam reencarnado.

***

Katrina acordou tensa, pois se lembrava do anunciado a ela nos dias da concretização do que fora seu sonho mais importante: ser uma vestal. Sabia que, se descobrissem seu relacionamento com Eliseu, ela poderia ser enterrada viva, tamanha a punição, mas, quando lembrava dos braços do homem que amava, acalmava-se e respondia a si mesma. *"Não importa morrer agora. Sou feliz! Sou imensamente feliz"*. No entanto, a sede daquela união não saciava. Katrina encontrava-se com Eliseu nas proximidades, quando, escondida em seu manto, caminhava nervosamente até um posto diverso, onde havia pequena casa abandonada. Era preciso voltar a pecar, e voltar outra, e mais outra vez, e assim sucedeu até que os enamorados um dia foram surpreendidos por um pastor de cabras, que procurou visualizar o rosto da vestal que se encobria. Katrina, amparada por Eliseu, correra campo acima ao encontro de sua propriedade vestal. Foi aí que ambos comentaram sobre o caminho que deveriam seguir, pois se deram conta de que iriam ser descobertos de alguma maneira ou de outra. Então, em uma noite, quando estavam a sós nas proximidades do templo, Eliseu falou a ela:

— Katrina, nós sabemos que não estamos fazendo nada certo. Erramos brutalmente no dia em que nos entregamos um ao outro, porém agora, como se fôssemos empurrados a isso, cada vez estamos mais envolvidos. Já não ouso tocar em minha esposa e, enlouquecido que sou por vós, abandonei quase que totalmente meus filhos; também vós, minha querida, sinto que já não sois mais a mesma para com as pessoas que se aproximam. O proibido sempre atraiu milhões de seres e eu me considerava forte a este tipo de tentação, mas enganei-me redondamente; sou igual aos outros, amo, sou apaixonado e preferiria morrer do que ter que deixar-vos. Quando chego em casa e deito em meu leito sozinho, lembro que sois proibida de ser tocada, e mais a paixão me enlouquece. E vós estais totalmente mudada. Vejo em vossos olhos essa expressão de ardor, antes singelos e dóceis. Quando no templo convosco, noto os olhares que despertais nos homens, que vos olham como se estivésseis sem vestes. Vossa auxiliar desconfia agora de vós e já andou nos seguindo uma vez quando conseguimos vê-la a tempo de a despistarmos. Tudo isso me faz ver que devemos tomar uma atitude em relação a nossa vida. Vou deixar minha família e vós deixareis esta vida.

— Sim, sim – falou chorosa a jovem –, pois sinto-me enlouquecer também para estar a vosso lado, e mesmo sabendo de tudo isso, há algo dentro de mim que me alucina; algo que parece anormal. Eu vos amo tanto, que sou capaz de loucuras – concluiu ela.

– Katrina, eu também já não tenho o controle de minhas ações como antes. É como se eu estivesse entrando em um mar tempestuoso que quisesse engolir-me e não consigo desvencilhar-me das ondas. Mas devemos pensar; por pouco não fomos descobertos, e isso vai ter que acabar.

– Não. Não posso ficar sem vós, meu amado, mas se eu tentar fugir, meu pai, se souber, me matará ou morrerá de desgosto. Já não consigo pedir à deusa Hestia e nem chorar. O que fazer?

– Fujamos.

– Para onde?

– Desçamos esta praia agora e fujamos para um local, onde ninguém possa nos encontrar. Fujamos para outro país.

– Para onde? E sem avisar a ninguém? Não poderei sair sem avisar meu pai e meu irmão.

– Deverá ser logo, Katrina, amanhã talvez seja tarde demais. Também deixarei minha família sem avisar.

– Vão pensar que morremos nas ondas do mar.

– Deixemos algumas vestes aqui no precipício e, para todos os efeitos, nós dois desaparecemos nestas ondas.

– Oh, não sei, meu pai está velhinho, e ele talvez não suporte este golpe...

– Vinde. Retireis vosso manto e olhai, estou retirando o meu. Agora, deixemo-los aqui em frente ao barranco. Este será o sinal à nossa família. Pelo menos saberão que nos amamos e que preferimos morrer juntos do que...

Nisso eles ouviram passos distantes. Havia alguém se aproximando. Katrina e Eliseu procuraram esconder-se, mas não havia tempo para chegarem ao templo. Então, resolveram descer correndo a ladeira até a praia para apanhar o barco de Eliseu. Quem estava perto não pôde ver nada, pois a noite esconde os mais terríveis atos, mas encontrou as vestimentas e saiu do local olhando para todos os lados para verificar onde se haviam metido aqueles que abandonaram seus ricos trajes naquele local, e Mercur, reconhecendo os mantos, ficou ciente de tudo.

Em silêncio, imaginou o desesperado amor de ambos, que não tiveram forças para a renúncia. Olhou no infinito, na imensidão do céu estrelado, suspirou profundamente falando baixinho:

– Que Deus os abençoe em sua nova trajetória, estejam onde estiverem, seja ela na morte ou no caminho que escolheram com a fuga.

***

Em um pequeno barco, pré-preparado com algumas provisões e mantos, Katrina e Eliseu conseguiram chegar à ilha da Sicília, tomada antes pelos gregos, agora repleta de árabes. Com muita fome, conseguiram descer da embarcação e pedir algo para comer em uma taberna, o que lhes foi dado à troca de alguns tostões.

Para onde ir? O que seria deles agora? Mas uma onda de felicidade percorreu seus corpos quando se miraram: estavam unidos para sempre, não havia nada e nem ninguém entre eles; nem compromissos religiosos, nem aliança nenhuma. Eliseu e Katrina sentiam-se livres e, em seus corações, fez-se a explosão da verdadeira felicidade que só existe nas almas gêmeas.

Enquanto isso, Mercur, que tivera a sorte de ter descoberto o desaparecimento de sua irmã, chorava a falta que teria. Como contar ao pai, já com tanta idade? Iria ele resistir a tal tormento? Como dizer a ele que o manto de Katrina estava disposto ao lado do traje de Eliseu, aquele homem que ela tentara esquecer e que por certo não conseguira? Como avaliaria a desilusão de tê-la perdido desgraçadamente nos braços de um simples mortal? Sim, porque vira dois mantos encontrados à beira do abismo e isto confirmava que ela não fora só. Resolvera morrer nos braços de seu amor. Mercur chegou em casa e chamou por Lilia. Ela o ajudaria a concluir o que deveria ser feito. Talvez ela, como mulher, tivesse uma alocução mais digna sobre a cunhada para contar ao estimado genitor.

– Pelos deuses! O que aconteceu? Seria verdade? – perguntou Lilia, ao saber do acontecido.

– Sim, minha querida. Mas o que fazer agora? Como não machucar o coração do velho pai? Façamos de conta que foi um acidente.

Como toda mulher, Lilia pensou em uma saída menos dolorosa. Diriam ao pai que Katrina teria caído ao mar enquanto o admirava e que Eliseu, que passava por lá, a vira e teria se jogado para salvá-la. Esta era a melhor forma de Neoclécio não sofrer tanto. Porque a dor por ter perdido a filha a um homem, seria mais dolorosa a ele, do que a própria morte. Então, Mercur preparou-se para chegar ao pai, que estava cansado naquela tarde, e pensativo.

– Sabeis, filho? – disse ele antes que Mercur começasse a falar. – Eu estava pensando aqui, que sentiria profundamente se minha filha, minha única filha, aquela que entregou sua pureza aos deuses, se atirasse aos braços daquele tal Eliseu. Afinal, ele agora é um homem famoso por seus feitos e glórias Olímpicas, isso a poderia fazer voltar atrás em suas resoluções, como toda mulher. Quem não gostaria de ter ao seu lado um homem com aquela cabeleira dourada e tamanhos olhos azuis e ainda trazendo tantos louros ganhos nos jogos de Atenas? Mas, ainda bem que ela está quietinha lá onde está. Sabeis, Mercur? Sempre senti que ela amou aquele homem desde o princípio, porém ela sabia o rumo que deveria seguir em sua vida e não quis desviar-se do caminho. Ah, Mercur...

— Pai...

— Eu achava que tudo iria terminar mal, mas por que será que não paro de pensar em Katrina hoje? Acho que vou vê-la mais tarde.

— Pai. — Continuou Mercur. — Preciso falar-vos.

— Pois falai, meu filho. Estou a ouvir-vos. É sobre minha filha ou meus netinhos? Fizeram alguma diabrura? Ah, desde que os romanos tomaram conta de nossa querida cidade, não tenho um dízimo de descanso. Tenho medo de que meus netos acabem como escravos desses romanos pestilentos. Ah, eu os odeio por tudo o que fazem aos mais jovens escravizando-os e levando-os a outras regiões.

— Pai, por favor! Eu preciso falar-vos.

— Ora, como não deveria ficar preocupado? Os romanos levam daqui os homens de maior importância para servirem de escravos dos homens importantes...

— Pai, eu...

— Está bem, falai, falai, mas sejais rápido, que agora deu-me vontade de procurar vossos filhos.

— Meus filhos estão bem, meu pai, A questão é com Katrina.

— O que aconteceu? Ela quer falar-me? Ah, por isso estou a pensar tanto nela.

— Não, pai, Katrina... desapareceu.

— O quê? Como? O que aconteceu, filho?

— Katrina sumiu e perante o precipício foi encontrado seu manto; pensamos que tenha caído ao mar. Deve ter caído pelas falésias abaixo por descuido e, se morreu, sabemos que estava servindo aos deuses, pai. Talvez alguma alma viva tenha tentado salvá-la, mas naquele lado o mar é bravio, porque encontramos outro manto lá, mas não sabemos quem poderá ter sido.

– Oh, que o homem deste manto a tenha salvado! – falou o velho, chorando e elevando os braços aos céus como a implorar aos deuses.

Assim, Mercur conseguiu iludir seu velho pai, que se entristeceu tanto, a ponto de adoentar-se. Neoclécio seguidamente ia ao templo orar e fazer reverência aos deuses, mirando repetida e diretamente o fim do horizonte, apesar de ter suas divindades em casa, como a deusa Hestia. Ele desejava olhar o mar e imaginar sua querida Katrina, a jovem mais sedutora do local e a mais pura, sendo trazida por algum herói.

Numa tarde, estando ele passando por uma taberna, resolveu entrar para beber alguma coisa. Ouviu falarem sobre o acontecido.

– Sabeis, caro Arístoles, que a esposa de Eliseu está completamente maluca? Não consegue criar mais os seus filhos e atirou-se na vida dos prazeres para sustentá-los. Dizem que dorme com romanos. E os pobrezinhos choram a perda do pai todos os dias, quando os que correm nos jogos voltam do treino.

– É triste, Jacinto. É triste porque ela desiludiu-se muito sabendo que ele se atirou ao mar com a amante, a "pura" mulher do templo, Katrina – e começou a rir com escárnio. – Que amor imenso, não é?

Ambos riram-se, dizendo:

– Ah... Esta pureza é difícil de ser conservada quando aparece na frente delas um homem com tantos louros como aquele. Mas devem estar bem felizes lá com o deus do mal. Há, há, há...

Neoclécio, quando ouviu o que estavam falando, tonteou e saiu silenciosamente, escondendo o rosto com a touca.

Parecia que iria morrer. Grossas lágrimas escorriam por seu enrugado rosto. Ele enxugava-as com as costas das mãos. Então resolveu voltar ao templo para saber da verdade.

Lá, foi-lhe explicado tudo. Não aguentando mais, ele seguiu até a beira do precipício gritando, como se a filha pudesse ouvi-lo:

– Katrina! Por quê? Por que, Katrina?

Mas não contaria nada a seu filho Mercur.

* * *

Distante, Katrina só sabia amar. Não lembrava mais do pai nem do irmão. Este foi um tempo para ela dedicado somente ao seu amor por Eliseu. Era como se se embriagasse somente em vê-lo, porém o tempo passou e, como as penas atiradas ao ar caem calmamente ao chão, Katrina também começou a achar aquela vida enfadonha. Achava a cidade suja, com homens mal encarados e mulheres de má educação, gritalhonas, que, cobertas de cima a baixo, mostrando apenas seus olhos, a olhavam cochichando sobre ela pelos cantos. A saudade começou a abatê-la.

— Não quero mais ficar nesta ilha — dissera um dia ela a Eliseu. — Olhai à vossa volta. O que vedes? Só homens mal-encarados me olhando com olhos de...

— Tudo bem, já sei o que ireis dizer-me — respondeu Eliseu. — Tendes certeza que não quereis fugir também de mim já que, talvez, tenhais saciado a sede indo tanto ao poço? — falou ele, olhando-a com desdém. — Sei que uma mulher, carente como vós, poderia estar se distanciando, depois de cansar-se de mim.

— Ora, não atireis esse pretexto em minha face para deixar-me mais furiosa ainda! Eu estava quieta lá no templo quando surgistes com...

— Katrina! Fostes vós, Katrina! — e se aproximando dela novamente, continuou: — Olha, meu amor. Sei que deveis estar esgotada. Tendes uma vida de quase pauperismo aqui comigo e já não sou aquele homem cheio de louros como era em Atenas. Agora sou um simples homem do porto, atrás de barricadas e sacas e sei, minha bela, que a vida não está sendo majestosa para nós. Tudo foi vossa ilusão? Eu não sou mais o mesmo? Sinto que não mais me procurais quando estou em casa e vos afastais de mim. Oh, minha querida. Tenho feito tudo para saciar esta vossa angústia.

– Perdoai-me este desprezo que sinto, não por vós, visto que sempre, sempre vos amarei, mas por este lugar desagradável. Este local me traz náuseas. E odeio estas mulheres alcoviteiras, que andam a olhar-me como se eu quisesse tirar o marido delas. E também, há um maldito árabe, que me segue sempre quando busco pela água que bebemos. Está sempre em seu cavalo e fica a rodar à minha volta, querendo prender-me junto ao muro da cidade. Tenho sempre que fugir dele. Ah, se eu tivesse uma arma, atirava naquele homem!

– Querida, isto é porque sois bela demais. Nenhuma mulher ousa deixar os cabelos cair livres sobre as costas como fazeis aqui. Ninguém consegue ver-vos sem desejar-vos, mas eu vou arrumar alguém para vos servir. Por ora, peço-vos para não irdes mais apanhar água na praça.

Eliseu tratou de conseguir, por alguns tostões, uma menina que morava próxima de sua humilde casa, mas que, não tendo a força suficiente para carregar a água do poço, não resolvera aquele problema. E Katrina continuava a ser assediada pelos árabes, principalmente pelo belo portador de um cavalo branco que, um dia, sorrindo ela, brejeira, para ele, não perdeu a oportunidade de raptá-la. Levou-a com ele a galope, na garupa de seu corcel árabe, sob os olhares da menina que a acompanhava.

A noite chegara mais cedo, pois choveria, e Eliseu aguardava nervosamente a esposa que não chegava em casa. Com o passar das horas, sentira que acontecera algo muito sério. Foi até ao casebre da menina e a encontrou chorosa, querendo esconder-se dele, pois temia sua revanche.

— Onde está Katrina? Falai! O que aconteceu com ela?

— Ela... foi raptada por um homem em um cavalo branco.

— Raptada? E o que tem mais a me dizer, mocinha? Falai-me, por amor aos deuses!

— Nada sei, só sei que vi aquele homem, e quando vossa mulher sorriu para ele, ele a apanhou!

Eliseu sacudiu a jovem e teve vontade de bater nela, mas viu que de nada adiantaria. Então, saiu cabisbaixo para pensar sobre o que poderia fazer em relação a esse fato.

***

Katrina, nervosa pelo rapto, também se preocupava por seu esposo; em seu egoísmo, aprovava, de certa forma, o que havia acontecido, por ter saído de sua miserável rotina; achava que aquele bem vestido homem seria algum soberano que teria muitas riquezas e que a levaria para um belo palácio somente por um dia, por isso não relutou, nem gritou, o que, para o raptor, sinalizava aprovação.

– Para onde iremos? – perguntou Katrina quando ele a apanhou.

Sem responder nada, ele a apertava com seu braço esquerdo e com o direito dava a ordem ao cavalo. Galopou por cerca de meia hora, até chegarem a um prédio mourisco, com um pátio interno com inúmeros arcos e grandiosidade de azulejos em torno.

Katrina apeou do cavalo, sendo pega pela cintura por seu raptor, que nada lhe dizia. Tentou perguntar a ele por que estava lá, mas ele nada falava e ela achou que ele não entendia sua língua.

Colocando a jovem os pés no piso, o homem retirou o véu de sua cabeça, olhou-a nos olhos, examinou a madeixa caída sobre o seu peito, apanhando-a com as mãos, e deitou o olhar em seu busto e seus quadris. Katrina não lhe tirava os olhos, somente sorria pelo arrebatamento que via no olhar daquele árabe. Ele fez sinal a ela com a cabeça, como a dizer que estava tudo bem e puxou-a pela mão, para dentro do pequeno palácio de trinta quartos. Chamou um dos seus servos e falou algo a ele que Katrina não entendeu; achou admirável um homem querê-la dessa forma, a ponto de raptá-la, mesmo sem saber quem era ela; então, não teve medo dele, mas entusiasmo; jamais imaginou que, entrando ali, talvez jamais pudesse sair.

O servo levou-a para um local onde havia algumas mulheres e ela achou que todas aí serviam ao seu dono, mas quando viu uma senhora já com seus trinta e cinco anos aproximar-se e olhá-la dos pés à cabeça, verificou que estava sendo levada para o harém daquele homem. Entre as mulheres, aquela era a única que falava sua língua, por isso o homem que a raptara exigira que fosse ela quem deveria orientar sua nova vida. Olhando-a de cima a baixo, a bela senhora perguntou enraivecida a Katrina:

— Chamo-me Nadine. Estou aqui há oito anos. Como vos chamais?

— Katrina — respondeu a jovem, absorta no que estavam fazendo as outras mulheres. — Quem é este homem que me raptou e o que é isto aqui?

— Bem, poderás chamá-lo de "amo", porque não sereis para ele mais que uma serva.

Katrina arregalou os olhos e a mulher continuou:

— O homem rico que nos retém aqui é meu esposo, por esse motivo é necessário que tireis os olhos dele. Para as outras mulheres do harém, é o amo e senhor. E isto aqui, como vedes, é o harém de suas mulheres. Eu sou sua esposa preferida e jamais mulher alguma...

Iria dizer tirará o meu lugar, mas Katrina, ainda assustada, quase nem a estava ouvindo, e somente perguntou:

— Mas será que ele pretende me deixar aqui? Eu não poderia, tenho meu esposo a me esperar. Ah, eu quero falar com ele.

— Agora será difícil e estais totalmente enganada, mocinha. Daqui não saireis tão cedo.

Katrina assustou-se e correu para a grande porta fechada.

— Abri esta porta, miserável! Eliseu, onde estais? Abri esta porta! Socorro!

Katrina ficara chorando desesperada, e Nadine, por ora, teve pena dela e pediu para que se acalmasse, esperando a oportunidade de agir. Assim, passou-se uma semana com Katrina a aprender com Nadine algumas coisas daquele local, como por exemplo, caminhar, como fazer reverência ao amo, etc... e as coisas que ele apreciava, como se fosse o maior soberano da face da Terra. Dias depois, ela foi chamá-la:

— Abdul el Cid pediu que eu vos preparasse para vê-lo.

Com grandes olheiras e achando que tudo o que estava acontecendo era mandado pelos deuses raivosos, Katrina levantou-se do divã, em que estava, para ouvir Nadine, que falou tentando acalmá-la:

— A revolta de nada adiantará, pois deste momento em diante sois prisioneira do coração de meu esposo e daqui jamais saireis; mas, se permanecerdes amansada e resignada, até podereis sentir-vos feliz. Desejaria também eu que não estivésseis aqui, pois minha dor aumenta e meus ciúmes revoltam-me e angustiam-me, pois eu amo meu esposo com toda minha alma. Cada vez que uma das moças é escolhida e não eu, sinto algo que me arrebata para o crime, mas até agora eu sou sempre a preferida e, no momento, devo obedecer-lhe as ordens e as mulheres daqui me respeitam.

Nadine, imaginando Katrina aninhada nos braços de seu amor, olhou para a jovem com repulsa e, como se estivesse sendo já traída, desferiu-lhe um tabefe no rosto. Continuou depois a falar perante o olhar temeroso e estupefato de Katrina e das outras mulheres:

— Não vos firo, porque sei que não o desejais, menina, mas, se por ventura ele deixar-me por vós, então preparai-vos, porque muito em breve sereis assassinada por minhas próprias mãos. Portanto, cuidado, meu ódio poderá ser fatal. No momento, ele vos mandou preparar para que isto se proceda. Vestireis um hábito particular de Cartago.

Vendo Katrina olhá-la assustada, continuou:

— Mas não me olheis com essa cara... Com o tempo, estareis acostumada.

— Como, acostumada? Por quanto tempo permanecerei aqui?

Nadine secamente respondeu:

— Tempo? Tempo? Ah, o tempo aqui não sabemos quando passa, somente contamos as vezes em que somos procuradas. Quanto mais formos procuradas, mais seremos importantes para nosso amo, mas não será vosso caso, descansai.

— Pois eu não aceitarei uma coisa deste tipo. Vou conversar com ele agora.

Katrina achara que o homem que a raptara realmente a amava, mas verificou que somente seria uma entre tantas mulheres e sentiu um mal-estar que até àquela época de sua vida não tivera; seria o ódio desse homem, que tolhera sua liberdade? Não estava se conhecendo. Fez menção de sair, mas a porta estava trancada. Então, reapareceu Nadine, trazendo nas mãos um traje azul-turquesa. Katrina não quis colocá-lo, mas foi imposto a ela que se enfeitasse para rever seu amo.

A roupa era com duas peças totalmente bordadas, a primeira ia até quase a cintura e vários véus transparentes de outras cores formavam saias; na cabeça lhe colocaram um adereço que apanhava até suas orelhas, também bordado com pedrarias, ao final pintaram-lhe os olhos que ela nunca ousara pintar. Aí estava a nova e futura senhora entre as tantas esposas do bárbaro raptor.

Nisso adentrou o servo de Abdul para buscá-la, entre os olhos invejosos das outras mulheres. A antiga vestal, ao lado de Nadine, tentou caminhar com os pés descalços o mais erguida possível, para não se sentir como um animal indo para o abate. Abdul a esperava reclinado em seu divã, alimentando-se de algumas uvas. Mandou que tocassem uma música e uma dançarina começou a dançar; então, fez um sinal a Nadine, que apanhou a mão de Katrina levando-a até ele. Sorrindo para ela, colocou um anel de grande pedra em seu dedo indicador, olhando-a de cima a baixo. Depois, obrigou-a a sentar-se ao seu lado; Katrina sentiu-se material de venda. O árabe mandou Nadine retirar-se e Katrina tentou falar alguma coisa, mas não conseguiu. O árabe realmente não a entendia. Ele deu a ela o haxixe[1] para fumar e depois insistiu que ela bebesse com ele um bocado. Aquele ambiente deixou Katrina transtornada e com medo. As sensações da bebida e do fumo que recebeu foram fortes e Katrina se sentiu diferente dela mesma e tonta; então um pensamento lhe ocorreu: por que dera atenção ao árabe? Teria sido despeito por seu esposo não lhe oferecer a atenção que ela esperava receber? Por que se deixara ser raptada? Sim, porque estava lá por sua própria culpa e agora seria difícil fugir. Começou sentir-se infeliz e triste. Amava seu marido mais do que tudo, mas sua invigilância no instante que se demonstrou atenta e risonha ao árabe, levou-a a receber o fruto de sua pequenez e vulgaridade. Tentou sair para fugir do local, mas a bebida e o fumo intoxicante a deixaram quase sem movimentos. Então, assustada, com aquele homem estranho a abraçando, sentiu-se repugnante,

---

1. Haxixe – droga muito usada em tempos antigos. Do árabe "Hashish", é o pólen compactado, extraído das flores e das inflorescências femininas da Cannabis sativa, planta conhecida como marijuana, ou maconha.

odiou-se por ter sido vazia, mas nada pôde fazer e, mesmo tentando fugir de seus braços, ela tornou-se a décima terceira esposa de Abdul.

Por três noites seguidas, sob o olhar de ódio de Nadine, Katrina fora chamada para ver Abdul. Durante o dia chorava, chamando por seu Eliseu e procurava fugir dali, mas à noite, a forte bebida e o uso do fumo a venciam e ela se deixava levar pelo raptor novamente. Assim, fez companhia a ele por mais de uma semana. Nadine já estava ficando por demais enciumada, ameaçando-a, e Katrina começara a ficar preocupada. Nas próximas noites, Katrina deixou de resistir e começou a aceitar que aquela teria que ser sua nova vida, chorando sempre, muito infeliz. Como lutar contra aquela prisão? E seu marido, por que não a encontrava e a tirava de lá? Com o passar dos dias, Abdul el Cid resolveu procurar novamente sua primeira esposa Nadine que, com júbilo, disse a Katrina:

— Vistes? Vossa vez já passou, minha cara, ele já se cansou de vós.

Katrina encheu-se de ódio. Afinal, o que ela estava fazendo de sua vida? Estava se drogando, se viciando com os atos mais indignos de uma mulher casada que amava o marido, e ainda tendo que lutar com muitas mulheres para alcançar a confiança daquele homem, receber dele, talvez, um pouco mais de liberdade, para poder concluir seu plano de fuga. Ao ouvir Nadine, seu orgulho foi muito ferido e teve vontade de atirar-se sobre ela, arrancando-lhe os cabelos, mas pensou: *"Amanhã é outro dia e, quem sabe, ainda poderei fugir daqui?"*

– Olhai, minha amiga – falou Sophie, uma jovem que simpatizara com ela e já começava a aprender sua língua –, não fiqueis preocupada, porque essa é nossa vida. Na realidade, somos como escravas.

Sobre os olhos dilatados de Katrina, ela continuava:

– Agora estais eternamente enredada nesta teia. Até hoje, quem saiu daqui já não vive. Se desejais este destino, então... Bem poderei conseguir algo para que vossa vontade seja feita. Se fôsseis inteligente como pareceis ser, deveríeis, sim, esquecer vosso passado e agradar nosso amo, para que de vosso destino não possais vos arrepender. Todas nós queremos um lugar mais apreciável para termos mais regalias. Ademais, nós tememos por Nadine, que é ciumenta e traiçoeira. Pelo menos, sem nos atirarmos aos braços de nosso amo, rimos, recebemos belas vestimentas e mantos de seda, belíssimas e autênticas joias de ouro e, às vezes, somos convidadas a passear.

– Passear? Roupas não me atraem, mas minha liberdade, sim.

Katrina ficou entusiasmada com o fato de um passeio, mas não quis chamar a atenção sobre esse fato; não tinha, naquelas mulheres, a confiança para realmente dizer o que lhe passava na cabeça.

– Mas é importante estarmos bem vestidas para que nosso amo nos aprecie – continuou Sophie.

– Não me conformo com isso. Com Eliseu, sou a única.

– Mas deveis enterrar o passado.

– Pois eu conquistarei neste lugar, custe o que custar, o que desejo!

– Cuidado com Nadine, que nos espiona a todas.

Na noite seguinte, porém, depois de passar um dia inteiro atirada ao divã sem fazer nada, a aguardar o momento preciso, foi chamada novamente Nadine que, sorrindo para ela com ar de vitória, foi feliz ao encontro do homem que amava.

Havia, entre as mulheres do harém, um ciúme doentio, mas elas temiam a primeira esposa do árabe. Isto era exatamente a maldição da carne e não do amor, porque o verdadeiro amor é suave e se rejubila, é leve e agradável, confia e enche o coração de alegrias e Katrina estava vivenciando o próprio inferno, naqueles dias. O que notava é que cada vez ficava mais e mais envolvida, como se estivesse se enredando a uma teia extremamente forte e indestrutível.

Os dias passaram. As semanas e os meses. Katrina estava sendo totalmente abandonada por aquele homem que voltava a chamar a todas, mas principalmente Nadine, a mulher mais amada por ele.

Aquela bela e pura jovem, que amara sua família, seu irmão, seus sobrinhos e principalmente seu pai, e pretendia ser fiel à profissão escolhida, estava totalmente perdida em seus princípios morais, por sua cupidez.

E vinha-lhe à cabeça, em momentos de embriaguês, as palavras de Soraya, a antiga vestal que a instruíra:

"Quando nos enredamos nas teias carnais, o que pensamos ser amor, acabamos caindo nos próprios fios por nós criados, e sofremos. Isso nos transforma em reles pecadores. Nosso coração, que pensamos estar dedicado somente à pureza do afeto, torna-nos ciumentos e invejosos daqueles que poderão atrair as pessoas que desejamos; e muitos de nós chegamos até a matar, enredados totalmente em um emaranhado de desejos insatisfeitos,

que imaginamos vindos do sentimento que guardamos. E em que nos tornamos? Nos tornamos escravos do corpo pelo prazer que procuramos sentir. Isso não é realmente o amor, mas obsessão da carne.

Por isso, devemos olhar à frente, dirigindo nossa atenção para a meta que queremos alcançar e, depois que daqui sairmos, encontrarmos alguém que nos ame e que amemos para nos unirmos pelos laços do afeto, constituindo família."

* * *

Katrina aguardou ser chamada no outro dia, mas novamente outra mulher fora chamada em seu lugar. Pensou que talvez Nadine houvesse convencido o orgulhoso árabe a não mais chamá-la. Com esse sentimento de rejeição, a antiga vestal começou a roer as unhas e achou que iria enlouquecer. A angústia de não ser desejada pelo homem que a arrebatara a desesperava, a falta da bebida e da droga a afligia e começou a desejar o árabe com todas as forças de seu espírito, odiando as outras mulheres do harém. Então, para chamar sua atenção, começou a esmerar-se em sua maneira de vestir, enfeitando-se com as mais belas e chamativas joias, mais para agradá-lo, quando convidada a ceias em que todo o harém o encontrava para cear. Assim, somente na semana seguinte, Katrina foi convidada a comparecer na presença do árabe. Foi como se o céu estivesse se abrindo, dando-lhe mais uma chance. Amava o raptor ou o odiava por ter feito dela um ser humilhado e vencido, a ponto de implorar sua atenção, arrastando-se a seus pés? E Eliseu? Bem... Talvez não devesse mais pensar nele, porque jamais o veria.

Katrina atirou-se com corpo e alma aos braços do árabe, entre o fumo e a bebida, dizendo ao homem que desejava ser sua preferida.

* * *

Na realidade, vendo a prostituição através da espiritualidade, tanto para o homem, quanto para a mulher, muito se teria a escrever. O mundo em que estamos vivendo, com o sexo aberto e sem rédeas, demonstra a nós, espíritos em escalada ao aprimoramento, o vasto campo de irmãos desencarnados que se comprazem com as sensações dos que se encontram em corpo de carne e vivem o sexo sem amor. Estes se arrastam como vermes em ciclos obscuros, à procura destas sensações, fixados ao solo pelo ideal de êxtase, com o intuito de ainda obterem um pouco do vício ao qual se obstinavam enquanto estavam encarnados. É muito triste para nós, amigos queridos, vermos estes seres que não nos ouvem nem nos veem e que assim não podem receber a dádiva do aprendizado espiritual e libertar-se deste inferno que os prende à matéria.

Por isso, aconselhamos sempre e orientamos todo aquele que, envolvido no amor a Deus, deseja livrar-se desta trave que os separa da verdadeira felicidade. O sexo entre duas pessoas, que mantêm o elo sagrado do amor, sempre é abençoado por Deus, enquanto que se somente feito pelas satisfação dos instintos, atrai os desencarnados que vibram na mesma sintonia, transformando-os em perfeitos vampiros.

Katrina estava confirmando que, tudo o que temia das palavras de Soraya, sua mestra no Templo, estava se tornando real. Cheia de despeito e ódio por Nadine, a primeira esposa de Abdul, e pelo desgosto de vê-la sempre pisar em seu orgulho, rebaixando-a atrevidamente, a filha de Neoclécio começou a planejar sua morte.

Aonde levam os sonhos de uma mulher caprichosa? E como é perigoso ser tão bela! No plano espiritual, Firmino e Marcelino olhavam e se perguntavam, com tristeza, como aquela menina, antes inocente e tão ansiosa por permanecer dedicada somente aos deuses, permitira-se agora atirar-se nos braços do terrível conquistador, para viver uma vida de sedução e de pecado.

* * *

Mercur andava tristonho pela cidade, cada vez que passava próximo ao templo de Netuno. Lembrava que já fazia três anos que sua irmã tinha desaparecido. Apelava a Deus de Moisés agora, a fim de receber algum indício dos seus restos mortais ou notícias dela, mas em vão. Sabia sim, que fora por Eliseu que ela havia deixado seus bens mais preciosos, como ela dizia seguidamente, à sua família. Seu pai, Neoclécio, já estava decaído e sem forças, pois o fato de ela ter desrespeitado seus deuses o deixaria doente por toda a sua vida, e Mercur fazia o possível para contentá-lo com seus filhinhos, o que foi sua salvação

Ver a esposa de Eliseu mendigando e entregando-se a qualquer passante por alguns tostões a fim de sobreviver, era, para Mercur, muito triste e pesado. O irmão de Katrina era um homem de caráter e firme em suas convicções; jamais se deixara levar por índoles imorais que lhe poderiam subtrair a parte humana e caridosa. E ver aquela mulher naquela situação, o fez compreender que ele, apesar de não ter até o suficiente para sua manutenção, era em parte responsável, somente por ser irmão de Katrina. Então, apanhava alguns tostões e, sorrateiramente, colocava-os pela janela da casa da esposa de Eliseu, juntamente com algumas frutas e alguns pães.

***

Na Sicília, Eliseu sentia muitíssimo o desaparecimento de sua esposa e tentou de inúmeras maneiras saber sobre o existência do árabe com o cavalo branco que sempre a rondara, a fim de seguir seus passos. Procurou por todos os locais da ilha, sem nada encontrar. Cada dia que passava, se desesperava mais, então entendeu que isto fora enfurecimento dos deuses por ter partido com uma de suas vestais. O jovem grego nem imaginava que Katrina estava entre as mulheres do harém, agora sem chorar, sem desesperar-se, entorpecida de vícios, tentando não mais pensar nele. No seu desespero, ele não sabia onde procurar sua amada esposa, pois, como sabemos, o temor nos afasta da resposta que queremos ter; então, passou a perseguir todos os homens árabes que encontrava nas ruas, perguntando em vão e pesquisando sobre a vida de cada um.

Mais de dois anos se passara, sem notícias de Katrina; achando-a perdida, o sofrido homem, antes atleta admirado, hoje decaído, voltou seu pensamento de dor para seus filhos e a esposa abandonada. Voltaria à Grécia, mas retornaria mais tarde para tornar a procurar a mulher de sua vida. Lá em sua cidade, o irmão de Katrina continuava a abraçar a causa gerada pela irmã e começara a orar pelo único Deus que sentia dentro de si; no entanto, não precisou por muito tempo, pois soubera de Eliseu.

***

E Katrina, não sendo procurada como desejava pelo árabe, chorava. Imaginava Nadine morta, e as outras mulheres expulsas por ela. Afinal, em que tinha se transformado? Delicada e pura, estava para se tornar assassina e não abandonaria tão fácil essa ideia, porque estava atolada no mal e envolvida por toda série de espíritos que atraía pelo pensamento; e o vício nela gritava por sobrevivência, de tal forma, que aquilo, percebia-se, era dirigido por outros seres, muito mais fortes que ela. Sua fisionomia, antes bela, agora se transformava. Grandes sulcos na face magra e olheiras pesadas, não eram disfarçados pela maquilagem que usava.

Num entardecer, quando Umh, o eunuco mudo, apelidado por este nome por cuidar do harém fora buscar a primeira esposa, Katrina procurou-o, falando-lhe:

– Umh, eu sei que não podeis falar, peço-vos,

porém, que consigais para mim um pouco de veneno para que meu corpo possa descansar dos infortúnios da vida. Minha vida está sendo uma desgraça. Meu amo me abandona por vários dias e já não quero viver. Para vós reservei estas joias que recebi dele. Com elas podereis ser livre. Sei que desejais isso, porque sois escravo neste lugar.

Jamais Katrina contaria que não era para si o que pedia, com receio de ser descoberta. E, quando ele fez a ela um sinal arguindo-a por que ela decidira fazer uma terrível desgraça acontecer consigo mesma, ela lhe respondeu:

– Já não sou feliz aqui e quero fugir para bem longe, deixando meu espírito livre como um pássaro.

Ele não acreditou muito na história que Katrina lhe contava, pois via o ciúme a carregar-lhe o semblante cada vez que ele buscava a primeira esposa para levar a seu amo; contudo, o dinheiro sempre moveu mundos e para ele significaria sua fuga daquela ilha maldita, a liberdade onde era somente um escravo. Na calada da noite, o servo conseguiu entrar no espaço reservado para as mulheres de Abdul el Cid e entregou para a antiga vestal o conteúdo, forte capaz de levar até duas vidas, que fora trocado pelas joias. O homem olhou para o tecido que envolvia aquele pequeno tesouro e sorriu, mostrando sua boca desdentada.

A preparação foi feita no dia seguinte. A primeira esposa tinha seu lugar apropriado. Ela quase não se misturava com as outras mulheres, pois estava sempre em primeiro plano. Katrina sabia disso e conseguiu colocar no vasilhame da água que ela bebia todo o pacotinho que lhe cabia nas mãos, para tirá-la de seu caminho.

Quando Nadine entrou pela manhã, sorrindo maliciosamente, para deixar ainda mais doente de ódio a jovem grega, a poção já estava preparada e a primeira esposa, rindo-se ainda, falou a ela:

– Oh, pobre menina grega, desprezada uma vez mais pelo meu esposo... Deveis estar ficando muito feia, ou quem sabe, não sabeis adular seu amo a ponto de ser procurada constantemente. Sois desprezível agora para ele, isso eu sei. E deu uma gargalhada estrondosa, para que todo o harém caçoasse da jovem grega.

Katrina somente sorriu, um sorriso de futura vitória.

Nadine, ainda não tirando os olhos dela, sorveu quase todo o conteúdo do vasilhame do copo servido, como sempre o fazia todas as vezes que deixava o esposo e sentiu o grande amargor na boca. Começou a tontear; sufocando-se, chamou pelo eunuco que não a atendeu, pois havia fugido. Então, atraindo todas as outras jovens para perto dela, somente conseguiu dizer:

— Me ajudem ! Me sinto... sufo... sufocar.

E caiu pesadamente sobre o tapete, sem vida.

Katrina sentiu enorme êxtase. Ria-se por dentro, mas fingiu muita preocupação. A mulher odiosa estava morta. Agora, faria seu amante abandonar as outras mulheres do harém e ele pertenceria somente a ela. Contudo, olhando-a nervosamente, as mulheres se afastavam temendo também morrer.

* * *

No outro plano, Firmino derramou algumas lágrimas, dizendo:

— Marcelino, olhai. Vede, ela acabou de criar para si um carma que levará por vidas a fora e nos abandonou totalmente. Por mais que queiramos e desejemos que nossos pensamentos no bem penetrem em seu coração, ela fecha seus sentidos totalmente para viver somente o ciúme, a inveja e o despeito. Acredita amar egoisticamente este homem, que nada mais fez do que atirá-la no abismo, vedes? Ela abarcou dentro de si inúmeros males adormecidos, vindos de eras remotas.

– Mas, Firmino, coitadinha! Ela não é tão culpada; vede: inúmeros seguidores escuros a acompanham, sem que ela perceba. E eles estão felizes com a vitória do grupo. Retiraram nossa jovem do local de orações para destruí-la; ela não é tão culpada, somente foi invigilante – falou Marcelino, querendo desculpar o ser que protegia.

– Sim, meu amigo, porém ela não nos ouve. Sua invigilância a fez aceitar o amplexo do mal e agora trabalha somente para ele. Ela se inflama em ardores extremos, como mariposa em chama de luz, sem poder abandonar a fonte luminosa. Só que, neste caso, são as trevas que a envolvem e não a luz. Pobre anjo caído! Não sabe ela que isso não é o amor? O amor é doação, retribuição, alegria e conforto para a alma. Amar não é somente desejar para si, mas querer o bem da pessoa amada, renunciar, às vezes, por ela. Amor também é renúncia.

– Tendes razão, Firmino. Mas a droga também foi a responsável por esse ato tão desagradável a Deus. Ela já não é mais a mesma pessoa, que pensa racionalmente, sempre envolvida pelos seres que a abordam.

– Sim, e somente algo muito, mas muito importante, a fará enxergar o verdadeiro lado da consciência e encontrar o seu elo perdido, neste embrulhado de torpores da carne, Marcelino.

– Mas não deixemos nossa esperança esmorecer, apesar de ela estar envolvida por todos esses seres. Talvez alguma coisa a faça voltar atrás; sabemos que também seus acompanhantes de agora caminharão um dia para a luz, ainda que lentamente. Oraremos por ela, agora mais que antes, e pediremos a Mercur e Eliseu também o fazerem. A luz é mais forte do que a treva, como sabeis, meu amigo, e não deixaremos as coisas como estão. Até a luz de uma pequena chama de vela pode penetrar em um túnel na escuridão. Deus é pai e ouve a todos os seus filhos. Iniciemos agora, Firmino.

Firmino e Marcelino entraram em silêncio em um recinto de recolhimento. Alguns mentores vestidos de branco estavam se colocando em posição de prece. Era um local com piso de mármore em duas cores e sem teto; e, olhando-se para cima, podia se ver o céu de lua cheia. Colunas faziam a demarcação do espaço em círculo, envoltas com trepadeiras de jasmins.

Os protetores de Katrina e Eliseu iniciaram a prece em silêncio feita com todo o amor de suas almas.

Uma luz muito forte, azulada, com raios brilhantes, saía de seus corações. Os outros mentores, sensibilizados e em silêncio, também começaram a dirigir suas preces em favor dos protegidos jovens atenienses.

* * *

Eliseu, por sua vez, chegando a Atenas, caminhou na escuridão da noite até sua casa. Estaria em casa sua família? Bateu à porta e adentrou no recinto chamando por Marines.

– Marineia, sou eu, Eliseu.

A mulher levantou-se da cama num solavanco e enfrentou-o com medo:

– O quê? Sois um fantasma? Oh, espectro, deixai-me com meu sofrimento! Ide daqui! Olhai como estou. Já não sou mais a mesma, mas uma mendiga. O que quereis de mim? Colocar-me mais abaixo do que me sinto? Já não basta o que estou sofrendo? Ide daqui, por favor.

– Estou vivo, Marineia, não sou um espectro. Olhai para mim. – E apanhou a lamparina acesa e aproximou-a de seu rosto.

– Vivo? Mas por onde estivestes, já que sumistes? Não vos afogastes tentando salvar a vestal do templo de Netuno?

– Ajoelho-me a vossos pés, pois vejo a situação a que conduzi minha própria família. Sei que não mereço vosso perdão, mas quero abdicar de minha vida para viver de agora em diante para nossa família. Fugi desesperado de amor. Não sei o que aconteceu comigo, mas vós estáveis ciente de que sempre amei aquela mulher.

– Traidor vil! No princípio achei que estivésseis morto; desesperei-me, porque meus filhos ficavam sem pai e sem vossa orientação, mas agora, sabendo-vos vivo, sei que sois o mais vil dos atenienses, pois afetastes nossos filhinhos; eu jamais vos perdoarei; digo-vos que não tereis mais vossos filhos perto de vós. Fostes o mais abominável homem, deixando o fruto de vossa carne abandonado, sem ao menos ter o que comer. Sobrevivemos por caridade de nossos vizinhos. Ide embora.

– Minha esposa... perdoai-me, por favor. Necessito de vosso perdão. Aconteceu comigo a vingança dos deuses pelo que fiz.

– Não sou mais vossa esposa, pois meu marido está morto.

– Está bem, está bem, mas dir-vos-ei que ainda terei que voltar à Sicília; não descansarei até encontrar Katrina, mas seguirei de perto vossos passos a fim de que não vos falte nada. A vós e aos meus filhos.

Marineia empurrou-o porta a fora, dizendo:

– Acordarás nossos filhos, assim. Não vos quero mais. Esqueçai-nos.

Eliseu olhou para as crianças que dormiam juntas no piso da casa vazia, pois não havia mais móveis, e chorou. Saiu dali para procurar uma taberna para descansar.

Como as notícias correm, Mercur soubera que Eliseu estava na taberna. Ele já não vinha como atleta vitorioso, mas como indigente de alma, aturdido pelo desaparecimento de quem achava fidelíssima ao seu coração.

O irmão de Katrina sentiu uma chama de esperança arder-lhe o coração; quem sabe sua irmã não estaria viva também? Foi ter com ele:

– Eliseu, meu amigo! Estais vivo! Quanta alegria! E minha irmã? Tendes notícias dela?

– Mercur, antes peço-vos que me perdoeis por tudo o que aconteceu, onde o amor nos conduziu. Vossa irmã foi comigo para a Sicília.

E como Mercur, atenciosamente, seguia ouvindo-o, ele continuou:

– Perdoai-me. Fizemos de conta que havíamos caído pelo precipício, mas, na realidade, tivemos que fugir. Não me envergonho, porque temos grande amor um pelo outro, contudo, sinto grande angústia em ver meu lar desgraçado por esse delito.

Como Eliseu notava que Mercur estava mais interessado em saber se a irmã estava viva ou não, ele, sentindo no irmão de Katrina grande segurança, continuou:

– Atracamos na Sicília, a ilha tomada pelos árabes, para vivermos o nosso amor, distantes de todos, visto que aqui seria impossível. Amamo-nos por quase dois anos em paz, mas no final, Katrina estava ficando depressiva. Queixava-se a todo o momento dizendo que não tinha o que fazer, que a vida estava sendo muito difícil para ela, ou que o dinheiro era escasso e ela já não podia cuidar-se como antes. Naquela época, começou a ser perseguida por um árabe em um cavalo branco, que fazia voltas e voltas ao seu redor. Ela contou-me, mas não achei tão importante isso, sabendo ser ela uma bela mulher. Então, contratei uma menina para acompanhá-la, só que, um belo dia, ao procurá-la para saber de minha esposa, a menina veio chorando dizendo que o árabe colocara Katrina em seu cavalo e saíra galopando morro acima. Fiquei desesperado e procurei-a por meses a fio, sem nada saber dela.

E Eliseu seguiu com suas lamentações:

– Com muita tristeza, vos relato este fato. Penso que talvez jamais a encontre. Aquela ilha da Sicília é um horror, principalmente onde estamos. Não se respeita ninguém. Está tomada de árabes assassinos e destruidores da paz onde costumam pagar "olho por olho, dente por dente" e minha... vossa irmã, foi raptada, a pobre querida. Ah! Como me arrependo de tê-la deixado sair com quem não poderia tomar conta dela. Onde estará? Não sabemos. Procurei-a por toda a ilha, inclusive em locais perigosos para um vivente de outro país como eu, sem adiantar coisa alguma. Katrina desapareceu. Agora vim ver a família, que abandonei, coisa de que me arrependo extremamente, pois errei, eu sei, e terei que voltar logo para não ser morto aqui por ter raptado uma vestal. Amanhã mesmo eu parto para a Sicília, com a finalidade de ainda procurar por minha amada... a vossa irmã.

Mercur não quis recriminá-lo. Somente por ter notícias de sua irmã e saber que ela ainda devia viver, o transformava em um ser mais crente em um só Deus. Deus existia, sim, não em monumentos de pedra. Deus era um só e ele havia recebido a resposta de que necessitava. Todavia, nada disso podia contar ao seu pai. Este fato o mataria. Não o do desaparecimento de sua filha amada, mas o fato de ela ter abdicado de sua crença para seguir um homem comum.

Katrina, no dia seguinte ao crematório de Nadine, a primeira esposa, fora chamada por seu senhor. Só ao vê-lo, ela sentiu suas pernas amolecerem. Até onde iria naquele antro de perturbações? Procurou vestir-se o melhor que pôde, maquiou-se e chegou até Abdul. Mas em vez de abraçá-la como antes, ele olhou-a friamente de cima a baixo e falou ao servo que a acompanhava:

— Levai-a à prisão até decidirmos o que fazer com ela.

Katrina ficou apavorada e atirou-se aos seus pés, implorando.

— Por favor, eu vos imploro. Não fiz nada! Quero-vos somente para mim!

— Não! – disse ele. – Que esta mulher criminosa obedeça! Nadine contou-me que vos temia, mulher infeliz!

— O que fazeis de mim? Sou vossa...

— Tereis vosso castigo. – falou friamente o homem desviando-lhe o olhar e ordenou ao servo:

— Levai-a!

Katrina foi atirada a uma cela somente com uma

pequena janela junto ao teto. Chorou e atemorizou-se. Como teriam descoberto?

Sophie, mais tarde, veio até ela, dizendo:

– Katrina, trouxe para vós algumas frutas. Escondei-as para que ninguém veja.

– Sophie, por que estou aqui?

– As outras mulheres observaram quando pusestes o veneno, ou sei lá o que foi, na jarra de Nadine. No harém, mil olhos nos espreitam. Estais perdida, Katrina; penso que vos matarão.

– Oh, isso não pode acontecer comigo! Fugi de Atenas para não ser morta porque amei Eliseu e agora... Isso só pode ser perseguição dos deuses que deixei para trás.

– Talvez. Que sejais bem recebida por eles, quando vos fordes.

Katrina desesperou-se. O que havia feito de sua vida?

Firmino e Marcelino, que a viam de outra dimensão, comentaram:

– Meu amigo Marcelino, infelizmente, este é o caminho de sua melhora, o antídoto para seu pecado. Aí, nesse lugar, ela terá oportunidade de pensar e repensar sobre tudo o que fez e sobre seu ato pecaminoso de ter tirado a vida de alguém. A dor, Marcelino, como sabemos, é a bênção que filtrará nossos erros e nos encaminhará para a verdade do amor a Deus. Penso que fomos atendidos em nossas orações. Com o sofrimento, ela conseguirá analisar o que perdeu e, chorando suas perdas, talvez voltar a ser o que era antes. Obediente às leis criadas, sim, pelos homens, mas leis que a servia e deveria respeitar.

— Sim. Ainda que tenhamos tristeza pelo que está acontecendo, sabemos, elevados em nossos corações e com o pensamento firme em nosso Pai, que este é o melhor caminho para o favorecimento de seu espírito. Oremos por ela.

***

Eliseu, fugitivo da sua terra natal e tendo perdido suas esperanças em ser feliz, fora no dia seguinte até sua moradia para rever seus filhos. Sentiu a impossibilidade de reaver a vida antiga, mesmo se nunca mais encontrasse Katrina e, vendo-os de longe, despediu-se com lágrimas silenciosas, desejando que os deuses pudessem orientá-los, já que ele próprio fora amaldiçoado por ter-lhes roubado sua vestal do templo de Netuno. Sofreu em não poder abraçá-los e dar um pouco de seu afeto, mas elevou seu semblante para seguir avante. Estava muito mudado, no entanto, fora reconhecido por um dos taberneiros, que espalhou a notícia pelo local, justamente quando Mercur estava passando por lá. Eliseu sabia que em breve seria chamado para depor e precisaria embarcar rapidamente. Antes, teria que ir até o homem que o recebera tão bem, Mercur, para dar-lhe algumas palavras sobre sua família.

– Mercur – falou ele, vendo-o sair com sua filhinha pelo portão da casa em que morava –, preciso falar-vos.

– Eliseu, vejo que estais pronto para partirdes.

– Sim, preciso voltar antes que a justiça me procure. Do que fiz, sou culpado e, se ficar aqui, morrerei sem voltar a ver Katrina. Preciso sair o mais rápido que puder. Quero vos dizer que deixarei aqui algum soldo para minha família. Sinto haver tanto ódio em minha esposa... Os deuses me corrigem de maneira dolorosa.

– Não, meu amigo, os deuses não existem, existe um só Deus que quer todo o vosso bem e vos ama. Ele não quer vos machucar o coração e nem vos amaldiçoar. O Pai Celestial ama todos os seus filhos, mas o sofrimento, nós mesmos o buscamos através de nossos atos. Fostes fraco, o sabeis, mas vejo que ainda amais minha irmã.

– Sim, Mercur, infelizmente, ela foi e ainda é toda a minha alegria. Enfrentarei o mundo em sua busca, mas desta vez procurarei ajuda com os próprios árabes. Levo de Atenas provisões em mel, destinadas a um grupo de muçulmanos. Com isso, pretendo conseguir o que desejo.

Despedindo-se de Mercur, que orava silenciosamente por ele a seu Deus, Eliseu embarcou de volta à Sicília, para nova tentativa de encontrar a mulher amada. Mercur ficou avistando o barco sumir à distância, imaginando qual seria o destino daquele homem.

※※※

Katrina, na prisão havia meses, chorava dia e noite. Nunca mais recebera a visita de Sophie, que fora proibida de vê-la. Sentia a falta da droga que costumava usar e se debatia desesperada a gritar. Abdul el Cid a deixara naquele local, até que tivesse vontade de resolver o que fazer com ela. Na cela, ela revia seu passado e a vida que tivera com Eliseu e que não dera valor. Vira que havia sido somente mais um objeto nas mãos do vingativo árabe e não notava nele o consolo de um sentimento real e verdadeiro e nem um raio de esperança quanto ao seu futuro de libertação.

Naquela cela, à noite, ouvia a cantoria de uma siciliana em casa próxima que, já misturando a língua nativa com o árabe, extraía dos sons melodiosos, dolorosos lamentos noturnos. Katrina imaginava seu pai, seu amado irmão e o companheiro daqueles anos, que tanto amara. Arrependeu-se tremendamente de ter arrebatado tão cruelmente, pelo ciúme doentio, a vida da primeira esposa de Abdul el Cid, este homem que pensara amar. E pensava: *"Ah, Eliseu, quisera estar na nossa Atenas e ver-vos passar sem desejar-vos, por toda a minha vida. Assim, de lá, não teria saído, deixando os que eu mais amava... Por que não viestes buscar-me? E por que eu saí de vossa vida somente por leviandade? Eliseu, onde vos encontrais?"*

Eliseu, ao voltar para a Sicília, lembrou de um dos árabes com quem havia feito amizade. Tentou encontrá-lo para dar-lhe os presentes trazidos de Atenas.

Com o decorrer da conversa, perguntou a eles quem era o árabe mais poderoso daquele local portuário.

— Um dos mais poderosos daqui, caro amigo, é certamente Abdul el Cid. Tem um belo palácio pelas proximidades de Segesta, e belo harém que somente eunucos veem.

— Ah, sim, ele tem um belo corcel branco, não é?

340

– Certamente e possui lindas mulheres, falaram-me. Antes eu pudesse vê-las.

– Tendes tanto interesse assim em vê-las? Faço-vos, portanto, uma proposta, mesmo que talvez não possais conseguir este intento. Darei a vós algumas moedas, se me auxiliardes a encontrar minha esposa, que deve estar naquele harém. Com o intuito de levar mel a ele, vós podereis ir comigo.

– Quando partiremos?

– Em breve, talvez amanhã mesmo.

Finalmente, Eliseu tinha sido astuto o suficiente para conseguir o que queria. Saiu a cavalo até a casa da menina que o servira durante a época do desaparecimento de Katrina. Sabia que ela gostava de Katrina e gostaria de auxiliá-lo na procura.

No dia seguinte, os três se dirigiram ao palácio de Abdul. Subiram o monte até chegar naquele local. Ao se aproximarem, Eliseu falou:

– Omar, deixo-vos aqui fora para eu ir falar com o servo de Abdul. Entro com a menina, para que ela o reconheça. Se a garota me der o sinal afirmativo com a cabeça, pedirei licença para trazê-la para vós no jardim e, então, enquanto o servo me levar novamente ao seu amo, vós tereis tempo para, rapidamente, dar uma olhada nas mulheres do árabe, onde minha esposa deve estar. Se nossa pequena encontrar Katrina, devereis dizer-me onde está, que eu vos prometo que sereis melhor recompensado, colocando-vos no negócio de mel que estou iniciando agora, com grande participação de lucros.

Tudo aconteceu simplesmente. O servo de Abdul conversou com o árabe e logo veio abrir o portão para Eliseu. O mel sempre foi um produto muito admirado por todos os árabes.

— Entrai, senhor, e seus companheiros também, mas eles terão que aguardar aqui no pátio.

— Somente levo a menina, que deseja ir comigo.

— Tudo bem, vamos.

Mais tarde, quando o árabe já tinha sido descoberto por Mariom, Eliseu devolveu-a a Omar. Este ficou ouvindo de onde vinham os risos das mulheres e silenciosamente encaminhou-se para aquele local. Levando a menina pela mão, ele penetrou num arco onde várias portas se avistavam, todas dando para o pequeno jardim. Nas duas primeiras, nada encontrou; a terceira estava sendo vigiada por um eunuco sonolento, então sorriu para ele e andou adiante; a quarta porta estava chaveada, mas um choro de mulher chamou sua atenção. Em sua mente viu-se recebendo ouro de Eliseu. Seria sua esposa quem chorava? Olhou para ver se o eunuco o vigiava, mas ele havia adormecido. Rodeou a casa para ver se havia alguma janela atrás daquelas paredes. Como a janela existente ficava muito acima, levantou a menina que, absorta em salvar sua amiga Katrina, nada dizia, parecendo não ter o dom da fala.

Ao conseguir alcançar a janela, Mariom viu abaixo, em um divã, Katrina que chorava.

Fez sinal para descer dos braços de Omar e falou, cochichando:

— É ela, o que ela faz aí? Estará presa?

— Se for ela mesma, é claro que está presa – respondeu o árabe falando muito baixo.

Voltaram para o jardim e ouviram passos que se aproximavam. Omar se fez de tonto e continuou a caminhar pelo pátio, como se estivesse passeando, sorrindo para o outro homem que chegava. Este franziu a testa a ele e Omar viu quando ele voltou ao seu lugar na frente da porta da prisioneira.

Nesse momento, voltava Eliseu, e fez sinal para o amigo árabe e a menina o acompanharem. Quando estavam já na rua, Eliseu perguntou a ele, baixinho:

— Então? Encontraram Katrina?

E Omar, olhando para os lados para ver se não estava sendo seguido, respondeu:

— Sim, amo. Ela é prisioneira.

— Prisioneira? Como?

— Senhor Eliseu — falou a criança —, deveis saber como tirá-la de lá, porque eu não gostei do que vi. Ela nem parece a mesma. Está magra e pálida. Não me viu, mas eu me assustei quando reconheci aquela mulher que era tão bela.

"Mas por que estaria prisioneira? O que ela teria feito de tão grave? Não estava esse homem apaixonado por ela"?

Eliseu, em seus devaneios, foi, por todo o caminho, pensando que os deuses os estavam amaldiçoando. Ele estava por vez desgraçado, tendo que viver longe dos filhos e sendo odiado pela esposa; ela, Katrina, prisioneira de seu próprio destino. Não fora enterrada viva, mas estava sendo enclausurada entre quatro paredes. E o que fazer? Por que estavam sendo tão sacrificados pelo destino se se amavam tanto? Por que a distância entre eles agora? Katrina não percebeu que Eliseu estivera por perto, mas ao adormecer, teve um sonho. Sonhou que ele chegava com um corcel para salvá-la do mal. Queria alcançá-lo, mas ele não a via, procurava-a em angústias de alma chamando por seu nome, mas não a via. Katrina gritava – "Estou aqui, aqui"..., mas Eliseu passava por ela e seguia adiante sem perceber sua presença.

Ao acordar, com o suor frio causado pela carência de alimentos, ela achou que este sonho fora decorrente de sua grande fraqueza. Iria acabar morrendo de fome naquele local. Então, gritou com toda a força que lhe restava:

– Abdul el Cid! Venha tirar-me a vida de vez! Venha, Abdul el Cid! Já não aguento tamanha espera que me atormenta!

E caiu ao solo, desmaiando.

Quando acordou, encontrou-se em lençóis limpos e sendo tratada por um médico. Respirou aliviada achando que se encontrava no paraíso e este era um deus que a olhava. O homem secou-lhe as têmporas suadas e cobriu-a. Depois, falou:

– Descanse por ora, jovem. Sereis julgada brevemente e devereis estar disposta para receberdes vossa sentença.

Katrina não soube por quanto tempo dormiu. Ao acordar, seus olhos derramaram muitas lágrimas ao se lembrar de sua antiga vida. Por que fora fútil e vazia e não fora fiel ao verdadeiro amor de sua vida? Onde estaria agora Eliseu?

Sim, seria bom que ela morresse logo, pois sabia que não havia um caminho para que a felicidade a reencontrasse. Ela havia se desviado, dado as costas aos deuses de sua crença. Ela, uma vestal, proibida de amar, havia dado seu corpo a um homem, havia traído seus deuses. O que poderia esperar da vida senão a desgraça? Mesmo se vivesse, teria que desistir da vida. Jamais poderia voltar à sua terra natal para não ser morta, mas... Por que não? Afinal, ser morta em Atenas, mesmo sendo ela uma traidora dos deuses, seria melhor que morrer no desalento de estar longe do homem que deixara tudo por ela. E falava baixinho:

— Eliseu, Eliseu, quanto me arrependo do mal que vos tenho feito; se os deuses me dessem nova oportunidade, eu juro que vos seria fiel. Oh, por que os deuses não me levam a vós para que eu possa postar-me ao solo, beijar vossos pés, implorando vosso perdão?

E nesse instante, Katrina elevou seu pensamento aos céus, fazendo uma prece vinda do coração.

Marcelino e Firmino assistiam, como numa tela, às imagens daquela mulher que pedia aos céus o perdão.

— Marcelino, vedes? Vedes como o sofrimento pode modificar o coração humano? Olhai como ela está agora. Não sente por seu corpo deformado pela magreza, nem por suas faces embranquecidas pela palidez, nem por seus cabelos sujos e em desalinho. Ela somente pede perdão. Estou tão feliz, meu irmão!

— O que poderemos fazer por ela? Talvez seu algoz não a liberte. Seria importante que ela tivesse a oportunidade de conseguir encontrar Eliseu novamente.

— Marcelino, as leis de Deus são milagrosas e a oração feita com todo o amor sempre chega a seu destino, porém, se ela não tiver oportunidade agora de redimir-se, o terá em vidas futuras. Pode ser que ela não consiga a bênção de tê-lo permanentemente ao seu lado ainda, mas o encontrará, com certeza, no plano espiritual. Os seres que se amam sempre se encontram, como sabemos.

— Firmino, se todos soubessem sobre a lei de ação e reação, que estamos colhendo hoje o que semeamos ontem, e que a nossa felicidade futura depende somente do "agora", todos pensariam melhor no agir. Mas... Olhemos, agora, nosso amigo Eliseu.

※ ※ ※

Eliseu estava sentado na beirada da cama, em sua humilde casa, chorando. O que faria de sua vida de agora em diante? Como tirar Katrina do palácio de um homem tão poderoso? Fora novamente lá à noite para verificar os grandes muros a escalar, mas tivera que voltar por não poder avançar, tal a guarda do palácio. Quisera "comprar" alguns sequestradores, no entanto ninguém tivera a audácia de acompanhá-lo. Oh, fora um atleta tão famoso e hoje, sentia-se pequeno e pobre. Se pelo menos pudesse orar aos deuses, mas eles o haviam abandonado. Como fazer para que uma esperança pudesse surgir em seu coração? Lembrou-se então de Mercur e o que ele falara, quando em sua volta a Atenas: "Só existe um Deus único, um deus de amor e não de vingança"...

E pensando nisso, elevou o pensamento aos céus e orou:

"Senhor, Vós que não me conheceis, Vós que me tendes agora como Vosso novo filho, que talvez não desejais que eu o seja, pois tenho admitido influenciar-me pelo mal abjurando a família que ajudei a formar e roubando uma vestal do templo dos deuses de Atenas; Vós, cuja divindade somente aprendi a conhecer agora; a Vós, Pai infinito, elevo meu pensamento, para que me direcioneis a seguir minha vida com tranquilidade ao lado de minha companheira pelos laços do amor. Juro que vos seguirei e ensinarei a todos a seguir-Vos, Senhor, se assim me permitirdes, por todo o resto de minha vida."

E Eliseu caiu em lágrimas de arrependimento.

— Firmino, se ele tivesse essa oportunidade novamente, não seria muito bom?

— Mas será que ele cumprirá com a promessa?

— Penso que sim. Oremos por eles, e procuremos nosso Amigo Maior a fim de sabermos o que será de suas vidas. E peçamos a Deus clemência para suas almas e seu amor nefasto.

Mercur, agora, orava diariamente para que seu Deus, o verdadeiro Deus de Moisés, salvasse dos males piores seus queridos do coração. Estava com saudades de Katrina e dentro de si não havia mágoa nem ressentimentos. Gostaria de vê-la novamente entre eles, mas sabia que isso era uma vontade sua, não concretizável. Mesmo assim, procurava saber da esposa de Eliseu e acompanhava de longe seus filhos, agora já aprendendo afazeres que lhes abonavam alguns tostões. Neoclécio, já quase no fim da vida, orava e seguidamente seguia o rumo do templo onde a vestal Katrina vivera. Olhava o mar distante e se perguntava por que ela havia cometido o suicídio, acompanhada de Eliseu. Talvez por amor? Sim, com certeza, por um amor adúltero, pensava ele. Mercur não sabia que seu pai soubera da pretensa fuga de Katrina com Eliseu, mas uma tarde, vendo-o voltar do local do templo acabrunhado e triste, falou a ele:

— Pai, não vos preocupeis pelo acontecido. Deus sempre perdoa seus filhos.

— Katrina jamais será perdoada pelos deuses, filho.

— Ela já foi perdoada por Ele, meu pai, porque Deus, o único verdadeiro, não é como aqueles que conheceis que quer a desgraça e a vingança de seus filhos. Não, Deus ama a todos nós e nos perdoa também, o fato de ela ter caído na água com...

Aí, lembrou-se de que não comentara com seu pai a verdade. Olhou fixamente em seus olhos:

— O que quereis falar, meu filho? Por acaso estivestes pronto a falar de vossa irmã e do homem que a desrespeitou, Eliseu?

Mercur chocou-se. Como ele soubera? Por intermédio de quem? Não havia contado nada a ele, então, quem havia feito uma coisa destas? Seria por este motivo que ele saíra do templo tão tristonho?

— Pai, então já sabeis da verdade?

— Sim, meu filho, e quando soube, preferi que ela estivesse no inferno, pelo seu desrespeito às divindades, mas agora... Agora, eu a perdoei. Vem-me à lembrança sua infância, sua inocência e seu afeto por nós.

— Mas não penseis na desgraça que ela deve estar passando. A própria vida se encarrega dos nossos destinos, meu pai, e nos cobra com a mesma moeda ou em dobro as nossas ofensas. Temos uma consciência que não nos permite pecarmos.

— Mas existem aqueles que consciência não têm.

— Sim, mas o destino se encarrega de nossas vidas, meu pai. Deus sabe de tudo, e o sofrimento, pelo que vejo por aí, é o melhor curador das almas. Lapida-as.

— Mas eu sofro, meu filho. Queria vê-la mais uma vez antes de ir-me deste mundo.

— E quem sabe não a vereis? Portanto, vinde comigo e retirais de vossa alma este sofrimento todo. Vossos netinhos vos esperam na porta de nossa casa.

✳ ✳ ✳

Katrina fora retirada de sua prisão dez dias antes do julgamento para ser assistida por um médico, pois febril, delirava. Com o tratamento, melhorara, e sua sentença estava marcada para logo e seria dada, exclusivamente, por Abdul el Cid. Na realidade, esse homem, recuperado da morte da primeira esposa, porque já se passara um bom tempo deste feito, estava atraído novamente a ter novas mulheres e, vendo Katrina descansada, bela e vestida adequadamente como uma oriental, penalizou-se em dar a ela uma morte violenta que vingasse Nadine e resolveu abandoná-la doente e febril à própria sorte, na rua. Quem sabe se esta não seria a sua pior vingança? Achava que o marido já tivesse voltado a Atenas. Não o conhecia pessoalmente, mas sabia, por intermédio das palavras dela, que o homem com quem ela casara não iria procurá-la por muito tempo, como os árabes fariam, e teria voltado à sua terra natal. Katrina, na rua, desamparada e sem teto, iria sofrer muito mais do que se a tivesse assassinado. Sua vida futura seria a sarjeta e a prostituição.

Anoitecia. Uma leve brisa do mar ondulava os cabelos de Katrina que, sobre um cavalo, totalmente vendada, estava sendo levada para o porto, onde a mais baixa ralé se encontrava bebendo e se prostituindo. Atirada na praia, próxima a algumas pedras, Katrina, amarrada pelos pés e mãos e com a boca amordaçada, não podia gritar por socorro. Assim, passara parte da noite até que a maré começou a aumentar e chegou até ela, alcançando seu o colo, chegando até seu rosto levemente. Iria cobri-la por inteiro. A noite estava muito escura, um temporal estava por se formar. Katrina previu que, se não saísse logo dali, este lugar seria seu túmulo, e, desesperada, orou pedindo aos deuses para conseguir, com desenvoltura, abandonar aquele estado de coisas. Num desespero imenso, conseguiu mexer-se, rastejando como cobra até aproximar-se de uma rocha. Aí, esfregou seus pulsos nas pedras, ralando suas mãos, mas desatando os nós que prendiam seus dedos. Retirou a venda da boca e dos olhos e desamarrou os pés. Sangrava nos dedos. Gritar seria impossível, pois chamaria a atenção dos marinheiros árabes e sabia qual seria seu destino se isso acontecesse. Pensou então em Eliseu, amor de sua vida; iria pedir-lhe perdão e atirar-se a seus pés implorando que a deixasse pelo menos por uma noite pernoitar em sua casa.

※※※

Eliseu, sentado, ainda fazia mil planos para retirar Katrina, quando bateram à porta e a porta se abriu.

Vendo sua amada companheira, ele atirou-se a ela beijando-a inúmeras vezes no rosto e nas mãos sangrentas, permitindo que suas lágrimas lavassem seu coração e sua alma.

– Katrina, meu amor, voltastes! Por que aquele vilão vos prendeu? Estive lá e soube de vós. Mariom espiou pela pequena janela da peça onde estivestes e conseguiu ver-vos. Oh, abraçai-me e dai-me vossos beijos novamente.

A jovem fixou seu olhar no homem que amava e notou que ele não soubera da verdade sobre ela. Achou melhor nada falar sobre o que acontecera.

– Eliseu, devo tratar-me. Já não sou mais a mesma. Precisaria de um médico. Sinto ânsias e desespero e meu corpo por vezes treme a ausência da droga que me deram por todo esse tempo...

– Pobre anjo meu. Cuidarei de vós.

Assim, levou-a ao leito, deu-lhe de comer e a assistiu em seus tremores, segurando-a e lhe dizendo palavras ternas até que passassem as crises.

Dias depois, já melhor, Eliseu sugeriu que saíssem de lá para o Egito com sua embarcação, mas Katrina convenceu-o de voltar a Atenas. Achou que deveria apresentar-se ao templo para receber lá o castigo devido.

– Não, minha querida. Agora que vos encontrei, preciso cuidar de vós. Como deixar-vos morrer de forma tão cruel?

— Eliseu, não sabeis quase nada sobre o tempo que passei naquele local. Já vos falei que eu mudei. Eu não sou a mesma. No entanto, nestes anos em que estive separada de vós, pude ver quem realmente sois e sois digno de uma mulher melhor que eu. Não sou mais a pessoa pura e reta para estar convosco e necessito, pelo menos, receber meu castigo no templo de Atenas, para sentir-me uma pessoa melhor e menos pesada como hoje me sinto. Por favor, compreendei. E ademais, preciso ver meu pai e mostrar-lhe que somente agora, pensando assim, eu sou digna dele, e de todos os ensinamentos que recebi enquanto estava ao seu lado. Preciso ser digna, preciso ser.

— Está bem. Ainda com o coração em luto pela dor que passei, sei que não podemos fugir de nós mesmos e nem de nosso remorso. O melhor que temos a fazer é poder endireitar o que até hoje foi considerado errado por nós.

— Partiremos amanhã mesmo?

— Katrina, dizei-me. Como podereis suportar a falta de ar, presa abaixo da terra? Não vos sentireis terrivelmente mal? Por que não desistir de vosso final?

— Amanhã sairemos bem cedo? – perguntou Katrina, não querendo voltar ao assunto.

— Sim, se assim desejardes. Por ora, descansemos nossas almas sedentas de afeto – falou Eliseu, abraçando-a.

Ele via que seria difícil a mulher de seu coração mudar de atitude quanto ao desejo de morrer pelo remorso, mas tinha grandes esperanças nesse Deus de Mercur, que o cativava tanto e no qual já tinha fé. Oraria por ela. Pediria por ela, oferecendo a Deus, não animais ou qualquer coisa material, mas seu próprio íntimo e sua fidelidade eterna.

Capítulo XI

O Destino dos Amantes e os Ensinamentos de Mercur

"– Quando no estado errante e antes de se re-encarnar, o Espírito tem a consciência e a previsão das coisas que lhe sucederão durante a vida?

– Ele próprio escolhe o gênero de provas que quer suportar e é nisso que consiste o seu livre-arbítrio. (...)"

O Livro dos Espíritos, Allan Kardec,
pergunta 258, IDE Editora.

"(...) O Espírito goza sempre do seu livre-arbítrio e é em virtude dessa liberdade que, no estado de espírito, escolhe as provas da vida corporal e que, no estado de encarnado, delibera se as cumpre ou não, escolhendo entre o bem e o mal. Denegar ao homem o seu livre-arbítrio, será reduzi-lo à condição de máquina. (...)"

O Livro dos Espíritos, Allan Kardec,
pergunta 399, IDE Editora.

ENCARNAÇÃO DOS PERSONAGENS NOS 2 PERÍODOS	
PARIS SÉC. XVI	GRÉCIA (IMPÉRIO ROMANO)
Alexandra	Katrina
Marquês Duval	Eliseu
Frei José	Mercur

ELISEU E KATRINA VIAJARAM pelo mar em fúria no dia seguinte. Fizeram uma viagem temível, mas conseguiram aportar com segurança. Cansados e em silêncio, no porto, eles iniciaram a subida dos degraus que os levariam ao lar.

– Aonde vamos primeiro?

– Não sei, Katrina. Temo mais por vossa vida, pois vos amo muito – expressou-se Eliseu.

– Por que isso? Vamos primeiro à casa de meu pai. Preciso vê-lo e ver toda minha família.

– Está bem. Aguardo-vos por perto. E depois, aonde iremos? – perguntou, ele temeroso.

– Mais tarde, irei sozinha ao templo de Poseidon, entregar-me. Peço que depois de verdes vossos filhos, fujais para longe.

– Mas para onde eu iria? Se não tenho ninguém nesta vida a não ser vós, e se perdi tudo por amor a uma vestal do templo?

– Ora, Eliseu. Nós erramos e devemos nos entregar às leis divinas. Tudo aconteceu por nosso desprezo às nossas consciências.

– Não, Katrina, estas leis não são divinas, aliás, eu já não pertenço mais a elas; sou agora do Deus de Mercur, o Pai Divino, sim, que perdoa e compreende, que ama e nos transforma em pessoas melhores.

– Não faleis bobagens. Nunca existiu um só deus. E o que será daqueles tantos que adoramos?

– Estes são frutos da mentalidade humana. São frutos da cabeça de algum...

– Não digais uma heresia destas, por favor! Eu não falarei mais convosco se continuardes.

– Está bem, mas então, peço que primeiro vejais Mercur. Podereis fazer-me esta gentileza?

– Por que? Por que deveria, se falais de nossos deuses como se não mais existissem?

– Tudo bem, minha querida. Perdoai este homem que vos adora e quer para vós todo o bem deste mundo. Então... Podeis falar com ele primeiro?

Katrina parando a subida íngreme que estava fazendo, olhou para ele e sorriu. Aproximou-se carinhosa, dando-lhe um beijo:

– Sim, meu amor. Eu farei vossa vontade, mesmo não sabendo por que motivo quereis que eu veja Mercur primeiro. Sabeis que vos amo muito e que me arrependo profundamente de tudo o que fiz para vós.

Naquela prisão, pude refazer-me de todas atrocidades que vinha cometendo e, como fui salva pelos deuses, orei para poder mostrar a vós todo o meu carinho. Como gostaríeis de ter a vosso lado uma mulher que traiu a sua família, o seu país e os seus deuses?

– Não fizestes nada – falou Eliseu, pegando-lhe as mãos. – E não vos quero ver sofrer. A morte por sufocamento é horrível.

– Os deuses ficarão felizes comigo e acabarão rapidamente com meu sofrimento.

– Não é bem assim, mas... Mercur falará convosco.

O casal de enamorados chegou à casa de Katrina. Neoclécio estava sentado em um banco de pedra olhando o mar, pensativo. Pensava em Katrina. Onde estaria a sua menina? A saudade e os anos que passaram, lhe haviam deixado inúmeras cicatrizes na alma. Poderia ter perdido sua casa, seus bens, suas ovelhas, mas não sua filha adorada. Faria uma prece até ao Deus de Mercur, se pudesse conseguir que sua filha voltasse. E orou humildemente em voz baixa:

"Senhor Deus de Mercur. Não Vos conheço, mas sei que sois poderoso e que tendes em Vossas mãos a humanidade toda, como diz meu filho. Se verdadeiramente nos amais, abençoai-nos trazendo-me a filha querida ao coração paterno. Sei que não viverei por muito tempo e, saudoso, Vos imploro que me escuteis. A vida, Senhor Deus, é passageira, mas quem somos nós sem os filhos de nossa alma? Não será o amor a mais pura revelação Divina? Não será o carinho dos filhos o nosso próprio alimento? E por que deverei passar por tudo isso? Ah, Senhor Deus, escutai-me, escutai este velho sofredor que lágrimas já não tem para chorar."

Katrina chegou de mansinho e sentou-se ao seu lado, em silêncio. Havia prometido ao companheiro ver primeiro Mercur, mas a vida lhe havia mostrado seu amado pai e não poderia deixá-lo para estar com Mercur primeiramente. Então, falou baixinho, apanhando em suas mãos a mão paterna e beijando-a:

— Perdoe esta filha cativa, meu pai.

Neoclécio achou que estava tendo visões e, espantado, ajoelhou-se ao piso de areia e pedra, chorando e dizendo:

— Deus, sois verdadeiro! Estarei tendo visões?

— Não, senhor Neoclécio, não estais tendo visões. Vossa filha fez questão de vos ver antes de entregar-se às leis de Atenas – falou Eliseu.

Neoclécio olhou para os dois, espantado. Já não havia ódio em seu coração por aquele homem que havia agido tão maldosamente com sua família e com ele próprio. Agora, lhe agradecia com o olhar e, abraçando a filha, entre torrente de emoções, concluiu:

— Bem-vinda à vossa casa, minha filha querida. De hoje em diante, sou um homem que renasceu, agora, neste momento, acreditando em um só Deus. Mercur tem razão. Deus provou seu amor por nós. Estamos juntos novamente.

Mercur, chegando por trás de seu pai, também o abraçou, com os olhos cheios de lágrimas:

— Enfim, meu pai, somos todos ou quase todos – falou olhando para Katrina –, seguidores do mesmo Deus. Que Ele seja louvado por ter trazido de volta Katrina para a casa paterna.

Entraram em casa levando pelo ombro Eliseu, como um parente bem-vindo ao lar. Katrina sentiu-se melhor por ter reencontrado sua família, depois de ter pedido a ela perdão pelos seus atos. Mas Neoclécio comentou que, se Deus perdoa seus filhos, deveria ter perdoado também Katrina, então, por que ele, que a colocara no mundo, não iria perdoá-la? Ele, um ser inferior, simples e humilde servidor, agora, de Deus? Depois, foi até o altar existente, de onde retirou todas as estátuas dos deuses gregos e atirou-as fora, no jardim, inclusive a da deusa Hestia, permanecendo um tempo com essa última nas mãos, a pensar: afinal, ela era a deusa do lar, mas onde ficara sua proteção já que Katrina os abandonara? Mas a filha de Neoclécio sabia que tinha errado e achava que deveria pagar por isso. Então, seu pai, vendo-a ter aberto muito os olhos, ao ver sua posição frente ao seu ato e aos deuses em que ele sempre a fizera crer, explicou-se:

– Minha filha. Agora, acredito e sei da verdade sobre Deus, o Deus em quem Mercur me fez crer, por isso, jogo, neste momento, os simples materiais de argila no lixo. Eles não significam mais nada para mim e há tempo não significam para Mercur. Agora que vos encontrei, não quero vos perder novamente. Sei que tendes a consciência carregada de temores, mas deixai para Deus vosso destino. Não busqueis a morte tão terrível. Aguardai. Para todos, diz Mercur, Ele tem abrigo e deveremos confiar nele. Ficai aqui conosco e com Eliseu também, pois nos alegramos com vossa presença e já que vós o amai, eu o abençoo. – e voltando-se a Mercur, continuou:

– Agora, meu filho, até que vossa esposa não chegue, trazendo seus filhos, contai a Katrina sobre o "nosso" Deus.

Mercur sorriu, satisfeito, e iniciou contando tudo o que ouvira falar sobre o Pai Celeste. Relatou a ela e a Eliseu sobre os dez mandamentos recebidos por Moisés e da proibição do culto aos outros deuses representados por ídolos de pedra e bezerros de ouro. Falou do "Amar a Deus sobre todas as coisas e ao próximo como a si mesmo" e das explanações recebidas sobre o "Não roubar, não adulterar, não matar". Katrina ouvia atentamente seu querido e bondoso irmão, que tanta luz emanava à sua volta e que só Firmino e Marcelino podiam ver.

Momentos mais tarde, Eliseu pediu licença a Neoclécio, a fim de conversar com ele sobre o que fazer de sua vida:

— Senhor Neoclécio, com vossa permissão, preciso falar-vos sobre nosso futuro. Katrina quer entregar-se ao templo para que se faça justiça, como sabeis. Não permitais senhor, que ela faça isso; já faz tanto tempo... no entanto, eles não a perdoarão. Mas ela diz que somente assim se sentirá reabilitada perante seus erros passados. Sereis vós seu acusador? Não, sei que agora, que conheceis outras leis sobre o verdadeiro Deus, já não pensais mais sobre esta lei feita pelos homens, lei que oferece a morte à mulher para culpá-la de erros de adultério e traição ao seu voto de pureza.

— Eliseu, vós não sabeis que em cada alma cresce uma consciência? Se a minha filha está certa de que só isso a fará ter certeza de que Deus a perdoará, ou, no pensamento dela, que os deuses a perdoarão, é isso que ela deve fazer. Como ser feliz com uma consciência atordoada, pelo resto de seus dias? Talvez não penseis assim, ainda com vossa juventude no auge, mas, pergunto-vos: E vós? Pensais em vossa família, em vossas crianças?

— Sim, e muito me martirizo por isso, mas no meu caso já não tenho o que fazer a não ser renunciar a eles. Minha esposa já não me quer ver e nem me perdoar. Se não amasse tanto Katrina, talvez pudesse voltar atrás e penitenciar-me com minha família, pois sou pai, tenho obrigações, que até esqueci por um grande amor. No entanto, o que está feito está feito. Não se pode voltar no tempo e amo Katrina com todo o meu coração; sinto-me responsável pelo seu destino; jamais poderei deixá-la. Somente a morte poderá tirar-me de seu lado. Preciso protegê-la, amo-a, amo-a!

As mãos de Eliseu começaram a tremer enquanto ele tocava no assunto de seus filhos. Via-se a tremenda preocupação e a grande renúncia que tivera que fazer por amor a Katrina. Neoclécio notava neste homem, já marcado por algumas rugas traçadas pelo sol do porto da Sicília, que havia esta perturbação impressa em sua face e que ele, apesar de estar junto à mulher amada, não se sentia feliz por completo. Então, respondeu ao jovem:

– É, meu amigo. Infelizmente, quando pisamos em alguém para conseguirmos o objeto amado, jamais poderemos ser realmente felizes. Ninguém traça sua felicidade machucando as pessoas que amou um dia. Esta é uma responsabilidade que devemos ter. Nossa consciência sempre nos acusa, não é?

Eliseu baixou os olhos e uma lágrima rolou em seu rosto. Nisto, entrou Katrina, dizendo:

– Pai, se somente há um Deus, então meu sacrifício será em vão. Por que atirar-me à morte tão terrível se os deuses são somente a criação de mentes humanas? Seria um suicídio.

– Também penso assim agora. Então, modificastes vossa maneira de ver as coisas?

– Sim, papai.

– Mas se estais aqui, não poderá ser possível permanecerdes sem seguir as leis de Atenas e, certamente, daqui a algumas horas sereis chamada para isso.

– Mas eu não quero mais, meu pai! Eu não quero morrer agora. Prefiro ouvir Mercur. Ele me falou com tanta convicção, que me contagiou. Eu descobri tantas coisas naqueles dias de sofrimento em que passei... Senti um medo terrível de morrer nas mãos de um estranho, que nem falava minha língua. E não poder vos ver novamente e também meu adorado Eliseu... Oh, meu pai... Como na vida podemos nos enganar tão cruelmente? Vinde, preciso falar-vos a sós.

Pai e filha entraram no recinto afastado para conversarem. Eliseu retirava-se também para ver a Lua que nascia e sentir o perfume das flores daquela região, colocando seus pensamentos em ordem. Mercur, vendo a demora de sua família, fora buscar sua esposa e seus filhos na casa vizinha.

— Pai, meu querido pai – falou Katrina –, desejo-vos contar coisas que nem a Eliseu tive coragem de dizer. Será a confissão mais dolorosa de minha vida, porque sinto que errei, mas somente reparei nisso pouco tempo atrás.

— Falai, minha filha, sei que se tivésseis vossa mãe viva, seria ela quem estaria em meu lugar agora.

— Papai, eu fiquei completamente perdida por aquele homem que me raptou. Senti-me admirada, amada com paixão fervorosa, como nunca havia sentido até então. Ele notou meu olhar de admiração, um dia, quando passou por mim, então me puxou com força para seu cavalo e levou-me para seu palácio. No momento, achei aquilo fantástico. Foi uma fantasia minha. Meu coração batia descompassado. Porém, quando cheguei lá, vi que eu era somente mais uma entre muitas mulheres de seu harém e tive que me submeter a drogar-me e embebedar-me com ele. Ele seduziu-me e... – Katrina parou para pensar. Diria a seu pai que odiou a primeira esposa daquele homem de tal forma, que chegou a cometer um crime?

– E então, minha filha? O que diríeis se eu vos dissesse por que foi que voltastes aqui?

– Como... Sabeis? Eliseu não podia ter-vos contado. Ele não sabe nada, somente eu o sei.

– O velho mantém a sabedoria consigo, minha filha.

– Mas o que pensais sobre isso, meu pai? Ah! É tão doloroso eu falar de meus defeitos.

– Se não quiserdes falar, não precisais fazer isso.

– Mas dizei o que pensais, meu pai.

– Penso que estivestes envolvida de uma tal forma, que cometestes algo abominável à preferida daquele sultão.

– Não, ele não é um sultão. Mas tendes razão. Eu... Matei, meu pai. Eu, aquela menina dócil que conhecestes, matou, meu pai, por ciúmes que me corrompia a alma e ódio, muito ódio. Cheguei até à maior profundidade do poço. Tornei-me odiosa e má; depois fui prisioneira por muitos meses enquanto Abdul el Cid me deixava angustiada pelo destino que me daria. Cada dia que passava, era para mim uma desgraça. As horas andavam lentamente, eram intermináveis, e a falta da droga me corroía o corpo. Se eu ouvia algum barulho, sobressaltava-me com a ideia de que vinham me apanhar para matar-me. Fiquei sem banhar-me e somente a pão e água, todos aqueles dias, morando em uma cela suja e fétida.

O pai de Katrina segurou sua mão tentando confortá-la; mas em seus olhos ele mostrava tristeza e não reprovação, o que a fez continuar:

– Aí, desesperada, comecei a repassar a vida que tinha tido e tudo o que me acontecera desde que deixei Atenas. Revi minha infância feliz ao vosso lado e a figura de minha mãe, enquanto eu era tão jovem. Lembrei-me de Mercur, de seus filhinhos e recordei tudo o que o meu Eliseu tinha deixado por minha causa. Pude, então, fazer uma distinção dos afetos que tivera e certifiquei-me de que o verdadeiro amor vem do fundo de nossa alma; é dedicação e doação, sentimento que nos complementa e nos mostra um caminho de felicidade. Reparei, então, que o que eu sentia pelo árabe não era amor, mas ódio. Ódio infernal por ter feito de mim um ser degradado e mau. Arrependi-me imensamente de ter sido fútil e vaidosa a ponto de trair o homem que mais amei em minha vida... com um simples sorriso de vaidade endereçado a outro, não imaginando aonde iria levar-me; por isso, sinto agora que nada sou, a não ser um ser desprezível e sujo.

— Não digais isso de vós, filha. Muito de nós erramos e continuamos a errar, mesmo sabendo disso. Deveis vos contentar por ter aberto vossos olhos. E como voltastes? Ele vos libertou ou foi Eliseu?

— Eliseu não tinha como me tirar de lá. Abdul el Cid, depois de passados alguns meses, já não estava tão raivoso comigo, pois conseguira outra mulher que o fizera esquecer-se de Nadine. Então, penalizado em matar-me, talvez pela minha aparência, deixou-me ao meu próprio destino, largando-me à beira do mar, onde quase morri afogada pela maré. Consegui libertar-me e procurei por meu companheiro.

— Querida, não estais mais livre de vossas preocupações agora que colocastes a verdade a vosso pai?

— Estou mais aliviada, meu pai, mas quero vossa resposta. Devo ou não me apresentar aos administradores do templo?

– Não! Deveis, isso sim, fugir novamente e viver vossa vida com o homem que vos ama. Ele não poderá permanecer também, pois será morto convosco. Tampouco poderá voltar aos seus filhos. Então, como vedes, tudo está resolvido. Deus, Mercur diz, é amor e perdão.

– Mas precisaria limpar minha honra, caso contrário, jamais poderei voltar aqui...

– Minha filha, lembrei-me de uma coisa. Estará em Olímpia a grande vestal Coelia Concórdia por ocasião dos jogos. Sabemos que, se algum condenado passar por ela, será perdoado, conforme a tradição romana, então vos sugiro para também irdes aos jogos onde muitos vos acusarão e tentarão vos atirar pedras, então procurareis por Coelia e pedireis a ela o perdão. Katrina, vós, como sois agora mulher comum e não podeis entrar nos estádios, devereis ficar por fora e vê-la passar, mas Eliseu deverá adentrar e permanecer na frente por onde a Vestal sentar; geralmente formam para elas um lugar especial com muitas guirlandas de rosas. Assim, se tudo der certo, ao partirdes em retorno para a Sicília, ou qualquer outro lugar, levareis dentro de vós não mais um coração amargurado, mas uma poção mágica de tranquilidade e conforto. Sei que não vos verei novamente, minha querida filha, mas desejo que saibais que vos amo muito e que estarei convosco em pensamento, por todas as horas de minha vida, desejando sempre vosso bem.

– Por que não mais nos veremos?

– Sinto isso, minha querida.

– Pai, a absolvição virá na mesma hora em que passarmos por ela?

– Não, porque terá que haver o julgamento que não existiu.

– Tenho medo, mas se estais me aconselhando, assim faremos. Abençoado sejais vós, meu velho pai. Vossa bondade é grande – falou Katrina, com lagrimas de amor.

– Como já vos falei, todo homem velho é um pouco sábio, minha filha... E depois que sei que Deus existe e é um só, repleto de amor e sabedoria, entendo que também eu terei que copiá-Lo e fazer Sua vontade em perdoar e esquecer. Agora, abraçai vossa cunhada e seus filhos que chegaram, e parti, sem demora aos jogos.

Eliseu, coração arremessado a despejar-se boca a fora, caminhou ao campo Olímpico de mãos dadas com Katrina, sob os olhos espantados do povo que adentrava no grande estádio. Na frente do campo olímpico, pessoas fazendo malabarismo, músicos tocando flautins e pandeiros, carros puxados por bois, grande quantidade de rapazes, senhores, soldados romanos e, frente a uma abertura especial, raparigas lado a lado formando estreita passagem, como túnel, levando nas mãos guirlandas floridas por onde Coelia passaria com seu séquito de alunas já iniciadas pela deusa Hestia.

Katrina, sem jeito, ficara na lateral desta passagem, aguardando a grande Vestal e fixou-lhe o olhar temeroso quando isso se deu, contudo, suas feições foram lembradas por uma das senhoras que ali estavam para ver Coelia, e esta começou a gritar:

– Apedrejem a vadia! Olhem a vestal adúltera!

Grande alarido aconteceu junto a um tumulto imenso, que foi estancado por soldados romanos que ali estavam para porem ordem na população excitada. Coelia fixou nela o olhar e passou em sua frente, desviando-se dela sem desejar macular-se com a adúltera. Soldados romanos, a pedido das mulheres do povo, levaram Katrina, muito assustada e chorosa para a prisão, dizendo a ela gracejos e lançando-lhe palavras impróprias, conforme o tratamento que davam à mulheres impuras, enquanto que Eliseu nada ouvia, entrando no estádio lotado, pelo murmúrio do povo que aguardava os jogos começarem. Eliseu estendeu o olhar para ver onde a grande vestal permaneceria e viu, ornamentado com muitas flores, o elevado onde se sentaria a romana vinda especialmente para oferecer a coroa de louros ao ganhador. Aproximou-se de onde ela estava e sentou-se, sempre saudado por multidão deles, enquanto que alguns relembraram que não deveriam cortejá-lo, mas apedrejá-lo:

– Ave! Ave, Eliseu! O melhor dos atletas dos Jogos Olímpicos!

Entre os homens, o esporte sempre fora o melhor dos divertimentos, e as faltas do antes herói olímpico ficaram despercebidas naquele momento, pela grande quantidade de admiradores entusiastas.

Sentando-se próximo ao gabinete reservado a Coelia e seu séquito, Eliseu, extasiado ante a visão do estádio e do passado que parecia voltar, emocionou-se. Foi nesse momento que viu a vestal entrar e sentar-se no espaço destinado a ela e suas acompanhantes. Coelia, tentando sentar-se nos assentos de mármore reservados, deixara seu véu cair, enganchado que fora em uma das guirlandas de rosas que cobriam o gabinete destinado. Sem mais esperar, Eliseu levantou-se e rapidamente juntou e entregou-lhe o véu, sorrindo para ela. Seriamente, ela agradeceu e fez sinal para que os jogos começassem.

Vendo isso, um dos rapazolas começou a gritar:

– Apedrejem o herege, traidor de Hestia, que foi desleal aos deuses de Atenas com seu pecado!

E a população entrou em desordem, mas os que amavam o esportista, antes famoso e cheio de glórias, começaram a gritar:

– Perdoe, Coelia, o grande Eliseu! Perdoe aquele que muito venceu nas corridas olímpicas, no arremesso de dardos e na luta livre!

Novo alarido se formou com os gritos:

– Hurra! Hurra!

Eram tantos protestos, que Coelia levantou o braço para demonstrar que ele estava perdoado. Um grupo desceu das arquibancadas e começou a elevar no alto o antigo herói ginasta até a frente do estádio. Coelia, vendo aquilo, lembrou-se de tê-lo assistido e, apanhando uma guirlanda de rosas, sinalizou-o com glória:

– Ave, Coelia!

– Fostes tão apreciado hoje por esse povo que vos ama, que pensei em vos agraciar com algum pedido vosso.

Eliseu não teve coragem de pedir o perdão por sua Katrina também, achando que com ela tudo teria saído da mesma forma, então, agradeceu e retirou-se.

Ele estava perdoado, poderia lavar sua alma em gratidão ao Deus de seu cunhado, contudo Katrina, prisioneira, chorava angustiosa e dizia:

– Por que as mulheres são assim? Por que, enquanto eu estava às portas para ser perdoada, fui acusada com tanta veemência?

Chegando em casa satisfeito, Eliseu procurou por Katrina sem sucesso. Angustiado, saiu com Mercur para procurá-la. Na rua, foi ainda aclamado por todos que passavam por ele, cumprimentando-o. Estando para voltar para casa, já começava anoitecer, quando ouviu dois homens conversando na frente de uma alva casa:

– Sabeis o que Francesca me falou sobre a vestal Katrina? Lembra-se dela?

Eliseu acalmou o passo, mas não se virou para que não o conhecessem.

– Sim – falou o outro –, foi aquela que se atirou do precipício.

– Que nada, ela arrumou o atleta Eliseu para seu amante e fugiu com ele. Pois ela teve a audácia de voltar a estes lados e prenderam-na. Os soldados, depois de minha mulher acusar a adúltera, levaram-na arrastada para que seja feito o julgamento preciso. O atleta Eliseu, que fugiu com ela, apareceu hoje no estádio e foi tal a alegria do povo, que foi perdoado por Coelia.

– Achais que Katrina sairá dessa?

– Penso que será muito difícil, meu amigo. O que ela fez jamais terá o perdão.

Eliseu sentiu um choque. Saiu correndo para a casa do pai de Katrina para conversar com Mercur e verem o que fazer, pensando:

"O povo de Atenas e também as mulheres que lhe foram sempre invejosas, jamais perdoarão Katrina. Procurar por Coelia não poderia, porque ela agora está em retiro, no Partenon, e jamais me receberia, ó, Deus, o que fazer"?

De comum acordo, Mercur e Eliseu planejaram sua fuga. No dia seguinte, Coelia partiria e toda a cidade desceria ao porto para ver aquela importante vestal. Katrina somente chorava e pedia aos deuses que seu pai não sofresse por ter dado a ela a ideia que falhara, de sua libertação. Com intuito de levarem algumas roupas e alimento à vestal antes de ela ser julgada, Mercur e Eliseu chegaram à prisão onde somente dois soldados faziam a guarda, pela abundância da população nas ruas que se deveriam cuidar e dirigiram-se a eles:

– Podemos levar para a prisioneira algumas roupas?

– Sim, contanto que sejais revistados e não vos demoreis. Coelia passará em alguns minutos por aqui e desejamos vê-la.

Sem que os soldados nada encontrassem com eles, os visitantes puderam entrar para visitar Katrina, que chorou de alegria e de dor, por saber que dali a alguns dias morreria e jamais poderia ver aquelas almas queridas.

Mercur trazia sob a roupa pequeno envelope e colocou o conteúdo em um recipiente com água, fazendo Katrina tomar, dizendo-lhe que aquilo seria como vinho.

A jovem bebeu e, em seguida, desmaiou.

– Socorrei-nos, saiu Mercur a gritar, enquanto que Eliseu apanhava a esposa nos braços, dizendo:

– Abri as grades, precisamos salvá-la enquanto é tempo, ela está mal!

Na dúvida, o soldado de plantão nada fazia. Então, Eliseu falou:

— Se ela morrer, muito tereis que pagar por isso. Já sabeis, não?

O guarda abriu as portas com certo receio de ser pego por seu superior.

— Ide, buscai ajuda, mas voltai em seguida.

Eliseu saiu porta a fora com Mercur, passando pelo outro guarda que, ao vê-los entre o povo, somente gritava:

— Não deixeis passarem! Não deixeis!

Com o grande tumulto e o ruído da população para ver Coelia passar, ninguém ouviu o que o soldado dissera e os três conseguiram descer as escarpas e pegar um barco.

Já os esperavam, em local difícil de andar, Neoclécio e a esposa e filhos de Mercur.

Katrina acordou da dose tranquilizante, sorriu, cumprimentou Lilia e beijou as crianças. Depois, conversou com o irmão e a acunhada por alguns momentos, abraçando longamente seu pai.

— Voltemos para casa, meu companheiro. De volta à Sicília, também eu quero trabalhar para logo conseguirmos comprar a nossa casinha em outro lugarejo, quem sabe, Messina? Tenho meus dons, aprendidos no templo das vestais e posso, muito bem, ajudar-vos na labuta diária. Quero ter filhos convosco e uma bela família como a de Mercur e, quem sabe, ele não virá visitar-nos mais tarde?

Mercur confirmou com a cabeça. Eliseu olhou para Katrina e sentiu a fé com uma pitada de felicidade resplendecendo nos olhos de sua esposa. Notou que a conversa que ela tivera com seu pai a fizera mudar de ideia sobre entregar-se para ser julgada. Era uma nova mulher, tentando agora ser feliz; ele, novo homem, livre para voltar e ver sua família quantas vezes quisesse. Os erros já tinham sido feitos, não se poderia voltar atrás, somente haveria em sua alma a dívida da reparação no que tocava a seus filhos e à mãe de seus filhos. Agora, seria olhar para a frente e seguir sorrindo. Então, apanhou com alegria as mãos de Katrina e falou-lhe:

– Vinde a mim querida, nosso barco nos aguarda, viajaremos completamente livres de todo e qualquer sentimento de angústia. Tenho certeza de que não vos sentireis solitária lá. Em breve, tereis visitas. Partamos para o lugar que nos acolheu; voltemos para casa.

– Sereis assim, capaz de me perdoardes pela minha inconsequência passada?

380

– Estou feliz, porque agora sei que me amais realmente. O resto é passado e devemos esquecê-lo.

* * *

Firmino e Marcelino derrubaram algumas lágrimas e comentaram:

– Impressionante como a alma humana carrega suas dores e suas mágoas em sua consciência. Vistes, Marcelino? Katrina sentia-se pesada de remorsos, que se desfizeram ao saber que Deus não haveria de vingar-se dela. Somente o amor de um pai e a certeza de que Deus a havia perdoado, a fez olhar para o futuro e desejar ser feliz novamente. De agora em diante, ela será uma nova mulher, plantando compreensão e amor a todos; tentando fazer somente o bem e respeitando seu lar.

– Fico imensamente feliz por ela, mas também sei que há a lei da colheita, no que se refere ao seu passado... Ela cometeu um crime.

– Sim. Nós, aqui no plano espiritual, sabemos disso, como também sabemos que, onde há um assassino, haverá alguém para ser assassinado mais tarde. Esta é uma lei universal. Tudo o que fizermos receberemos em troca algum dia. Nascemos com nossa consciência a nos determinar que caminho devemos seguir. Se falharmos, sabemos que algum dia, em algum lugar, nós prestaremos contas de nossos erros. O objetivo do ser encarnado na Terra é seu aperfeiçoamento. Katrina escolheu o celibato devido às suas vidas anteriores. Deveria, no entanto, permanecer distante de sua alma gêmea. Eliseu também errou fatalmente, abandonando seu lar e seus filhos por amor a ela. O Pai Celestial dá oportunidade a todos para se redimirem, e nossa irmã terá a ocasião de consertar seus desacertos, sabemos disso, talvez em um futuro não muito distante.

– Mas, o que pensareis se eles novamente se encontrarem e falharem em seus objetivos?

– Dessa vez, o caminho da reforma íntima não permitirá que eles se reúnam, mas, as almas gêmeas, como sabemos, quando encarnadas e mesmo desencarnadas, buscam-se sempre, e sempre se reencontram, talvez, não para permanecerem unidos no tempo de provação e de educação de suas almas, não enquanto na Terra, mas na espiritualidade.

– Bendito seja o Pai de amor e salvação. Bendito o sofrimento que nos lava a alma e nos encaminha para a trilha nascente do amor.

FIM

LEIA TAMBÉM

O Encontro dos Oito
Antonio Lúcio - Espírito Luciano Messias
ISBN: 978-85-7341-532-2 | **Romance**
Páginas: 224 | **Formato:** 14x21

Vinte dias em Coma
Wilson Frungilo Jr.
ISBN: 978-85-7341-544-5 | **Romance**
Páginas: 336 | **Formato:** 14x21

A Grande Espera
Corina Novelino - Espírito Eurípedes Barsanulfo
ISBN: 85-7341-308-5 | **Romance**
Páginas: 288 | **Formato:** 14x21

Paixão e Destino
Lea Caruso - Espírito Alfredo

Século XIX... reencontro de almas... o ato mais desagradável a Deus... o abandono da mulher amada... um Espírito desencarnado... sofrimento... ciúme...
Tudo isso e muito mais nesta obra que nos traz o exemplo, a busca, o caminho e a lição do perdão e do amor ao próximo.

ISBN: 978-85-7341-448-6 | **Romance**
Páginas: 192 | **Formato:** 14x21

www.ideeditora.com.br

LEIA**KARDEC**

O Livro dos Espíritos
Allan Kardec

ISBN: 978-85-7341-385-4 | **Obras Básicas**
Páginas: 352 | **Formato:** 13,5x18,5

O Livro dos Médiuns
Allan Kardec

ISBN: 978-85-7341-387-8 | **Obras Básicas**
Páginas: 352 | **Formato:** 13,5x18,5

O Que é o Espiritismo
Allan Kardec

ISBN: 978-85-7341-391-5 | **Obras Básicas**
Páginas: 192 | **Formato:** 13,5x18,5

O Evangelho Segundo o Espiritismo
Allan Kardec

Essa obra define a essência religiosa da Doutrina Espírita, como sendo a do Cristianismo Redivivo, restaurado pela interpretação que os Espíritos deram aos textos evangélicos.

ISBN: 978-85-7341-383-3 | **Obras Básicas**
Páginas: 288 | **Formato:** 13,5 x 18,5 cm

ide)) www.ideeditora.com.br